决胜面试

张 平 ◎ 著

人民日报出版社
北京

图书在版编目（CIP）数据

决胜面试 / 张平著. -- 北京：人民日报出版社，2020.11
ISBN 978-7-5115-6677-5

Ⅰ.①决… Ⅱ.①张… Ⅲ.①公务员—招聘—考试—中国—自学参考资料 Ⅳ.①D630.3

中国版本图书馆CIP数据核字(2020)第221477号

书　　名：	决胜面试
	JUESHENG MIANSHI
作　　者：	张　平
出 版 人：	刘华新
责任编辑：	张炜煜　霍佳仪
装帧设计：	阮全勇
出版发行：	人民日报出版社
社　　址：	北京金台西路2号
邮政编码：	100733
发行热线：	(010) 65369509　65369512　65363531　65363528
邮购热线：	(010) 65369530　65363527
编辑热线：	(010) 65369509　65363528
网　　址：	www.peopledailypress.com
经　　销：	新华书店
印　　刷：	大厂回族自治县彩虹印刷有限公司
法律顾问：	北京科宇律师事务所 010-83622312
开　　本：	710mm×1000mm　1/16
字　　数：	290千字
印　　张：	23
版　　次：	2021年2月第1版
印　　次：	2021年2月第1次印刷
书　　号：	ISBN 978-7-5115-6677-5
定　　价：	59.80元

前 言

胜兵先胜而后求战

【三言两语】 人生,经常要面临艰苦而又重大的抉择,这些抉择的背后往往是人生的转折。直行易,转弯难。生活既定惯性的垂直切线产生的离心力,成为我们走上新征程的阻力和后拉力。走出军营、走向社会,走上全新的战位,对于一名在部队工作了大半个青春的军人来说,无疑是人生的重大转折。胜兵先胜而后求战,败兵先战而后求胜。重整行装,重找战位,重塑自我,必须把一切归零,迅速做好投入下一场战斗的准备。

风物长宜放眼沉浮,中流击水自勉风华!

我于1999年9月从高中考入军校参军入伍,转眼间度过了20多年军旅生活。年近不惑之时,经过辗转反侧、艰难抉择,决定脱下军装,转业地方工作。

虽然心里已有准备,但每天早上起床时,看着衣柜里的军装,盘算着自己能穿的屈指可数时间,有很多不舍和留恋,也难免有些惆怅和感伤。毕竟,这身军装陪我风风雨雨走过了20多年,包裹着我最宝贵的青春年华,编织着我最珍贵的人生印记。

伴随而来的，是对二次就业的忐忑、迷茫和焦虑。我的未来在哪里？我的道路指向何方？我有什么优势？一串串问号，不断在心中发酵和蒸腾。

军旅生涯，充满着果敢坚毅和雷厉风行。这是军人的基因。

我明白，我必须和以往一样，尽快投入到下一场战斗中去了。

我需要把这种情绪慢慢地压在心底，像珍藏一瓶老酒一样，若干年后，再来品味它的甘醇和绵软悠长吧！

《孙子兵法》云：胜兵先胜而后求战，败兵先战而后求胜。意思是胜利之师总是具备必胜的条件和胜算的态势后，才同敌人交战；失败之师总是先同敌人交战，然后企求在苦战中侥幸取胜。这句话重在强调要充分做好战争准备，有胜利的把握后再开战。

军人，不打无准备之仗。时间紧迫，怎样才能找到适合的战位呢？怎样为第二个职业生涯开启一扇大门呢？

我在脑袋里勾勒了几种方案。比如，开个个人公众号，研究研究时事问题。再比如，毛遂自荐到一些地方企业单位和高校看一看、实习实习。当然，只去实习不要工钱，主要是提前开开眼界、熟悉熟悉情况。还有，报个考试面试培训班，毕竟"临阵磨枪，不快也光"，可以搞搞强化训练。个人公众号确实开了，并发表了几篇文章，第一篇文章不到两天阅读量就达到近3万，着实让我兴奋了一番。

后来，由于种种原因，权衡利弊，顺势而为，决定写一本关于求职"面试"的书，并将书名定为《决胜面试》。参加军转干部安置适应性培训的时候，听一些转业干部总结："笔试是敲门砖，报岗是独木桥，面试才是大决战。"现在看来，起草书稿虽然几个月不眠不休、十分寂寞辛苦，但这确是一个具备天时、地利、人和，能够一举多得的好想法、好事情。

一是有整块时间。突然没了纷纷杂杂的事务性工作，抽身于"五加二""白加黑"的忙忙碌碌，难免出现急刹车后的方向困顿和惯性碰撞。

写作帮我慢慢收拾烦躁和焦虑的心绪，在较短的时间内平复和安静下来，集中精力研究思考，并通过此书对20多年军旅生涯的战斗体会和感悟做一次全面梳理总结。

二是有实践经验。我曾长期在军队院校和中央军委机关工作，负责承办过军官选调、考核考察、职称评审和奖项遴选，以及学员招收和毕业考试考核等业务，不仅是组织筹划者，也曾多次担任考官和评委，对如何组织面试或是答辩，如何对"求职者"进行提问，以及作出综合评判，有切身的感受和体会，也做过一些理论研究，积累了一些实践经验。从军20多年来，因为岗位调整和职务升迁，我有过十几次被面试的经历。虽然每次都不是很轻松，但无论理论水平、认知能力、实践经验，还是口语表达、临战心理等，都得到很大考验和锻炼。每次都留下了深刻印象，有些至今对个人职业生涯仍有着较大影响。作为曾经的求职者，撰写此书不会是纸上谈兵。

三是有出书经历。2007年3月，我在基层部队政治机关工作三年多后，根据个人实际工作体会，梳理出版专著《机关应用材料写作39章》，被作为所在部队干部培训教材。在军队院校和军委机关工作期间，参编了2部著作，组织参与过40余项全军性立项课题和政策制度研究论证，熟悉理论研究和编撰书籍的一般规律和流程，也摸索到了一些提高效率的方法。

四是有高手指点。很多领导、同事、同学和战友，都长期从事人力资源管理开发的专门研究和实际业务，专家就在身边，高手就在眼前，我从他们那里得到了很多指导和帮助。

五是有实际效益。通过写作，既可以全面系统准备转业干部安置考试和面试，还可以更加深刻地剖析自己，梳理研究相关理论，深度锤炼思维水平，全面升华认知能力。而这些，应该都是成为一名"面霸"的自

 决胜面试

我修养。另外，借此书为谋求新战位多加一块"敲门砖"，为走上新战位、守好新战位沉淀一些新思考新思想新积累。

当然，还有最重要的一点考量：处在当今知识和信息爆炸的时代，学习力才是最能保值和增值的资本。从个人的经历和经验看，写作无疑是一种提高学习力的高效方法。

一、写作有助于深度聚焦问题

问题是时代的声音，问题是学习的靶标。随着互联网、大数据和云计算的不断发展，我们需要的知识基本都可以信手拈来，而且只要喜欢且关注，各种 App 可以不间断地在你"最需要"的时候精准推送。但随之而来的，就是习惯性的学习依赖和"高分"错觉。我们懒得再去找寻和挖掘面临的问题，因为答案经常随处可见、遍地都是，有的甚至主动登门。既然有这么多苹果，又何必去追究苹果是怎么种出来的呢？！

个人觉得，学习已经进入一个虚无化的假象时代，或者说是隐形化大水漫灌的泡沫时代。我们每天都在接收大量信息，了解海量的碎片知识。但这些"知识"真的有用吗？没有学习、工作和生活中的真正疑问，没有追踪疑问的深度挖掘和长期坚守，这些知识只不过是喝茶时的一些谈资罢了。这些"知识"，显然已成为影响我们深度学习、深度思考的壁垒。

写作是突破这些学习壁垒的有效方法。文章以华彩为末，而以体用为本。真正的写作，必须先找出问题，然后分析问题，再回答问题。特别是应用性、实用性、论证性的著作或是文章，核心是要解决问题，而不在于情节多么扣人心弦，文字语言多么生动优美。无论是解决理论问题、思想问题、认知问题，还是解决实践问题、方法问题，都需要围绕既定的方向进行专业化阐释、针对性解读，提出有价值有见地的观点和见解。

显然，这些都要对问题抽丝剥茧、刨根问底。

回答内心的疑问，成为我写作的原动力。

二、写作有助于深度研究思考

思考，是人类得以区别于其他动物的最显著标志，也是人类文明得以发展进步的核心要素。西方有句话："人类一思考，上帝就发笑。"固然，人的思考是狭隘的，人的认知也是有限的，但永远也无法否认，思考是人类文明进步的基本前提。如果人类不思考，"上帝"这个词也许就不会出现在我们的字典里，他也就根本没有发笑的机会。

我活着，因为我思考着。读万卷书不如行万里路，行万里路不如阅人无数，阅人无数不如大师指路，大师指路不如勤思善悟，勤思善悟不如打一仗进一步。

写作是一门苦差事。古人讲，字字吟来都是血。材料界有首打油诗："一字一词搬，稿纸堆成山；板凳怕坐穿，心血煎熬干。"血从何来，血从思考中来。思考特别是深度思考，是无比艰苦且十分孤单的脑力劳动，对心理品质和自律意志是很大的考验和磨炼。

但思考也是有规律的。学习既需要下笨功夫，也要有巧办法，这样会让我们更加得心应手、事半功倍。因此，学习和研究要特别注重"灵感"思维的培养和锻炼。

什么是灵感？古代西方学者认为，灵感是"神的诏语"，是天才所具有的。我国著名物理学家钱学森，1980年7月在《关于形象思维问题的一封信》中，从科学的角度指出：灵感是人类思维中的又一种形态，它是创造性思维中一种"不同于形象思维和抽象思维的思维形式"。人缺乏这种思维，就难以有创造。科研中缺乏这种思维，就难以有突破；写作中缺

乏这种思维，就难以有新意；学习中缺乏这种思维，就会耗时费力、阻滞蔽塞，难以出成效。后来，灵感又有了新的定义。即人们在长期思索、研究某一问题时，百思不得其解，而由于某一原因，或外界的启示，茅塞顿开，豁然开朗。这就是灵感。

学习和写作实践中，我深深体会到了灵感的"神助"，并有意识地对"我的灵感"出现的轨迹进行了跟踪、记录，摸索出了一些规律，概括为四句话。

一是偶然中的必然——深埋思考的种子。周恩来总理讲："什么是灵感？灵感就是长期积累，偶然得之。"写作中，灵感的到来是需要条件的。其一是遇到了难题，并对这个难题进行反复思考，苦于一时找不到解决的办法，但思考却一直没有停止；其二是长时间观察的问题（事物），一直都没有感到什么变化，也并未引起我们的太多关注，但偶然受到这个问题（事物）以外东西的"刺激"或"诱导"。这些是灵感产生的土壤。但是，这也只能说为灵感的产生创造了条件，并不是说必定能产生灵感。打个比方，把一粒种子埋在土里并不一定长成参天大树，不一定能够开花结果，甚至不一定能发芽。之所以认为灵感的产生是一种偶然，是因为灵感出现的条件是一个长期曲折、费时耗力、动态变化的过程。即便产生了，不懂得用耐心和细心去支撑它，不懂得用心血和汗水去浇灌它，就无法捕捉到它。而且灵感的产生很大程度上受外界因素的制约，需要"天时、地利、人和"，并不是招之即来的。说它必然，是因为每颗思想的种子只要埋进土壤，就有破土发芽、开花结果的可能。

二是突然中的经常——深扎思考的根系。只有精心培育思考的种子，才能让它长出发达的根系。要真正获得灵感，大脑必须处于高度"激发"状态，也就是一直处于对问题的观察思考、分析酝酿状态。当长时间观察思考一个问题时，大脑将收集到的各种信息储存、加工，神经元的树突和轴突就会建立起许多联系，这就是经常。一旦得到外界新信息或内部思维火花的触发，犹如合上电闸一样，神经元的线路会突然接通，一通百通，问题便迎刃而解，而且会产生"新事物"，这是突然。灵感的产生不仅仅是一个动作，而且是一个过程。灵感迸发前的所有工作，往往是看不见，而且容易忽略的。如同彩虹一样，我们在赞叹它美丽的时候，往往没去想它已经历了风雨，没去想它是怎么形成的。坚持学习、思考和实践，保持勤奋刻苦、坚韧执着等因素，隐藏在"突然"的背后，无疑是灵感产生需要做的经常性工作，这是灵感的根。持之以恒地做好这些经常性工作，就能"突然得之"，在"经常"中孕育出"突然"的灵感来。

三是运动中的沉淀——授粉思维的花蕾。捕捉灵感时，大脑一直处于运动状态。灵感的产生过程，是思维循环往复运转的过程。虽然灵感反复产生又反复消失，但是它在运动过程中，却过滤、沉淀出了最有价值的东西——灵感思维。这就好比肌肉的运动记忆，大脑的运动也会形成记忆。这种思维将存在于潜意识里，越积越多，经过大脑的不断加工，渐渐就会组成一个比较完整的神经单元。灵感的迸发，是发生在潜意识与显意识的相互撞击与沟通时。写作中，潜意识层与显意识层一旦建立起暂时的神经联系，两者突然接通，实现"神理契合"，就会"心头一亮""神理相取"，或思如泉涌，或"异想天开"。这"撞击""沟通""联系"，就如同给灵感思维的火花进行"授粉"。随着时间的推移，大脑加工的进一步系统深入，"授粉"成功的概率越来越大，潜意识和显意识沟通的基础更加牢固，就会慢慢长出灵感思维。

四是消逝中的永恒——结出思想的果实。思考的方法是产生灵感，产生灵感的目的是创造思想。灵感是转瞬即逝的，如果对迎面而来的灵感不留心，不注意，不"记录在案"，不加工，思想很快就会消逝，那就相当于煮熟的鸭子飞了。往往是吃饭、走路等很多时候，突然来了灵感，那也

要想办法记下来,否则时间一耽搁,灵感就悄悄溜走了。我有这样的习惯:如果睡觉前思考一个问题,刚要睡着,灵感来了,爬起来把它记下来,再躺下;可能不一会儿,灵感又来了,又起来记下。如此反复,有时彻夜难眠。人们都说"日有所思,梦有所想",这并非迷信,我就遇到过这样的情况。几天一直都在想同一个问题,脑子快炸了,有一天梦中却有了灵感,第二天早上一起床就赶快记下来。后来就想,如何才能使这样的"梦"持续下去呢?我也查过相关的书籍、资料,但却没找到答案。据说"梦"有很多未解之谜,希望有人能解开梦的"灵感之谜"。总之,不管怎么说,灵感到来后,要随时做好记录,并进行判断分析、梳理总结,才能让思考生成思想,才能留下永恒的印记。牛顿坐在苹果树下留下万有引力定律,阿基米德在洗澡时发现浮力定律,瓦特看到被蒸汽掀起的水壶盖发明蒸汽机……这些思考,都变成了灵感的永恒、人类的永恒。我们虽然不能如此伟大,但最起码可以让自己的学习和工作不断获得新灵感和新思想,让事业不断创新发展。

总之,只有埋下思考的种子,才能长出思考的根系,只有长出思考的根系,才能长出思维的蓓蕾,只有授粉思维的蓓蕾,才能结出思想的果实。

贯穿其中的,无疑是思考,思考,再思考。

思之,思之,鬼神通之。摸索出灵感思维产生的规律,学习实践中按照这个规律办事,持之以恒,灵活运用,让高效思考成为一种习惯,就会成为灵感思维的主宰,找到"神助"的感觉,成为"思想"的制造者和传播者。

三、写作有助于获取最新知识

古人常讲,读书破万卷,下笔如有神。我想说的是,读百卷不如写一篇，写一篇需要读百卷。当今时代，各个领域的理论研究成果汗牛充栋、不胜枚举。要想写好一本书，必须研透一百本书。否则，要么东拼西凑、滥竽充数，要么陈词滥调、为写而写，找个新瓶装老酒。

为了能让本书有些新意、有些看点，也牵引自己深入学习思考，避免吃别人嚼过的馍，避免书稿成为鸡肋，我力求从深刻的规律性、深度的启发性、高效的实用性和广泛的知识性四个维度，提升本书定位的高度和层次，使读者能从书中真正有所斩获。为此，我找了许多关于面试的书籍，没日没夜地恶补了一番，并在写作中边研究论证边拓展学习，力求站在巨人的肩膀上眺望、思考和创作。希望本书能从以下几个方面给读者特别是求职者带来些许新鲜知识和思想启发。

一是揭示关键机理。面试是考察识别人才、进行人岗匹配的重要手段。在很短的时间内，考官如何"看透"一个人、当好伯乐，不仅仅是随便问几个问题、面对面聊几句那么简单；求职者如何"营销"自己，也不仅仅是眼缘相投、机缘巧合，或者是能说会道、仪态得体那么容易，而是一门很深的学问。特别是随着社会分工越来越多元、越来越精细，招聘和求职也越来越正规化、专业化和体系化。有大量的书籍和文章对此进行专门研究，社会上有大量的培训机构也热衷于这方面的市场，而且有的课程培训费用少则一两万，多则六七万。本书力求跳出就事论事、"练武不练功"的窠臼，通过面试这条红线，从求职者和相对专业的角度，把选才之法、鉴才之方、成才之道串联起来，做一些体系化、前瞻性的探讨和研究，力争产生聚合、联动和辐射效应，构设一张逻辑严密的"人才论"思维导图。

二是挖掘基本规律。用人单位和工作岗位千千万万，招聘和求职形式林林总总，面试模式和题目更是不断求新求变。任何面试宝典也好，真经也好，手册也好，都无法一一穷尽解答。但万变不离其宗，摸出规律、

掌握思路就显得至关重要。只有这样，才能以不变应万变。本书专门设置一章，对面试应答的基本规律和基本思维方法，进行系统归纳梳理，力求教会求职者一套"内家心法"。同时，也对事物认知规律研究做些摸索尝试。广大读者和求职者应注意的是：天下之事，大体则有，定势则无。无论什么规律和套路，照搬照抄、固定僵化得不偿失，苦练活用、举一反三才有奇效。

三是剖析时事要点。时事是社会发展的全局性、重大性事件，是治党治国大政方针、方略韬略、状态趋势的阶段性集中展现。古人云："但愿审度时宜，虑定而动，天下无不可为之事。"不知时事之变迁也，眼窄也；不知万物之变迁，才薄也。无论是"国考"，还是军转干部安置考试，对于求职者时事学习和认知的考察了解，都是一项重要内容。本书力求聚焦党和国家改革、建设、发展之大事、大势，立足时代前沿，把握时代脉动，探析时代要义，使读者特别是求职者能够谋势而动、乘势而上、顺势而为。需要说明的是，考虑到随着时间的推移，时事的热点焦点也会不断转移，因此重在给广大读者和求职者提供一些梳理时事、学习时事、研究时事的思路和办法，重在从宏观到微观，以大势析大事、以态势研走势、以走势辨来势，而不是拘泥于一时一事。

四是解读实战方法。按照面试通用的自我评价题、理解认知题、哲学思辨题、时政热点题、规划计划题、人际关系题、情境处理题等题目设置，力求通过沉浸式、辨析式、推演式的办法，阐述考核要点，分析应答角度，剖析具体案例，明确注意事项，真正让读者和求职者从本书走向面试的实战场，最大限度走进未来的新战位。

五是启迪人生智慧。基于在机关工作多年对做人做事做学问的点滴感悟，以及对一些教训的深刻反思，也展望憧憬于未来职场和事业的进步，本书力求选取提炼出一些精髓，对如何规划职业路径、如何谋求职位发展、如何拓展职场空间等，进行一些探讨交流，希望能为身在职场特别是新入新转职场的读者，提供参考和帮助。人生并不止一次考试，人生的考试也不止一种形式，但每次都会为人生留下不同的印记、标上不同的注解，像节点一样把生命的历程联结起来。希望读者们和我一起，通过对"面试"的深度挖掘思考，感悟人生的哲学命题，懂得"先胜"的人生成功之法。

理论源于实践，升华于实践。

有的人会产生这样的疑问，面试就那么个把小时，回答几个问题，有必要长篇累牍、过于复杂地进行解读吗？台上一分钟，台下十年功。成功总是青睐有准备的人。面试，只不过是人生的一个机会。有人说，有战略思想的人每时每刻都在做准备，做好一件事是为下一件事或更久远的事做准备。也有人说，我之所以成功，是因为在做每件事的时候，准备工作是真正执行工作量的十倍。强调做好准备，就是要解决稍纵即逝的机遇和做好准备之间的矛盾。从另一个角度说，抓住机遇的魄力和实力更需要持之以恒的准备。本书力求能从实践中获取一些更深刻的理论认知，得到一些更基础的思路和方法，也聚拢和激发一些更长远、更持久的思想和精神力量。

跳出自身看自身，立足自己看自己。

古人讲，四十而不惑。对大多数人来说，40岁并不是没有了疑惑，而是认清了自己的处境和位置，明确了未来的努力方向。年近40岁之时，停下来给自己一个思考的机会，给40岁一个崭新的开始。我觉得，如果错过了转业安置前这个大好时机，之后可能很难有机会和整块时间这么做。毕竟在精力和体力都走下坡路的40岁，随着年龄的增长，只剩下坚持不懈往前冲的机会，日渐固化的生活，也难以让自己有停下来思考的激情和动力。

起草书稿中，我感觉从来没有像这次一样，可以充分利用几个月的

 决胜面试

大块时间，毫无杂念、一心一意地静下心来学习思考，看的书比前五年加起来都多；从来没有像这次一样，最大限度地接触新人、新思想、新故事，单位时间内给大脑输入最大的信息量，找到了"头脑风暴"的感觉；也从来没有像这次一样，真正跳出自身看自身，立足自己看自己，爬到高处回望一下走过的路，并给自己喝上一碗亲自调制的心灵鸡汤。

得益于个人坚持总结思考、处处留心、笔耕不辍的习惯，军旅生涯中的每一次学习、每一项工作，我都能认真对待，认真梳理总结心得体会和经验教训。不管写多写少，都能认真落实到笔头上，而且经常"温故知新"，进行拓展学习研究。积少成多，十几年的积累为此次研究和撰写书稿提供了不少灵感和思路，打下了较好的基础。

需要说明的是，由于之前主要在军队政治工作机关任职，囿于专业性质、工作特点和眼界思维，书中难免过多站在行政管理的视角。同时个人作为一名求职者，虽然尽可能地进行换位思考、互动研究，但更多的还是站在如何应试的角度学习研究，难免出现盲人摸象、挂一漏万、观点偏颇，或是僵化呆板、陷入惯性思维之处，希望广大读者辩证看待、全面度量，予以批评指正。

雄关漫道真如铁，而今迈步从头越。

最后，把这本书当成我军旅生涯的纪念册，用它刻印下在军队学习、工作和生活的思想轨迹和心路历程；当成奔赴下个新战位的请战书，以此作出庄严宣誓和郑重承诺。

张平

2020年夏　北京百望山

代　序

请给我一个新的战位

——我的求职自荐书

【三言两语】 凡是过往，皆为序章。播下思想的种子，就会收获行为的果子；播下行为的种子，就会收获习惯的果子；播下习惯的种子，就会收获性格的果子；播下性格的种子，就会收获命运的果子。为战谋胜，是军人入伍宣誓时就播下的战斗精神之种。我将继续战斗，我需要继续战斗，我也必将战斗到底！

军人的岗位即战位。脱下军装、转业转岗，并非走下战位、停止战斗，而是奔赴新的战场、转向新的战位。

——忠诚担当是我前进的支柱。感怀感恩党和军队的教育培养，始终牢记报国为民的从军初心，信仰信念的长期锤炼和坚守，必将不断坚定我战斗的目标，持续激发我奋斗的力量。

——经历阅历是我攻坚的云梯。从懵懂少年到不惑之年，走过20多年军旅生涯；从岭南小镇到京畿重地，经停5个第二故乡；从基层一线到中央军委，历练5级枢纽机关；从野战部队到最高军事学府，贯通理论与

实践。每走一步几多坎坷,每打一仗更多收获。

——文字内功是我擅长的武器。数不清起草了多少政策文件、领导讲话、调研报告、研讨文章,记不清见过多少凌晨的月光。铭记脑海的是,一个稿子改了27遍,一次连续熬了4个通宵,一本专著记录了参战伊始的切身感悟……些许文字,谱写成了指挥千军的号角,变化成了攻城拔寨的战车,转换成了助力强军的新招。

——求新求变是我突破的秘诀。没有相同的战斗,没有永久的战位,没有一成不变的工作。乐于面对新鲜事物,敢于迎接各种挑战,勇于走入不同道路,使我终身受益、人生多彩。这也是我重整行装、重找战位、重塑自我的本因。

——吃苦耐劳是我成长的笨招。始终坚信没有什么天赋异禀和奇缘巧遇,有的只是"一万小时"定律,有的只是边哭边笑、咽苦尝乐的负重前行和坚忍逆行。

风劲帆满海天阔,俯指波涛须从容!

这是我的自荐书,也是我的请战书!

请给我一个新的"战位"!我需要继续战斗,我也必将战斗到底、不辱使命、不负韶华!

自荐人 张平

2020 年夏

目 录

前　言　胜兵先胜而后求战 // 01

代　序　请给我一个新的战位 // 13

第一章　换位思考：知己知彼才能稳操胜券

哲人说，人生的最高境界就是把自己当成别人，把别人当成自己。给别人想要的，你就会得到你想要的。作为考官，要为岗位匹配最优秀的人才；作为求职者，要为自己争取难得的机会和最合适的岗位。横看成岭侧成峰，远近高低各不同。一般情况下，考官只能根据岗位和任务需要，按照既定的标准遴选求职者……

第一节　观察你的态度 // 004

第二节　了解你的认知 // 012

第三节　辨别你的人格 // 020

第四节　评估你的业绩 // 037

第二章　练好内功：以不变应万变

《孙子兵法》共有6000多字，精髓只有两个字，就是"算"和"变"。"算"就是看清并立足不变，"变"就是把"不变"放到具体环境中，具体问题具体分析。不管怎么算，临事一定要变；不管怎么变，事前一定要算。这就是奇正之法。对于求职者来说，面试是知识储备、认知水平、思维能力的外在表达，是不变的基础……

第一节　找好坐标方位 // 050

第二节　用好逻辑思维 // 065

第三节　理顺基本思路 // 071

 决胜面试

第三章 精准营销：我是质优价廉且会保值增值的商品

现代 HR 理念，更倾向于把人力资源看成人力资本或商品。资源需要挖掘和加工，而资本和商品可以直接用来投资或出售，以此最大限度地实现保值增值和效益最大化。人力资本和物资商品一样，其价值在于附加性、衍生性和增值性。面试，就是对这些的评估和判断。附加性，决定了你的可加工空间……

第一节　自我评价　// 084

第二节　学习成长　// 092

第三节　理想信念　// 106

第四节　责任担当　// 113

第五节　团结协作　// 119

第六节　克己修身　// 127

第四章 升华经验：用好你的方法论和实践论

方法得当，事半功倍。坚持一切从实际出发，实事求是，遵循规律，注重实践，辩证地、联系地、动态地、发展地、能动地看待问题、解决矛盾，不断提升组织管理的方法层次，才能把工作和事业推向一个新高度。不是每一个人都有自己的"工作方法论"，真正的高手，都有一套"方法论"包打天下、百战百胜……

第一节　规划计划　// 144

第二节　调查研究　// 153

第三节　执行落实　// 160

第四节　领导管理　// 165

第五节　情境处理　// 174

第五章 洞悉时事：站在时代前沿眺望

面对跌宕起伏、波澜壮阔的人类社会发展历程，只有紧扣前进脉搏，把握风云际会，瞄准天下大势，才能站在时代的前沿眺望。历经百年沧桑巨变，筚路蓝缕大国崛起，党的面貌、国家的面貌、人民的面貌、中华民族的面貌发生了前所未有的变化，中华民族正以崭新的姿态屹立于世界的东方。胸怀大局者，理应兼顾四方……

第一节　新时代新思想 // 190

第二节　决胜全面建成小康社会 // 201

第三节　全面深化改革 // 216

第四节　全面依法治国 // 221

第五节　党的领导和党的建设 // 234

第六节　抗击新冠肺炎疫情 // 264

第六章 输出内功：练好你的战术战法

参加面试，求职者需要在较短的时间内集中展现经历阅历、认知能力、专业水平、性格气质等，也就是以最大功率把深厚内功输出出来，形成舍我其谁、降维打击的碾压式气场。但事实上，面试中"茶壶煮饺子——有嘴倒不出"的现象却时常存在。台下十年功，台上一分钟。本想一举成名，最后却铩羽而归……

第一节　了解面试方法 // 274

第二节　调整心理状态 // 296

第三节　坚持勤写多练 // 302

 决胜面试

第七章　关注细节：别在小河沟里翻了船

　　细节决定成败。天下大事必作于细，天下难事必成于易。细节往往是一个人形象气质、行事风格、品格修养的微反映。关注细节、重视细节，既是一种态度、一种胸怀，也是一种敏锐意识、一种执行能力。有人说，做大事者不拘小节；也有人说，做大事者一定要注重小节。这两句话并不矛盾，是辩证统一的……

　　　　第一节　三棱镜下的第一印象　//　313

　　　　第二节　显微镜下的行为举止　//　320

　　　　第三节　反射镜下的临场发挥　//　324

　　　　第四节　瞄准镜下的招聘岗位　//　336

后记　敬礼！我挚爱的军装！　//　341

主要参考书目　//　345

第一章

换位思考：知己知彼才能稳操胜券

第一章　换位思考：知己知彼才能稳操胜券

【三言两语】 哲人说，人生的最高境界就是把自己当成别人，把别人当成自己。给别人想要的，你就会得到你想要的。作为考官，要为岗位匹配最优秀的人才；作为求职者，要为自己争取难得的机会和最合适的岗位。横看成岭侧成峰，远近高低各不同。一般情况下，考官只能根据岗位和任务需要，按照既定的标准遴选求职者，很难站在求职者的立场上计算得失、权衡利弊，但求职者却必须进行换位思考，站在考官和招聘岗位需要的角度进行应答。没有最好的，只有最合适的。否则，你给的，未必是他想要的。

面试是伯乐相马，求职是毛遂自荐。伯乐相马靠的是抽丝剥茧、去伪存真、由表及里的观察力和洞悉力；毛遂自荐，靠的是自告奋勇、舍我其谁的魄力，当然最主要的还是靠"台上一分钟、台下十年功"的实力和底气。作为供需双方，招聘求职应该是一场双向选择。但大多数情况下面试的主动权和主战场由需求方掌握，了解"对手"，做到知己知彼，变被动为主动，显然是求职者赢得胜利的第一个重要关口。

招聘单位作为需求方，根据既定岗位或是任务招徕人才，是需求侧；而求职者，把自己像商品一样推销出去，是供给侧。创造形成新的供给，并以此牵引招聘单位新需求、扩大选择空间，这是求职者的理想状态。但求职者是"紧俏货"，还是"积压品"，是稳赚不赔、有升值空间，还是没有啥赚头甚至会砸到自己手里，需求方一定会综合衡量、谨慎评估。

招聘单位会通过多种方法，在较短时间内对求职者进行一次立体扫描和透视，并经过综合衡量和分析，评估你是否与单位和岗位要求相匹配。

 决胜面试

第一节　观察你的态度

考官对于求职者求职态度和动机的考察，目的是重点匹配其对事业的忠诚度。忠诚不仅是一个人的首要品格，更是一个团队的信念力量，是很多顶尖企业的核心价值理念。狭隘的职场忠诚观，往往把忠诚的标准定性为是不是能做到言听计从、从一而终，在任何情况下都能不离不弃。显然，这种理解是片面的，无法体系地、全面地阐释忠诚的应有之义。

第一，忠诚体现的是信念坚守。这是忠诚的核心要义。无论在什么岗位、从事什么职业，忠诚于党、忠诚于国家、忠诚于人民，永远都不会改变。

第二，忠诚体现的是担当胸怀。大事难事看担当。无论在什么岗位，勇于承担急难险重任务，矛盾困难面前不退缩，这是忠诚的主要表现。

第三，忠诚体现的是敬业精神。无论在什么岗位、从事什么行业，都干一行、爱一行、钻一行，兢兢业业，任劳任怨，精益求精，这种爱岗敬业的"匠心"，何尝不是爱党爱国的忠心。

第四，忠诚体现的是坚韧品格。无论在什么岗位、干什么事、承担什么任务，都能保持恒心和定力，做到善始善终、善作善成。

第五，忠诚体现的是奉献精神。无论在什么岗位，为了实现梦想，成就事业，能够奉献出自己的青春年华，奉献出自己的心血汗水，有"功成不必在我"的品格，这何尝又不是忠诚。

第一章 换位思考：知己知彼才能稳操胜券

当今时代，人才的有序流动和更替，才能让企业乃至社会充满活力，才能让人事相宜的匹配度趋于最大值。网络上流传着这样关于离职的段子：60后——什么是离职；70后——我为什么要离职；80后——老板给钱少，我就离职；90后——老板批评我，我就离职；00后——我看老板不顺眼，我就离职。马云说，员工离职的原因林林总总，只有两点最真实：一是钱没给够，二是心受委屈了。这些归根结底就一条，干得不爽。

任何理性明智的招聘单位和考官，一定会辩证地看待"跳槽"。我不太喜欢用"跳槽"这个词，更倾向于"人力资源或资本的市场化流动配置"这一说法。正常的、合理的、良性的人才流动，有很多好处：第一，有利于培养人才，让人才获得多岗位、多环境的历练；第二，有利于集聚人才，形成人才高地效应和集群效应；第三，有利于激励人才，让人才有相对更好的发展空间和薪酬待遇；第四，有利于人事相宜，通过"无形的手"把适合的人拉到适合的岗位，人尽其才，才尽其用；第五，有利于盘活资源特别是盘活"软资源"，通过人才的流动带来新理念、新知识和新经验的融合。当然，这山望着那山高，漫无目标和理想，随波逐流，矫揉造作，不能脚踏实地，好高骛远式的"跳槽"，又另当别论。

了解了上述情况，求职者就不会再纠结于"跳槽"经历会不会让招聘单位觉得朝三暮四，或是缺少对团队"不抛弃、不放弃"的忠诚。如果面试中的题目是"如何看待'跳槽'"，或是"如何认识理解对岗位和事业的忠诚"，我想前面已经有了答案。

一名专业的考官，观察求职者的态度和动机，推断其岗位稳定性，并不完全是判断他是不是对岗位忠贞不渝，而是对求职者的动机、能力、性格和价值观等各方面要素进行综合评估，最后判断其是否具有稳定向上的职业精神和坚定进取的敬业态度。

按照马斯洛的需求层次理论，人的需求可分为生理需求、安全需求、

社交需求、尊重需求和自我实现需求。在求职中，我们可以将第一、第二、第三、第四层次的需求理解为现实求职动机，把第五个方面自我实现的需求理解为理想求职动机。物质决定意识，意识同时存在于物质、升华于物质。

专业化招聘面试的发展趋势，不太倾向于设置"求职动机"等类似的问题，因为答案说来说去，可能比的是谁会打"感情牌""共鸣牌"和"理想牌"，而这类问题却很难真实反映求职者的职业精神和敬业态度。很可能会出现看起来到某单位愿望越迫切的人、对某单位了解越多的人，以及功课做得越好的人，往往会被看成忠诚度越高的人。但事实上，这些人中不乏"跳槽"最快和频繁的人。试问，除了家财万贯、真正"佛系"的，哪一个四处找工作的人，不是以薪酬和发展为前提呢？对于"为什么到某单位应聘"的题目，说来说去的答案无非集中在五个方面：一是有没有合适的专业岗位；二是有没有契合的兴趣爱好；三是有没有较大的发展空间；四是有没有良好的人文环境；五是有没有预期的待遇报酬。

基于以上情况，求职者很可能陷入两难的境地：把自己的求职动机说得高大上，怕让人觉得虚无缥缈、不食烟火，甚至是陷入理想主义；把自己的动机说得接地气，怕让人觉得自己有浓厚的市侩气息，和去菜市场买菜的大妈一样。我的观点是，总体上应诚恳一些，基本需求笼统一些，理性需求实际一些。考官应该更欣赏那些既能正视和坦承自己的基本需求，又能够提出"跳一跳够得着"理想需求、希望通过平台奋斗贡献成就自己的人。

此外，考官匹配求职者的岗位忠诚度，除了以上提到的正向品格测试外，大多会关注忠诚度的反向要素，求职者应重点予以关注和掌控。主要包括以下几个方面。

1. 眼高手低，大事干不了，小事不愿干。

2. 挑肥拣瘦，自己喜欢就干，不喜欢就溜边。

3. 自以为是，感觉自己到这个单位、这个岗位是大材小用，小庙门进了大和尚，屈身下嫁了。

4. 胃口太大，漫天要价，提出和自己能力完全不匹配的职位和薪酬要求。

5. 过于理想，出现职场上的一些"幼稚病"，把新单位描绘成"世外桃源"，把新岗位想象成舒适安逸、待遇丰厚、发展顺畅、权力无限的"多位一体"平台。

6. 夸大其词，对自己的经历阅历、能力水平和工作业绩等，掺杂水分，明显拔高，甚至弄虚作假。

7. 精神懈怠，进取意识不足，缺乏热情激情，准备到招聘单位"过舒坦日子"，甚至打算"养老"。

如果在面试当中，经过各位考官包括第三方（很多面试为增强评估的专业性和准确性，往往会引入心理学、行为学专家进行微心理和微行为评估，这方面在以后的章节中还将专门研究分析）的判断，求职者有以上迹象或苗头，那么你的忠诚度就会大打折扣，甚至被一票否决。

典型案例剖析1：

【题目设置】

你了解××岗位吗？请谈谈你对某某职位的看法。

【题眼透视】

这道题表面上看是考察求职者对岗位的了解程度，更注重的是对新职位任职要求的理解和把握，从而考察求职者的相关经历阅历、专业能力和职业素养。

因此，求职者要切忌抛开个人情况空谈岗位。要把岗位要求与自身情况和发展意愿等联系起来，积极主动对接求职动机，这也是进行毛遂自荐、实现"自我岗位匹配"的最佳时机。如果一个求职者能把自己可丁可卯地"安置在"招聘岗位上，那么考官还有什么理由拒绝你呢？

【抛砖引玉】

首先，对招聘岗位作出阐释，并把握好以下要素：一是地位作用；二是发展趋势；三是专业要求；四是管理特点。

其次，围绕以上要素，灵活地把个人兴趣爱好、经历阅历、职业发展预期，特别是一些拿得出手的资质业绩等穿插其中，最大限度地达成与招聘单位或岗位需求的耦合。

最后，简明扼要地阐述自己的不足和到新岗位的初步打算。

典型案例剖析2：

【题目设置】

如果你到某个单位（岗位）工作后，发现和想象的不一样，有些方面感觉不太满意，甚至会有格格不入之感，你会怎么办？

【题眼透视】

这道题重点从三个方面考察求职者：一是如何应对失落感和挫败感；二是如何走出迷茫和困顿；三是如何保持旺盛的精力和热情。

人要是行，干一行行一行，一行行，行行行；人要是不行，干一行不行一行，一行不行，行行不行。虽然有些打油诗的味道，而且也不是每个人都能成为"万金油",但却是职业精神和敬业态度的生动写照。

对于一个成熟的求职者来说,不仅要干自己想干的,还要干自己该干的。适者生存。早适应者长生存,长生存者早适应。

求职者在面试前,应认真了解招聘岗位情况,并归纳梳理成文字。具体情况将在第七章第四节中阐述。

【抛砖引玉】

我会做好以下三个方面。

一是正视理想和现实差距。理想和现实总是有差距的,对于陌生的环境,我们总是有很多不适应感和落差感。这是一个人正常的心理反应。这就好比结婚一样。结婚之前对方什么都好,可真是柴米油盐过日子,可能会发现对方有一大堆毛病。但日子还得过下去。所以要尽快调整角色、调整心态,真正把单位当成自己的家,把工作当成自己的"老婆",相互磨合,相互理解,相互扶持,相互成就。

二是尽快熟悉情况适应环境。适者生存。在人生的道路上,每个人在不同的时段都会扮演不同的角色,进入角色快的人,赢得的时间和机会就多。虽然开头是一个难以适应的起点,适应是一个难以进入的过程,但绝不是徘徊、犹豫的理由。与其被动忍受,还不如主动接受。摸着石头过河,一步一个脚印地往前走,相信很快就能找到"柳暗花明又一村"的感觉。

三是干一行爱一行。既然自己选择了这个岗位,它还是有很多让我心仪和向往的地方。相信通过不断地实践摸索,以及领导同事的帮助,我一定能在新的岗位上找到兴趣点、兴奋点和成就感,一定会爱上这个单位,爱上这个岗位。

典型案例剖析3：

【题目设置】

你为什么要转业？

【题眼透视】

这应该是每名转业干部慎重思考、反复盘桓的问题，毕竟转业意味着军旅生涯的结束，意味着人生道路的重大转折。不管是服从军队改革需要、单位人事安排，想走出职业发展的天花板，还是希望丰富人生阅历、迎接不同挑战、转变生活方式、更多地照顾家庭、获得更好的薪酬待遇等，这些理由，都可以名正言顺地向考官说明。有一说一，有二说二，应该就是最好的答案。

至于在原单位受排挤、工作没干好、受到了处理等非主流意愿，如果考官提问，应该实事求是地回答。但可以明确的是，这些都不是考官需要的正当理由和答案。

【抛砖引玉】

我是主动申请转业到地方工作的。脱下穿了20多年的军装，有很多留恋，有很多不舍，犹豫了很长时间，下了很大决心。主要有以下几点考虑。

一是想多一些人生经历。我从上军校开始，一直在军队大院学习、工作和生活，对没上过地方大学，没到地方工作过，总感觉人生有些遗憾和缺憾。所以，想到地方看一看，开阔一下眼界视野，让自己的人生更加丰富多彩一些。

二是想换条道路闯一闯。我比较喜欢接受新鲜事物，从军20多年，换过20多个岗位，从事过30多项具体业务，很多都是我主动提出来的,就是想让工作有一些新鲜感和挑战性。在团机关的时候,想到师机关去,在师机关的时候,想到军机关、军区机关,后来一直到了中央军委政治工作部,感觉好像失去攀爬目标了,工作找不到太多的兴奋点。特别是在一个岗位一个环境待久了以后,感觉有些懈怠和麻木。所以,想换条道路、换个环境,多一些挑战,重燃一下人生的激情。

三是想多照顾些家庭和孩子。随着这几年国防和军队改革、战备训练、正风反腐等任务越来越重,我所在的单位和岗位,"五加二""白加黑"成为常态。因为爱人也是军人,也是经常加班值班。而且双方父母年龄都比较大,小孩年龄比较小,基本上没有时间陪伴他们。

综合以上考虑,心中虽然有万分不舍,还是决定脱下军装。我想,不管将来在什么岗位,我都会保持和发扬在部队养成的战斗精神和战斗作风,努力拼搏奋斗,坚持战斗到底,坚守初心,不负韶华,力争作出新业绩、新贡献。

思考题:

1. 大众创业、万众创新是时尚和潮流,现在国家大力倡导鼓励自主创业,而且军队改革期间对军转干部自主择业采取了很多优惠政策,你为什么没有选择自主择业?

2. 你认为作为一个单位和团队,吸引保留人才最关键的是什么?

第二节　了解你的认知

认知能力，是一个人思想观念、价值取向、知识储备、理论素养、实践经验的集中反映，决定了一个人的视野、事业和成就。人与人的区别，最本质的在于认知能力。同一个岗位，同一项工作，同一个问题，不同的认知能力产生不同的观念和态度，不同的观念和态度产生不同的行动，不同的行动产生不同的结果。做任何事情，如果缺乏良好的认知，就会盲目僵化、阻碍重重，非但难以解决问题，而且还会使得事情变得愈加复杂，甚至南辕北辙、一败涂地。

有的学者认为，认知是指导行动的内在算法。每个人的大脑都有一套算法，是从出生到现在的环境和自我意识共同进化发展形成的。认知是所有思想和行为的内在逻辑，而行为是认知能力的外在表现。

在竞争日趋激烈、节奏日益加快的今天，无论在什么单位、什么岗位，每天都会遇到大量错综复杂的问题。正确的认知，是对错误滞后认知的否定与突破，可以帮助我们及时调整人生方位，校准工作方向，突破自我局限，最大限度地发挥自身的潜能，高效地解决遇到的各种问题，冲破事业和生活的困局，让我们在汹涌的时代大潮中立于不败之地。

虽然招聘单位对求职者的要求各不相同，但是否具备合适的认知能力，都是面试考察的一项重要内容。

从基本效益看，认知能力可分为四个层级。

第一层，不知道自己不知道。这类人满足于一知半解，不知道自己有什么缺点，应该学什么、干什么，人生得过且过、画地为牢，不愿主动争取，缺少理想目标。说得刻薄一点，好比一台机械，只有别人按下按钮时，他才会发动起来。

第二层，知道自己不知道。这类人能够看清自己的缺点和差距，有努力方向，但普遍处于单线条思维，往往就事论事、以偏概全，缺乏体系、辩证、创造性思考和实践的能力。

第三层，知道自己知道。这类人往往在某一领域有较深的造诣，有较强的学习力和执行力，可以创造性地学习和运用相关专业能力，达成既定的愿景目标。

第四层，不知道自己知道。这类人博古通今、洞察世事、洞悉人生、虚怀若谷，能够摸透事物本质和规律，善于把握和运用思想论和方法论，善于统揽和运筹战略全局，善于创造性挖掘岗位资源、聚合强大能量。

按照此类认知进行分析，认知的能动作用和产生的效果有比较清晰的界定，也就是对认知能力的评判标准相对更易衡量，每个人容易对号入座。但其缺点是缺少认知的具体现象和过程作为依据和参考，评判中可能会带有一定盲目性和主观性。基于这一情况，可以从认知能力的形成路径和主要性征上进行分析，将认知划分为六个层级。

第一层，本能认知层——基于好恶的认知。对事物的认知，专注于从大小、远近、多少、轻重、冷热等表面特征，作出条件反射式的判断。喜欢什么、厌恶什么，只看表面、不究其里，只重本能、不顾外因，不去或是无法领会和体悟事物的发展变化。总体上来说，这是一种比较幼稚、不够成熟的认知。

第二层，情绪认知层——基于感性的认知。能体会到事物的发展环

境和生动情感的变化,而且容易被其感染和左右,往往是凭感官、心理等认识,对事物的判断基本由个人情感决定,情绪的感染、传递、外泄和爆发是认知的主要特征,具有直观性和直接性。感性认知,靠的是人的情绪在思维中的萌生和爆发,其间穿插着不起决定性作用的简单理性思考。

第三层,实践认知层——基于经验的认知。实践是认知的来源。所有的认知,均带有不同程度的实践性。实践认知,并非是实践与认知。这种认知,取决于实践结果,其中包括通过实践产生的理论、经验、教训和方法等。实践认知,靠的是摸着石头过河,也就是主要靠经验来认知。

第四层,理性认知层——基于知识的认知。这种认知以事物的本质规律为认知对象,是对事物内在联系的认知,具有抽象性、间接性、普遍性等特征。理性认知,主要采取概念、判断、推理的形式,具有递进性。理性认知,靠的是人的逻辑思维。

第五层,思维认知层——基于方法的认知。是理性认知的更高层次,即对理性的理性认知,也就是对思想论和方法论的认知。这种认知重在把握如何认清本质、抓住规律,也就是对规律存在的规律进行认知。思维认知,靠的是人的系统性思维。

第六层,赋能认知层——基于改造的认知。是认知的最高层级,是认识改造世界的主观能动性思维与客观规律性思维的最佳匹配,是人的意识与事物存在发展的完美耦合,是对认识和改造客观世界所产生强大能动效应和动能效果的一种认知。人类文明创造的重大标志性成果和历史事件,无不体现着这一认知形态的运动和发展。

需要说明的是,无论何种认知都离不开实践和理论。对一个事物的认知,几个层次的认知现象可能会同时存在,或是递进发展、循环上升。也就是说,任何一种认知,都不会孤立地存在。否则,要么会陷入认知的盲目性和虚构性，要么陷入认知的经验主义。因此，这些认知层的界限（尤其是第二、第三、第四层级）也就不那么明确清晰了。

招聘中的认知能力考察，一般不会区分得这么复杂，也无法按照以上层级划分，准确地给求职者贴上标签。但是在"一岗空缺，众人拼杀"的情况下，通过统一模式和题目的"审问"，求职者认知能力的高下将会立见分晓，适不适合岗位要求也会一目了然。因此，求职者必须了解岗位对认知能力的需求，考官将采用什么标准进行衡量，这样才能使相关准备工作有的放矢。当然，认知能力的形成和提升，并非一日之功，求职者还是应该把功夫下在平时，即使这次不行，按照以上层级要求逐步学习磨炼、不断"升级"，下一次面试中你可能就是不二人选。

此外，面试本身就是一种脱离实践的人才考察，大多数情况下是基于岗位要求匹配人才，而不是为求职者寻找岗位甚至设置岗位。考官在判断求职者的认知能力时，会重点观察求职者现场发挥中能不能有效控制本能认知和情绪认知，并充分展示实践认知和理性认知的结合转化水平，以及是否具有相应的思维能力，从而判断求职者到底是"知道"还是"不知道"，也就大体划定了求职者属于第一种认知能力分层的哪一层。

除了重点从专业领域、时事热点、组织管理（在以后的章节中会陆续阐述）等方面考察求职者的认知能力外，考官一般会从人生观、价值观、事业观、挫折观、幸福观、奉献观等，也就是为人、求知、处事、立身等角度，设置认知能力考察题。这既能考察出求职者的"三观"正不正，也能考察出求职者对人生的思考深不深，发现问题、分析问题和解决问题的思维层次高不高。

 决胜面试

典型案例剖析1：

【题目设置】

请结合自身的经历阅历，谈谈你对成功的认识理解。

【题眼透视】

每个人看待成功的标准是不一样的。有的人认为事业有成是成功，有的人认为家庭幸福是成功，有的人认为能够指挥千军万马是成功，有的人认为实现自我是成功，有的人认为名利双收是成功，有的人认为能够战胜困难是成功……

从人的自然属性和社会属性来看，成功是满足自我需求和满足社会需求的统一，是实现和拓展责、权、利的统一，是实现自我与贡献他人的统一。

获得成功的要素无非是目标、天赋、努力、选择、坚守和机遇等。我们每个人从小就开始受到"失败是成功之母""成功是99%的汗水加上1%的灵感"等格言的启迪。求职者按此应答，可能会让考官觉得索然无味、千人一面。这应该是中学生回答此类问题的套路。因此，求职者在应答中一定要结合自身经历阅历，归纳提炼出属于自己的"职场成功学"。

【抛砖引玉】

我觉得可以从以下三个方面理解成功：

第一，成功是一个坚守过程。成功总是留给有准备的人。过程成功的人，结果才能成功。我比较相信"一万小时定律"，这一万小时包含了很多细小的成功，每一次细小的成功，都是前进的动力。

我在机关中从事了20多年的文字材料工作,从入行时的懵懵懂懂,到后来能在军委机关独当一面,得益于我的长期坚守。写每一篇材料都认真对待,渴望每一次微小的胜利,不断积小胜为大胜。

第二,成功是一种行为习惯。成功的关键是习惯的建立。我身边有很多成功的人,他们的价值取向、思想观念、处事方式和精神状态,都展现出勇于拼搏、善于思考、坚韧不拔等常态化成功模式。比如,他们对待工作和任务,都有一种精益求精的习惯,制订一个计划方案,会反复权衡比较、认真听取意见,最后可能改了十几稿甚至几十稿。类似这种习惯慢慢就变成了职业操守,也就养成了成功的习惯。

第三,成功是一份责任担当。我在军队不同层级机关工作过,特别是在军委机关工作,承办过不少业务,组织过很多重大活动,都容不得一丝疏忽错漏,只能成功不能失败。功成不必在我,但成功必定有我。我想,不管是一名军人、公务员,还是公司员工,成功不仅仅是个人的褒奖和荣誉,而是尽好应尽的责任,担好应担的担子。守土有责、守土负责、守土尽责就是成功的基本要求和具体体现。从另一个角度来说,一个对工作不尽心不用心的人,也是不可能成功的。

典型案例剖析2:

【题目设置】

结合这次抗击新冠肺炎疫情,谈谈你对自由的认识理解。

【题眼透视】

这道题考察求职者对"自由"的认知,也是对求职者人生观、价值观的判断和了解。

什么是自由？如何争取自由？这是人们热衷的话题。特别是这次新冠肺炎疫情首先在武汉暴发，我们国家果断采取了"封城、封村、封路"等封控措施，西方有些国家的媒体称这是"侵犯人权""侵犯公民自由"，等等。

对这种观点应坚决予以反对。一定要辩证看待什么是"自由"，正确解读我们为抗击疫情采取的措施，封控的目的最终还是为了让人们获得生命自由、健康自由和行动自由。

【抛砖引玉】

我们每个人都崇尚自由。作为具有社会属性的人来说，自由是一个相对概念，任何自由都不是绝对的，真正的自由首先应该满足以下先决条件，否则就会出现自由主义、泛滥的自由、虚假的自由和极端化自由。

一是不能违反法律法规。偷窃绝不是小偷的自由，抢劫不是强盗的自由，欺诈也不是骗子的自由。任何自由，都应以法律法规为底线。难以想象，在一个没有法律、没有规矩的社会，会造成怎样的混乱局面，还会有什么自由可言。比如，澳洲归国女违反隔离规定外出跑步、不配合检查和劝阻，还称这是自己的自由。这种罔顾法律的自由、破坏规矩的自由，就是一种犯罪。

二是不能突破公序良俗。每个国家、每个民族、每个团体、每个机构，在实施自我管理过程中，都有约定俗成的风俗和习惯，提倡自由的前提首先是要遵守这些风俗和习惯。比如，吃猪肉是每个人的自由，不吃猪肉是回民的自由；购物、买票、乘车等是我们每个人的自由，但前提是应按顺序排队。

三是不能脱离相应义务。自由是一种权利。但每个人的责、权是相统一的，不能抛开责任谈权利，也不能只尽义务，而忽略甚至是剥夺应该享有的权利。比如，疫情防控期间，按规定上报自己行程、搞好自我隔离防护，是每个人的义务，没有尽义务，就不能妄谈拥有自由的权利。

四是不能忽略发展变化。事物是在不断发展的，有很多时候是不是自由，不能抱死理、钻牛角尖，陷入对自由认知的僵化和极端。比如，平常的时候，戴不戴口罩、进出家门是我们每个人的自由，但疫情期间我们就不能享有这些"自由"。因此，一定要根据事物的发展变化，充分考虑自由的历史和社会背景，正确理解和行使自己的自由权利。

五是不能背离原点初心。追求自由的初心不是随心所欲、高人一等，而是公平正义、生命平等。我们享受任何形式自由的时候，首先想到的应是这对于别人是不是公平，对于社会是不是正义，这才是我们追求自由的初心。比如，疫情期间的社会捐赠问题，捐不捐、捐多少是每个人的自由，不能用道德绑架的方式逼迫捐赠，捐赠这件事不管对于有钱人和没钱人来说，都应是自愿的。

总之，自由的前提基础是法治、道德、责任、公平等，获得并充分享有自由，要靠社会文明的不断进步，靠大家的共同努力。

思考题：

1. 请谈谈你对失败的认识理解。你认为你做的最失败的事是什么，为什么？

2. 请结合岗位实际，谈谈你对无私奉献的认识理解。

第三节 辨别你的人格

人格,是指个体在对人、对事、对己等方面的社会适应中,行为上的内部倾向性心理特征。表现为能力、气质、性格、需要、动机、兴趣、信仰、理想、品德、品质、价值观和体质等方面的整合,是具有动力一致性和连续性的自我表现,是个体在社会化过程中形成的独特的身心组织。独特性、统一性、功能性、稳定性是人格的基本特征。

独特性。一个人的人格是在遗传、环境、教育等因素的交互作用下形成的。不同的遗传、生存及教育环境,形成了各自独特的心理特点。人与人没有完全一样的人格特点。所谓"人心不同,各如其面",这就是人格的独特性。但是,人格的独特性并不意味着人与人之间的个性毫无相同之处。在人格形成与发展中,既有生物因素的制约作用,也有社会因素的影响作用。人格作为一个人的整体特质,既包括每个人与其他人不同的心理特点,也包括人与人之间在心理、面貌上相同的方面。人格是共同性与差别性的统一,是生物性与社会性的统一。

统一性。人格是由多种成分构成的一个有机整体,具有内在统一的一致性,受自我意识的调控。人格统一性是心理健康的重要指标。当一个人的人格结构在各方面彼此和谐统一时,他的人格就是健康的。否则,可能会出现适应困难,甚至出现人格分裂。

功能性。人格决定一个人的生活方式,甚至决定一个人的命运,因而是人生成败的根源之一。当面对挫折与失败时,坚强者能发奋拼搏,懦弱者会一蹶不振,这就是人格功能的表现。当人格功能发挥正常时,表现为健康而有力,支配着人的生活与成败;当人格功能失调时,就会表现出懦弱、无力、失控甚至变态。

稳定性。个体在行为中偶然表现出来的心理倾向和心理特征并不能表征他的人格。俗话说,"江山易改,禀性难移",这里的"禀性"就是指人格。当然,强调人格的稳定性并不意味着它在人的一生中是一成不变的,随着生理的成熟和环境的变化,人格也有可能产生或多或少的变化,这是人格可塑性的一面,正因为人格具有可塑性,才能培养和发展人格。人格是稳定性与可塑性的统一。

随着理论研究和实践应用的深入,基于不同视角和用途,对于人格类型的分类,也逐渐趋于多样化和多元化。目前,研究最为系统、广为人知且应用最为广泛的是九型人格划分法。

九型人格,又名性格型态学、九种性格。近年来风靡欧美学术界及工商界。世界500强企业的管理阶层有很多研习九型人格,并以此培训员工,建立团队,提高执行力。

九型人格揭示了人们内在最深层的价值观和注意力焦点,它不受表面的外在行为的变化所影响:深入观察发现"我是谁",我的思维模式及怎样影响我的决策,我的价值取向及怎样影响我的事业,我的情绪反应及怎样影响我的人际,我的行为方式及怎样影响我的成长,我在事业发展中的个性障碍及突破的方向,我在人际关系中的个性冲突及改善的技巧,我在亲密关系中的个性困扰及解决的方法,等等。

九型人格包括完美型、助人型、成就型、自我型、理智型、忠诚型、活跃型、领袖型、和平型九种。

1. 完美型。职业定位为关注细节的"纠错机"。主要特征是：有极强的原则性、不易妥协，常说"应该"及"不应该"，黑白分明、对自己和别人要求甚高、追求完美、不断改进、感情世界薄弱；希望把每件事都做得尽善尽美，希望自己或是这个世界都更进步。时时刻刻反省自己是否犯错，也会纠正别人的错误。其主要不健康特征是：情绪上的愤怒，情爱上的嫉妒心和社会不适应感，以及自我保护上的担忧。

2. 助人型（也称全爱型）。职业定位为具有组织才能的"热心肠"。主要特征是：渴望别人的爱或良好关系，甘愿迁就他人，要求别人觉得需要自己，但常忽略自己；很在意别人的感情和需要，十分热心，愿意付出爱给别人，看到别人满足地接受自己的帮助，才会觉得活得有价值。其主要不健康特征是：情绪上的骄傲，情爱上的进攻性，社会关系上的野心勃勃，以及自我优先权。

3. 成就型。职业定位为渴望成功的"工作狂"。主要特征是：强烈的好胜心，喜欢权威，常与别人比较，以成就衡量自己的价值高低，注重形象，工作狂，惧怕表达内心感受；希望能够得到大家的肯定；是个野心家，希望与众不同，受到别人的注目、羡慕，成为众人的焦点。其主要不健康特征是：心理上的空虚，情绪上的欺骗，以及社会关系上的狂热追求荣誉。

4. 自我型。职业定位为具有艺术范的"独行侠"。主要特征是：情绪化，追求浪漫，惧怕被人拒绝，觉得别人不明白自己，占有欲强，我行我素的生活风格，爱讲不开心的事，易忧郁、妒忌，生活追寻感觉好；很珍惜自己的爱和情感，所以想好好地滋养它们，并用最美、最特殊的方式来表达。他们想创造出独一无二、与众不同的形象和作品，所以不停地自我察觉、自我反省，以及自我探索。其主要不健康特征是：情绪上的嫉妒，情爱关系上的憎恨，社会关系上的羞愧，以及自我保护上的不计后果。

5. 理智型。职业定位为老成持重的"思考者"。主要特征是：冷眼看世界，喜欢远离人群，抽离情感，喜欢思考分析，但缺乏行动，对物质生活要求不高，喜欢精神生活，不善表达内心感受；想努力获取更多的知识来了解环境、面对周围的事物。他们想找出事情的脉络与原理，作为行动的准则。有了知识，他们才敢行动，也才会有安全感。其主要不健康特征是：物质上的吝啬，精神上的贪婪，以及自我保护上的孤僻和疏远。

6. 忠诚型。职业定位为勤劳谨慎的"老黄牛"。主要特征是：做事小心谨慎，不轻易相信别人，多疑虑，喜欢群体生活，为别人做事尽心尽力，不喜欢受人注视，安于现状，不喜欢转换新环境；相信权威、跟随权威的引导行事，然而另一方面又容易反权威，性格充满矛盾。他们的团体意识很强，需要亲密感，需要被喜爱、被接纳并得到安全的保障。其主要不健康特征是：性格上的胆小怕事甚至出现恐惧症，情绪上的猜疑，缺乏信任感，行动上喜欢拖延。

7. 活跃型。职业定位为无忧无虑的"乐天派"。主要特征是：乐观，追求新鲜感和潮流，不愿承受压力，怕负面情绪；想过愉快的生活，想创新、自娱娱人，渴望过比较享受的生活，把人间的不美好化为乌有。他们喜欢投入经验快乐及情绪高昂的世界，所以他们总是不断地寻找快乐、体验快乐。其主要不健康特征是：产生享乐主义，贪图物质享受，情绪上的自恋，过于理想化。

8. 领袖型。职业定位为权力至上的"领导者"。主要特征是：追求权力，讲求实力，不靠他人，有正义感。喜欢做大事，是绝对的行动派，一碰到问题便马上采取行动去解决。想要独立自主，一切靠自己，依照自己的能力做事，要建设前不惜先破坏，想带领大家走向公平、正义。其主要不健康特征是：情绪上的控制欲望和复仇心理，以及情爱上的占有欲，无

法认识到自己的弱点，拒绝承认能力的局限性。

9. 和平型。职业定位为和谐团队的"润滑剂"。主要特征是：花长时间做决定，难以拒绝他人，不懂宣泄愤怒；显得十分温和，不喜欢与人起冲突，不自夸、不爱出风头，个性淡泊。想要和人和谐相处，避开所有的冲突与紧张，希望事物能维持美好的现状。忽视会让自己不愉快的事物，可能让自己保持平稳、平静。其主要不健康特征是：心理和行动上的怠惰，内心的挣扎和压抑，用虚假的爱好取代真正的需求。

九型人格论所描述的九种人格类型，并没有好坏之别，只不过不同类型的人回应世界的方式具有可被辨识的根本差异。虽然人的基本性格型态是不会改变的，但是某一型的典型描述，却不见得全部符合某一个人。人们为了顺应成长环境、社会文化，在不同情况下，有可能出现一些差异。而必须强调的是：每一个人的成长环境都是独一无二的，所以同类型人之间可能有许多共同点，但却也各自拥有一些属于自己最特殊的特质。九型人格也并不是一个固定不变的系统，它是一个动态的模式，这个模式由相互交织的线条构成，说明每个人实际上都同时拥有这九种性格的潜质，但是我们最注意的还是自己最突出的性格特征。"九角星结构"和它相互交织的线条，象征着每一种性格的人都会与其他性格的人产生多变互动关系。

简单地理解，在人格最健康的时候，随时有人格整合的可能，实现人格的升华。比如，第9型（和平型）如果出现了第3型（成就型）的特征，由原本的内向保守，变得充满活力，基本欲望得到满足，基本恐惧隐藏。健康的人格令人活出真我、达成心理平衡，能够充分发挥自己的潜能，并对社会作出贡献。在人格不健康的时候，可能出现联动恶化的结果。比如，若一个2号类型的人（助人型）心理不健康时，便会出现8号（领袖型）的心理不健康特征。

第一章 换位思考：知己知彼才能稳操胜券

九型人格（图1-1）可以应用到不同领域的方方面面，是一个十分复杂的学科。在职场行为方面，可以分析不同类型在职场的行为表现，让管理人员依据九型人格这一地图定位员工的心灵坐标，从而找到与员工的沟通办法及激励方法。这十分有助于个人成长、企业管理，特别适于企事业单位在人员招聘、组织构建、团队沟通过程中，作为评价人员性格的工具。

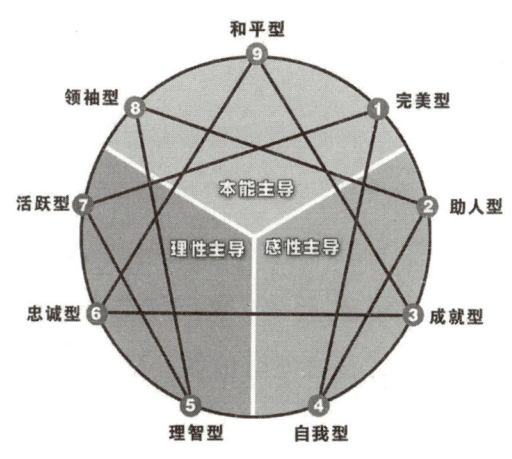

图1-1 九型人格示意图

九型人格工具应用于人才招聘中，人格类型有时起到了筛选的主要作用，一些与岗位要求对立的人格类型的求职者，或是人格有障碍缺陷者，可能首先就被排除在外、一票否决。符合人格类型要求的求职者则需进一步比较其他方面的条件进行筛选。当然，除了特殊岗位，最后的录用决策，应当是基于对求职者的经验、能力、个性、成就，以及性别、年龄、学历等岗位要求的综合评估之后作出的，与人格类型定位是一种相互印证关系，而不应是排斥和矛盾关系。

因为通过短时间内的面试确定求职者的人格类型有很大难度，而且通常求职者还会有掩饰和伪装，使这种确定人格类型的工作难度加大。所

 决胜面试

以,为了保证有效地确定应聘者的人格类型,一些特殊的招聘岗位,可以由专门受过九型人格训练、经验丰富的若干专家组成面试小组,面试后分享讨论、共同研究判断,克服个人的主观臆测。但这样做的成本也会很高,因此通常初次面试和筛选的时候基本上可由人力资源部门完成,第二次面试时再由招聘小组来完成。

作为广大读者,了解和运用九型人格的分类和基本特征,可以找准自己心灵和性情的基本定位,成为自我内心的观察者,帮助自己超越升华自己的性格特征,从限制我们的习性中走出来,挖掘自己的潜能,向一个更高层面发展,以此作为向更高能力攀爬提升的阶梯。

作为考官,了解九型人格的分类和基本特征,就可以通过问话收集应聘者的某些价值观、行动准则、情景反应、人际互动等有关资料,帮助了解和确定应聘者的人格类型。就是根据岗位需要,寻找一个相对合适的人格类型的人才,使之能够恰如其分、人尽其才地融入岗位、融入团队。

作为求职者,了解九型人格的分类和基本特征,就能对自己的人格进行初步分析,预先匹配岗位需求,有重点地对个人情况作出梳理和提前思考。这并非是刻意掩饰或者隐瞒。一方面,这是防止求职者在受到压力时形成心理防卫机制,反映的并非是自己的日常性格特征,给考官的衡量判断造成影响,这也是九型人格运用应重点避免的问题;另一方面,可以主动克服自己性格的负面特征和逆向转化,从而找到一个使人格升华的机会。面试何尝不是一次人格的自我发现和磨炼呢!

为了更好地使读者特别是求职者了解自己的人格,我们可以利用海伦·帕尔默"九型人格简易测试"法,测试自己属于哪种人格类型。

九型人格简易测试

1. 下面有108个陈述，每个陈述括号前面所指向的数字就是"九型"中的一种人格类型。填写前应先忽略人格类型数字。

2. 如果认为某项陈述符合你，请在括号内打钩。填写中应保持正常心态，注意克服产生心理防卫，以免结果失当失真。

3. 统计相加你所勾选的内容所指向的人格类型，看看你符合的描述指向的数字哪种最多。最多的数字很有可能就是你的基本性格类型。

4. 需要说明的是，测试九型人格结果仅仅是一个参考结论，更精确的判断还需要在全面了解九种性格的构设机理和适用原理，并深入揣摩比较自己所处环境、思想认识和行为动机后才能获得。

人格类型	①	②	③	④	⑤	⑥	⑦	⑧	⑨
数量									

⑨（　）1. 我很容易迷惑。

①（　）2. 我不想成为一个喜欢批评的人，但很难做到。

⑤（　）3. 我喜欢研究宇宙的道理、哲理。

⑦（　）4. 我很注意自己是否年轻，因为那是找乐子的本钱。

⑧（　）5. 我喜欢独立自主，一切都靠自己。

②（　）6. 当我有困难时，我会试着不让人知道。

④（　）7. 被人误解对我而言是一件十分痛苦的事。

②（ ）8. 施比受会给我更大的满足感。

⑥（ ）9. 我常常设想最糟的结果而使自己陷入苦恼中。

⑥（ ）10. 我常常试探或考验朋友、伴侣的忠诚。

⑧（ ）11. 我看不起那些不像我一样坚强的人，有时我会用种种方式羞辱他们。

⑨（ ）12. 身体上的舒适对我非常重要。

④（ ）13. 我能触碰生活中的悲伤和不幸。

①（ ）14. 别人不能完成他的分内事，会令我失望和愤怒。

⑨（ ）15. 我时常拖延问题，不去解决。

⑦（ ）16. 我喜欢戏剧性、多姿多彩的生活。

④（ ）17. 我认为自己非常不完美。

⑦（ ）18. 我对感官的需求特别强烈，喜欢美食、服装、身体的触觉刺激，并纵情享乐。

⑤（ ）19. 当别人请教我一些问题时，我会巨细无遗地分析得很清楚。

③（ ）20. 我习惯推销自己，从不觉得难为情。

⑦（ ）21. 有时我会放纵和做出僭越的事。

②（ ）22. 帮助不到别人会让我觉得痛苦。

⑤（ ）23. 我不喜欢人家问我广泛、笼统的问题。

⑧（ ）24. 在某方面我有放纵的倾向(例如食物、药物等)。

⑨（ ）25. 我宁愿适应别人，包括我的伴侣，而不会反抗他们。

⑥（ ）26. 我最不喜欢的一件事就是虚伪。

⑧（ ）27. 我知错能改，但由于执着好强，周围的人还是感觉到压力。

第一章 换位思考：知己知彼才能稳操胜券

⑦（ ）28. 我常觉得很多事情都很好玩、很有趣，人生真是快乐。

⑥（ ）29. 我有时很欣赏自己充满权威，有时又优柔寡断，依赖别人。

②（ ）30. 我习惯付出多于接受。

⑥（ ）31. 面对威胁时，我既变得焦虑，又对抗迎面而来的危险。

⑤（ ）32. 我通常是等别人来接近我，而不是我去接近他们。

③（ ）33. 我喜欢当主角，希望得到大家的注意。

⑨（ ）34. 别人批评我，我也不会回应和辩解，因为我不想发生任何争执与冲突。

⑥（ ）35. 我有时期待别人的指导，有时却忽略别人的忠告径直去做我想做的事。

⑨（ ）36. 我经常忘记自己的需要。

⑥（ ）37. 在重大危机中，我通常能克服我对自己的质疑与内心的焦虑。

③（ ）38. 我是一个天生的推销员，说服别人对我来说是一件轻易的事。

⑨（ ）39. 我不相信一个我一直都无法了解的人。

⑧（ ）40. 我爱依惯例行事，不大喜欢改变。

⑨（ ）41. 我很在乎家人，在家中表现得忠诚和包容。

⑤（ ）42. 我被动而优柔寡断。

⑤（ ）43. 我很有包容力，彬彬有礼，但跟人的感情互动不深。

⑧（ ）44. 我沉默寡言，好像不会关心别人似的。

⑥（ ）45. 当沉浸在工作或我擅长的领域时，别人会觉得我冷酷无情。

⑥（ ）46. 我常常保持警觉。

⑤（ ）47. 我不喜欢要对人尽义务的感觉。

⑤（ ）48. 如果不能完美地表态，我宁愿不说。

⑦（ ）49. 我的计划比我实际完成的还要多。

⑧（ ）50. 我野心勃勃，喜欢挑战和登上高峰的经验。

⑤（ ）51. 我倾向于独断专行并自己解决问题。

④（ ）52. 我很多时候感到被遗弃。

④（ ）53. 我常常表现得十分忧郁的样子，充满痛苦而且内向。

④（ ）54. 初见陌生人时，我会表现得很冷漠、高傲。

①（ ）55. 我的面部表情严肃而生硬。

④（ ）56. 我很飘忽，常常不知自己下一刻想要什么。

①（ ）57. 我常对自己挑剔，期望不断改善自己的缺点，以成为一个完美的人。

④（ ）58. 我感受特别深刻，并怀疑那些总是很快乐的人。

③（ ）59. 我做事有效率，也会找捷径，模仿力特强。

①（ ）60. 我讲理，重实用。

④（ ）61. 我有很强的创造天分和想象力，喜欢将事情重新整合。

⑨（ ）62. 我不要求得到太多的注意力。

①（ ）63. 我喜欢每件事都井然有序，但别人会认为我过分执着。

④（ ）64. 我渴望拥有完美的心灵伴侣。

③（ ）65. 我常夸耀自己，对自己的能力十分有信心。

⑧（ ）66. 如果周遭的人行为太过分时，我准会让他难堪。

③（ ）67. 我外向，精力充沛，喜欢不断追求成就，这使我自我感觉良好。

第一章 换位思考：知己知彼才能稳操胜券

⑥（ ）68. 我是一位忠实的朋友和伙伴。

②（ ）69. 我知道如何让别人喜欢我。

③（ ）70. 我很少看到别人的功劳和好处。

②（ ）71. 我很容易知道别人的功劳和好处。

③（ ）72. 我嫉妒心强，喜欢跟别人比较。

①（ ）73. 我对别人做的事总是不放心，批评一番后，自己会动手再做。

③（ ）74. 别人会说我常常戴着面具做人。

⑥（ ）75. 有时我会激怒对方，引来莫名其妙的吵架，其实我是想试探对方爱不爱我。

⑧（ ）76. 我会极力保护我所爱的人。

③（ ）77. 我常常可以保持兴奋的情绪。

⑦（ ）78. 我只喜欢与有趣的人交友，对一些闷蛋却懒得交往，即使他们看起来很有深度。

②（ ）79. 我常往外跑，四处帮助别人。

③（ ）80. 有时我会讲求效率而牺牲完美和原则。

①（ ）81. 我似乎不太懂得幽默，没有弹性。

②（ ）82. 我待人热情而有耐性。

⑤（ ）83. 在人群中我时常感到害羞和不安。

⑧（ ）84. 我喜欢效率，讨厌拖泥带水。

②（ ）85. 帮助别人达成快乐和成功是我重要的成就。

②（ ）86. 付出时，别人若不欣然接纳，我便会有挫折感。

①（ ）87. 我的肢体硬邦邦的，不习惯别人热情的付出。

⑤（ ）88. 我对大部分的社交集会不太有兴趣，除非那是我熟识

的和喜爱的人。

②（　）89. 很多时候我会有强烈的寂寞感。

②（　）90. 人们很乐意向我表白他们所遭遇的问题。

①（　）91. 我不但不会说甜言蜜语，而且别人会觉得我唠叨不停。

⑦（　）92. 我常担心自由被剥夺，因此不爱做承诺。

③（　）93. 我喜欢告诉别人我所做的事和所知的一切。

⑨（　）94. 我很容易认同别人为我所做的事和所知的一切。

⑧（　）95. 我要求光明正大，为此不惜与人发生冲突。

⑧（　）96. 我很有正义感，有时会支持不利的一方。

①（　）97. 我注重小节而效率不高。

⑨（　）98. 我容易感到沮丧和麻木更多于愤怒。

⑤（　）99. 我不喜欢那些侵略性或过度情绪化的人。

④（　）100. 我非常情绪化，一天的喜怒哀乐多变。

⑤（　）101. 我不想别人知道我的感受与想法，除非我告诉他们。

①（　）102. 我喜欢刺激和紧张的关系，而不是稳定和依赖的关系。

⑦（　）103. 我很少用心去听别人的倾诉，只喜欢说说俏皮话和笑话。

①（　）104. 我是循规蹈矩的人，秩序对我十分有意义。

④（　）105. 我很难找到一种我真正感到被爱的关系。

①（　）106. 假如我想要结束一段关系，我不是直接告诉对方就是激怒他来让他离开我。

⑨（　）107. 我温和平静，不自夸，不爱与人竞争。

⑨（　）108. 我有时善良可爱，有时又粗野暴躁，很难捉摸。

辨别求职者的人格，招聘单位重点考察的是求职者能不能"合群"，能否妥善处理人际关系，了解求职者的社会适应性、团队融合性等。对于一个求职者的人格作出准确的评估和判断，对于招聘单位十分重要。我在军队基层和机关工作多年，深切体会到，如果一个单位或是一个团队，出现个别有人格缺陷、偏执人格甚至是人格障碍的人，那对这个单位和团队的影响是巨大的，有时甚至是毁灭性的。我在组织考试和面试中，就曾经遇到过这样人格的人。但是由于人格具有一定隐藏性和变化性，特别是求职者提前预设心理防卫机制的话，将更加难以准确判断。因此，很多单位都增加了压力测试、逆反测试，逼迫求职者最大限度暴露真实人格或其发展走向，这些后面章节中还会提到。

对于求职者来说，主要是应该调整好心态，防止过于紧张造成过度的心理防卫，或是大脑思维混乱，反而很难反映出自身的健康人格特征。

典型案例剖析1：

【题目设置】

如果你被任命为单位或部门主管，你会怎样处理与资格资历比你老、年龄比你大的下属之间的关系？

【题眼透视】

这是一道关于人际关系的面试题目。人格的外在表现，主要是看一个人适应社会的心理和行动反应，在职场上最重要的就是人际关系的处理和把握。考官可以通过求职者对此类问题的理解把握，判断其部分人格特征，匹配其与岗位和团队的融合度。

对于职场上的人际关系，最重要的还是合群、合拍、和谐，需

决胜面试

要求职者能够适应不同的领导、同事和下属，以便加入团队后能形成合力，如能起到穿珍珠的"线"的作用是最理想的状态。

无论是读者，还是求职者，要切记的是，职场上一定是团队优于个人、个人依靠团队，应注重培养自己善于团结、善于合作的人格特征，否则再优秀的人"浑身是铁也打不了几个钉"。

【抛砖引玉】

作为一名曾经的指挥军官，这是我们分配到基层部队的第一课，也是遇到的第一道坎。因为一名新排长，相比排里的老士官资历浅、年龄小。排里的兵都听老班长、老士官的，而且部分老士官是瞧不起新来的排长的，有些甚至会故意给你制造点小麻烦。我想这两类情形类似，应该把握好四点。

一是和他们一起玩。在基层部队带兵，要和战士有共同的爱好，通过打篮球、踢足球、打扑克等活动，加强沟通，建立情感的纽带。很多时候，在基层部队玩不到一起，是很难建立工作感情的。虽然在机关和企事业单位工作不能像在部队一样，大家整天一起摸爬滚打，但一定要多接触、多找共同爱好，哪怕是吃吃饭、喝喝茶，也能拉近彼此之间的感情。

二是向他们使劲学。向他们学本领学经验。特别是一些重要事项、棘手难题，要多向他们请教，多和他们商量。一方面，这可以弥补自己的短板和不足；另一方面，也能调动他们的积极性。

三是和他们一起干。老兵干的时候，新排长绝对不能背着手看。在机关和企事业单位也一样，不能因为自己是主管，就当甩手掌柜。既要科学分工，明确责任，也要带头想在前、谋在前、干在前，用实际行动、能力水平和人格魅力，赢得老同志的尊重和认可。

四是和他们一起聊。就是经常和他们谈谈心，多聊聊天，把自己的想法诚恳地说出来，也让他们能和自己说心里话。特别是有误会的时候，一定要及时主动化解。有很多误会，如果你不说，我也装作不知道，误会就会越来越深，造成思想疙瘩后就很难化解。

我想，只要把握好了这四条，就一定能处理好和这些老同志的关系。

典型案例剖析2：

【题目设置】

你喜欢什么样性格的领导？在你以往的工作岗位上，有不喜欢的领导吗？你认为怎样才算是一名合格的领导？

【题眼透视】

这是一道人格映射题。通过了解求职者对"喜欢的领导"的描述，从而间接判断其性格特征或预期走向，也可以同时考察求职者的经历阅历和组织领导能力，或是否具备相应潜质。在应答过程中，求职者可以把与自己共事过的领导作为例子。

【抛砖引玉】

在我的军旅生涯中，遇到过很多领导，尽管他们的性格不尽相同，但他们都教会了我很多东西。可以说不管什么风格的领导，我都能从他们身上学到"几把刷子"。从性格上来看，有的让我学会了认真细心，有的让我学会了平心静气，有的让我学会了坚韧坚守，等等。

我比较喜欢这几种性格的领导：一是担当负责，责任心强，有强

决胜面试

> 烈的事业心，和这样的领导工作总感觉有使不完的劲；二是雷厉风行，不拖泥带水，干脆利索；三是胸怀宽广，能够容人、容事、容物，不斤斤计较；四是敢想敢干，有想法有魄力，能够谋定而后动。我想，不管什么样性格的领导，作为下属，都应该去主动适应、主动磨合、主动配合，当好参谋助手。
>
> 我觉得一名合格的领导，应像古人对将军的描述那样，做到智、信、仁、勇、严。

? 思考题：

1. 你的直接领导总是刁难你，工作中老是故意给你"穿小鞋"、出难题，虽然你多次尝试采取不同方式和不同渠道与其沟通，但他"揣着明白装糊涂"，依旧没有改变做法，你会如何处理？

2. 你最愿意和什么样性格的人打交道，为什么？

3. 你认为什么样性格的人在此岗位（招聘岗位）上工作比较合适，为什么？

4. 你有什么业余爱好？

5. 你经常读一些什么书？谈谈你最近读的一本书的体会。

第四节　评估你的业绩

业绩评估，是招聘单位通过了解求职者学业完成情况、工作实绩表现，考察求职者工作能力、经验和作风的一般方法。招聘中的业绩评估，不同于入职后的绩效考核。绩效考核可以通过主管考评、自我考评、同事考评、下属考评、客户考评等方式，进行360°考评，并把绩效考核与员工聘用、职务升降、培训发展和薪酬确定等相结合，形成绩效管理的全链条，使得企业的激励机制得到充分运用。招聘中的业绩评估，虽然也可以到求职者就读学校或原工作单位进行考察了解，但由于成本过高、操作难度比较大，除一些重要和特殊岗位，招聘单位一般不会采取此办法。

因此，招聘单位在组织面试中，一般按照简历筛查初评、自我介绍自评、重点设问考评、相互印证补评的方式组织。

招聘单位围绕岗位需要筛选简历，对求职者的业绩作出初步判断评估。

马云在一次做访谈节目时说："我从不看任何人的简历，我的简历递出去，那么多人拒绝了我，所以我从来不看别人的简历，忽悠的人太多了，念了个博士，只是交了个学费而已，不能证明你能干什么。"

我想说的是，马云作为企业的高层管理者、领导者可以不看求职者

的简历，但是人力资源部门不可能不看简历。一个岗位，多的有成百上千人竞争，无法组织所有的人面试或是考试，因此简历的筛选就变得十分重要，成为招聘选拔人才的第一道关口。用人单位在没有见到面试者之前，仅仅通过简历就要淘汰一部分人，并通过简历初步确定基本人选，简历的重要性就不言而喻了。

如何在各式各样、不同程度包装的简历中，筛选出相对更加适合岗位需求的人选，每个招聘单位的方法也不尽相同。一般的流程是，先做好岗位分析，而后根据岗位的具体要求，采取排除法、排序法、精选法进行筛选。排除法，就是排除基本信息不符合岗位基本要求的，直接淘汰。排序法，就是把学历经历、专业资质、经历阅历、业绩成果等进行权重打分，而后筛选出参加面试、做进一步了解考察的人选，并排出顺序。精选法，就是针对求职者的一些拔尖的能力、经历和成果，以及特殊的岗位资质要求，进行精准式简历筛选，防止有特殊能力的人才因为学历、经历等基本条件不符合，而被忽略甚至是第一轮就惨遭淘汰。

不管采取什么方法，招聘单位对求职者简历的筛选，一般会围绕以下几个方面展开，并进行模糊评分或精准打分。

1. 基本项目。主要是学历、年龄和专业资质等。有些招聘单位对此是实行一票否决的。虽然唯经历、唯学历、唯资质的招聘选拔并不被笔者所认同，但这种筛选在招聘环节是很难避免的。特别是对于一考定终身、一面定江山的职位来说，高学历并不代表高能力，但一定代表的是"高机会"。

2. 主体项目。主要是经历阅历和成果业绩等。这是简历筛选至关重要的部分，也是招聘单位重点关注的部分。基本项目的评判一目了然，可以很快作出取舍。但基于经历阅历和成果业绩进行量化比较和横向比较的难度较大，需要认真研读、综合衡量后才能作出判断鉴别。

3.附加项目。兴趣爱好、个人优长，包括求职信、自荐信等，这些都有可能成为求职者的加分项。对于求职信、自荐信，我觉得应该是十分必要的。求职信、自荐信允许一定的主观发挥，弥补简历"冷冰冰"的缺陷，可以带有浓厚情感色彩和个人特色，会产生一定的"温度"，更加打动招聘人员。求职信、自荐信切记不要简单重复简历中的内容，应做到若即若离，重点突出简历中无法描述的求职者精神世界，包括价值取向、心路历程、内心渴望等。

一名招聘人员每天要阅读几十份甚至上百份简历，到了招聘旺季，这个数量还会大幅增加，为此你的简历不是被阅读，而只是被"扫描"。因此，一份成功的简历，应在最短的时间内把招聘人员的眼球吸引过来，让他（她）产生阅读你简历的欲望。求职者在制作简历时，可以参考把握以下几点。

一是善做"标题党"。按照一般阅读习惯和心理，招聘人员看简历时，特别是在评估成果和业绩时，会先扫描相关内容的层次标题。因此，求职者应十分注重对简历特别是主体项目内容的归纳提炼，决不能记流水账，事无巨细，面面俱到，让招聘人员抓不住重点，摸不着头脑，甚至还要一点儿一点儿寻找蛛丝马迹，更不能千篇一律、千人一面。特别是军转干部安置网上报名，简历字数要求在500字以内，更加需要精益求精、重点突破。当然，层次标题一定要实事求是，不能无中生有、夸大其词。

二是打造"数字化"。业绩行不行，数据说了算。在成果业绩评判上，定性的文字相对苍白和空洞，数字则有更大的冲击力和说服力。因此，简历中切忌空话、套话连篇，要把定性与定量结合起来，力求把概略的数字精准化，把分散的数字集约化，真正靠数字说话。

三是防止"碎片化"。一份好的简历一定是有逻辑主线的，也是有生

命线的。对接招聘岗位的需求就是简历的逻辑主线，求职者的职业发展潜力就是简历的生命线。如果"东一耙子西一扫帚"，形式、内容和逻辑花里胡哨、零零乱乱，把自己最有价值的"广告"装在口袋里，无疑这份简历是失败的，也就有可能失去面试的机会。

此外，求职者应把自己的各类证书、获得的成果等分类梳理好，最好能把复印件装订成册，以备适时使用，也可以随简历一同投递。但附件材料一定要精挑细选，不能太多、太杂，为了避免有所遗漏，可以在简历中附上一个详细的目录。

总之，简历的制作一定要归纳、归纳、再归纳，提纯、提纯、再提纯，聚焦、聚焦、再聚焦。

如果求职者通过了简历筛查初评，有幸入围面试，那么业绩评估就进入了重点设问考评、相互印证补评两个环节。这两个环节主要围绕求职者的简历内容展开，重点对简历中提到的成果业绩进行验证性、补充性考察。"是骡子是马，先拉出来遛一遛。"一方面，考察求职者提供的简历内容是否真实可靠，有没有掺杂水分，甚至弄虚作假；另一方面，把看"画像"变成真人"相面"，把通过简历的间接判断过渡到现场的直接评判，最终把招聘岗位与求职者客观要素的供需对接，变成主观的"推销"与"购买"。

需要说明的是，业绩评估作为面试的重要关注点，考察的是求职者的从业能力和岗位发展潜力，既注重求职者的综合能力的评判，也更加注重专业能力评估。因此，求职者应搞好相关专业领域业绩成果的梳理总结和思考准备，还有一些技术岗位会组织专门的技术测试，也应做好相应准备。

第一章　换位思考：知己知彼才能稳操胜券

典型案例剖析：

【题目设置】

你的简历中提到，你长期在机关工作，文字功底比较扎实，请结合个人实际，谈一谈如何提高文字材料写作水平。

【题眼透视】

文以载道。办文、办会、办事是机关和企事业单位工作人员的基本功。文字材料作为重要的组织管理方式，越来越受到各方面的重视。虽然当前产生了一些不好的文风，也助推了形式主义和官僚主义，但其地位作用仍不容削弱和忽视。具有一定的文案经验和能力，是很多招聘单位和岗位的基本要求。

文字材料的主要特点在于它的应用性和适用性，就是要实实在在解决问题。古人讲，功夫在诗外。提高文字材料写作能力，不仅仅是材料本身的框架构设、逻辑梳理，以及驾驭语言文字的能力，最核心的还是观察问题、分析问题、解决问题的能力。

从实际操作来看，提高文字材料水平无非是多读、多听、多看、多写、多思考。但是这样的答案肯定不会得高分。同时，要注意这道题目问的是如何提高文字材料写作水平，而不是如何写材料。二者还是有很大区别的。

【抛砖引玉】

我从事了20多年的文字材料工作，我学写文字材料的经历可以概括为三个阶段。

第一阶段，按部就班的简单模仿阶段。主要是学习文字材料的

基本格式、基本套路、基本风格和基本技巧。

第二阶段,按图索骥的摸索规律阶段。主要是学习运用文字写作的逻辑思维、内敛思维、灵感思维和发散思维等。

第三阶段,按迹循踪的还原本真阶段。重在通过实践摸索发现问题、分析问题、解决问题的思路和方法,把事物认知能力、组织谋划能力等,转化形成语言文字能力,也就是把文字材料还源于实践,升华于实践,运用于实践。

简单地说,第一个阶段学套路,第二个阶段学思维,第三个阶段学思想论、方法论和实践论在文字上的转化运用。在学习过程中,我注重把握了以下几个方面:

一是学会深度思考。古人讲,字字吟来都是血。思考是思维和思想的根。对于一个问题,如何抽丝剥茧、去伪存真抓住本质、摸透规律,我觉得,最管用的办法就是沿着这个问题,采取直线进攻、直捣黄龙的方式进行深度思考,善于培树和运用灵感思维(在本书前言中对灵感思维做了具体阐述)。这种思考往往让人抓心挠肝、焦躁烦躁,一定要静下心来,坚持,坚持,再坚持。

二是学会立足实践。古人讲,功夫在诗外。起草一切材料的最终目的是解决问题。坚持从实践中来,到实践中去,提高认知能力和实践能力,是提高写作能力最为关键的。至于文字驾驭功夫,只是文字材料的"技术活儿",虽然也并非一日之功,但只要注重日积月累,勤学苦练,就一定会有所提高。

三是学会积累总结。从一点一滴开始,边写边研究,边研究边实践,边实践边领悟,对写材料中体会到的思考方法、思维模式、思想创造等,不断进行梳理升华,力争打一仗进一步。我在从事文

> 第一章 换位思考：知己知彼才能稳操胜券

> 字材料工作3年后，出版了一本专著《机关应用材料写作39章》，就是对自己一点一滴体会的积累梳理。通过写书，我不仅对材料写作方法进行了系统研究，而且触类旁通学了很多知识，使文字材料写作水平提高很快。

❓ 思考题：

1. 在你的职业生涯中，你做得最成功的事情是什么？

2. 请围绕你的简历内容，结合自身的3~4个故事，简要谈谈你是怎么做出成果业绩的。

3. 你如何看待求职招聘中的唯学历现象？

4. 你在一个岗位（一项工作）上投入了大量时间和精力，想了很多举措和办法，付出了自己的很多心血，但是结果却没有得到领导和同事的认可，你会怎么办？

5. 单位将组织一场招聘会，由你负责，你会怎么组织？

第二章

练好内功：以不变应万变

第二章 练好内功：以不变应万变

【三言两语】《孙子兵法》共有6000多字，精髓只有两个字，就是"算"和"变"。"算"就是看清并立足不变，"变"就是把"不变"放到具体环境中，具体问题具体分析。不管怎么算，临事一定要变；不管怎么变，事前一定要算。这就是奇正之法。对于求职者来说，面试是知识储备、认知水平、思维能力的外在表达，是不变的基础。而思维水平则是基础中的基础，关键中的关键。如何把握思考问题的一般规律，是面试的内功心法。只有通过正确的思考方式，学会"算"的方法，掌握"不变"的窍门，找好坐标方位，用好逻辑思维，理顺基本思路，在大脑中形成思维的条件反射，才能"以不变应万变"。

人生三重哲学境界，即看山是山，看山不是山，看山还是山。学习知识和技能，一般也要经过这三个阶段。

第一个阶段，看山是山——建构阶段。这个阶段主要是模仿对照、学习套路，在模仿对照中建构起自己思考和行动的初步框架。为什么看山是山？因为这个阶段的学习，只能专注于事物的表层和表象，当然看到什么就是什么，但内心会产生很多不解和疑问。这个阶段对事物的感性认识居于首要地位。

第二个阶段，看山不是山——解构阶段。这个阶段主要是通过实践了解"山"，体验"山"，解读"山"。"山"到底是什么、有哪些、为什么，等等，通过一点一点地分解、一步一步地深入，深刻体验"眼中之山"和"脚下之山"的迥异。为什么看山不是山？因为这个阶段的学习，已从表

层进入深层,眼中之山已经变成脚下之山、脑中之山、心中之山,这个时候内心的疑问已经渐渐有了答案。这个阶段对事物的理性认识居于首要地位。

第三个阶段,看山还是山——重构阶段。这个阶段主要对感性认识和理性认识进行赋能,实现再发现、再加工、再创造,即洞察世事后的返璞归真。为什么看山还是山?这时已经了解了学习的真谛,掌握了学习的规律,不再向往形式上的轰轰烈烈,而是追求内容上的真实可靠。不管是什么高山大峰,都能从容面对,踏歌而行,把路踩在自己脚下。这个阶段对事物的本质和规律认识居于首要地位。

读者看到这里可能会觉得突兀,这三个阶段与面试有什么关系?显然,这三个阶段既是哲理的人生,也是现实的人生,是求职者应当走过的三个层级。

从面试本身看,对于求职者来说,这既是应答考官提问,也是解答内心疑问,更是回答人生考问。

第一,应答考官提问。这一阶段"看山是山",需要对面试进行建构。求职者主要是从如何应对面试本身来考虑问题,面试怎么考,我就怎么准备。简单地说,为看山而看山,为面试而面试。

第二,解答内心疑问。这一阶段"看山不是山",需要通过面试对自己进行解构。我的业绩成果怎么样?我的认知能力怎么样?我的专业水平怎么样?我的品行修养怎么样?为什么是这样?以及我从哪里来、要到哪里去?也就是我的初心和使命是什么?我的坐标点在哪里?我的靶标在哪里?需要对自己有一个全面的剖析和审视,找出问题所在,从而解答内心疑问。面试的意义也就不仅仅是面试本身,而是对自己的一次重新认知、重塑改造和再次升华。

第三,回答人生考问。这一阶段"看山还是山"。我们的人生不止一次面试和考试，无论是成功还是失败，面临的都是一次次人生考问。从中我们学到的是什么？是世界观、人生观，是认识论、思想论、方法论和实践论。这才是迎接人生面试的真谛。真正掌握了这些，不论什么形式的面试和考试，我们都能准确识变，科学应变，主动求变。这时候，求职面试就只不过是一次面试而已。

从面试的问题设置看，求职者面临三个层级的回答。

第一层级，照搬套路的表象式回答。基于对面试的初步建构，看山是山，你问我答。回答问题从现象到现象，没有深层次的剖析和较高层次的认知。

第二层级，活用思路的理性式回答。看山不是山，对问题进行解构，融入自己的认知、经历和思想，有个人的理性见解和实践认知，可以形成一套自己的面试打法。

第三层级，透析矛盾的本质性回答。运用自己的思想论和方法论，对矛盾的基本现象、原因症结和对策措施等进行体系化思考和重构，能够形成规律性、本质性、辩证性认知。此时，看山还是山。

这三重境界，求职者一般不能跨越，都有一个逐步升级的过程。面试中，你怎么看"山"、怎么解读"山"，就会在考官面前展现出一座什么样的"山"。你"看山"的阶段和层级，也决定了你在众多求职者当中是否具备竞争的比较优势。

明白了"看山"哲理，对于读者和求职者来说，应该一层一层修炼。这好比是学功夫，先从基本套路开始，再学习内功心法，二者学成之后，才能融会贯通，不再拘泥于门派招式，可以根据需要和对方的招式任意组合，达到"无招胜有招"的境界。

面试中，要练好"准确识变、科学应变、主动求变"的内功，基本前提是要了解和熟悉"不变"。

第一节　找好坐标方位

　　学习、工作和生活中，每一个进入我们大脑的信息，不论是看得见摸得着的事物，比如电视、汽车、树木、面包、蚂蚁等，还是抽象的理论、数据、代码、音符等，或是出现在意识里的想法、念头、情绪等，都可以成为一个思考中心，并由此中心向外发散出成千上万的节点，每一个节点代表与中心主题的一个联结，而每一个联结又可以成为另一个中心主题，再向外发散出成千上万的节点。这些节点的联结形成记忆，记忆的联结和转化又形成思维。这种联结是凌乱的还是有序的，是点状的、线状的、面状的，还是立体的，决定了一个人的思维方式和思维能力。而这种联结点是需要定位的，否则思维将不知从哪里出发、从哪里走、到哪里去。

　　面试中回答问题，找准、理顺这些联结点十分重要。特别是面试时间较短，互动感受最为直接，需要在单位时间内接收、传输和判断大量信息时，这些信息出现的方位和形态对于考官的评估判断起着至关重要的作用。

　　从考官看，无论是有意识的还是无意识的，都要通过观察这些联结点，定位你的认知起点和走向。简单地说，所要了解的恰恰是"你是谁""你在哪里""你将朝着什么方向发展"。通过观察你的态度、评判你的认知、辨别你的人格、评估你的业绩等各方面坐标，为你选个综合坐标定位；从求职者本身看，只有找准用好"坐标"，而后以"我"为原点展开有方向有秩序的逻辑表达，才能清晰明确、有条不紊、集约高效地展示你的认知能力和思维水平。

面试中找准应答的坐标定位，关键是从角度、维度和深度上系统衡量、全面把握。

一、角度的切入

一位教徒在祈祷时犯了烟瘾，就问神父："祈祷时我可以抽烟吗？"神父瞪了他一眼说："不可以！"另一位教徒在祈祷时也犯了烟瘾，他问神父："抽烟时可以祈祷吗？"神父赞赏地说："可以！"

看待问题的角度不同，眼前的景象不同，解决问题的方式必然不同。实际上，一个人认识问题的角度，总是与他的知识结构、情感结构、经历结构等密切相关，角度的选择都是认知的结果。

面试中，一个问题可以从多个角度切入，这个角度的数量可以是几个甚至十几个。回答问题的切入角度不同，引发考官的关注程度、认可程度和共鸣程度不同，评判结果当然也就不同。

> 2020年6月初，一名网名钟某的13岁男同学一夜之间火了。他模仿老师上课和开会的视频在各个新媒体平台上迅速传播。视频中他模仿女老师的表情动作、行为举止、言语腔调古灵精怪，惟妙惟肖，让人忍俊不禁，网络点击量也一路攀升。后来"被约谈""视频下架"又引发了新一轮的舆论热点。对此，社会各界也有不少观点和看法。
>
> 第一，从教育机构的角度看，教师是为人师表的，成为网民茶

余饭后的"笑料和谈资"好像不太妥当,这也应该是多数教师的立场,因此后来就有了"约谈"一说。有些媒体视频用的"约谈"一词可能不太准确,后来证实只是当地教育局、学校与钟某及其家长进行了沟通。

第二,从网友的角度看,总体感觉是"看热闹不嫌事大",大多数支持小朋友继续模仿;而且一边倒地认为"被约谈""视频下架"影响孩子的天性释放,让孩子失去真我,失去快乐的童年,这类声音可能占了主流。当然,也有不少网友表达了对视频可能产生负面影响的担心。

第三,从网络平台看,流量为王,当然越有争议和分歧,就越有热度,平台就越能受益,只要用户持续关注就会不断推送相关视频。

第四,从钟某本人的角度看,后来媒体采访他时,他自己说没想到自己火了,否定了被"约谈",但意识到视频可能会丑化老师,产生一些负面因素,以后会拍一些正面的视频,并表示自己最大的愿望是考上北京电影学院。

第五,从钟某的家长看,表示孩子愿意拍视频,不想太多干预,怕网上评论会影响到孩子,所以和孩子商量下架了视频。

综合这次舆论热点和以上不同角度的观点,我觉得有以下几个方面值得重视和深思。

第一,学校的教学理念问题。到底是要充分释放天性,还是必须严管严教,或是二者可以兼而有之,其间的界限和标准尺度又应该如何把握。我觉得,天性本身没有善恶美丑,但天性走过的路一定是有是非好坏的,我们不能把天性引入歪路邪路。

第二，家庭的教育观念问题。钟某之火，家庭和家长又是怎样一种心态：是顺其自然，还是鼓励或是纵容，抑或是怂恿；是以此为炫耀，还是权当娱乐；是想发掘天赋，还是误把孩子引入歧途，等等。这些孰对孰错，也应该引起足够的重视和思考。

第三，教师的教学方法问题。到底是要不苟言笑、正襟危坐，还是要和学生不分你我、打成一片。我觉得，每个老师有每个老师的风格性格和方法模式，不可能一刀切。但可以明确的是，钟某模仿出的厌烦讨厌、指责呵斥、挖苦讽刺、区分好生差生等现象，作为教师群体，是应避免带到课堂上的。

第四，社会的价值引导问题。网络时代各种价值观点、是非观念纷繁复杂，"娱乐至死"好像已经占据了一定市场。如果教师队伍的形象被渲染得和钟某模仿的一样，被"娱乐化"所消费，必然会对社会尊师重教产生负面影响。特别是中小学生心智还未成熟，他们对是非的判断可能就是基于一个搞笑视频。

总之，对这些问题我们一直在探讨、在改革，但仍然任重道远。如何多措并举、齐心协力占领舆论主阵地，形成正向舆论势场，加强正确的思想观念、价值取向和行为方式引领，对民众进行有效的教育和引导，是"互联网+"大环境大背景下社会亟待解决的问题。

如果这是道面试题，可以选取很多应答方向，每个方向可能有多个回答角度，每一个角度还会有多种答案。如果你是求职者，你会选取什么角度，怎么回答？

面试中，如何选择切入的角度，三言两语很难说得清楚。但应该把

握的是，作为一名求职者，对于一些时事热点问题，应当站在理性、中立、客观的角度论证分析，既不做宣泄情绪的"愤青"，也不当颐指气使的"老爷"，又不能有感情泛滥的"文艺腔"，还不能站在过度理性的"上帝"视角。应在理性与感性、常情与常理、现象与原因、表现与本质之间，找到一个站立点，不一惊一乍，不标新立异，不走向极端，不迎合某个群体，坚守常识，立于中道，用自己的视角去观察和思考。

角度的切入，体现的还是求职者洞察事物、捕捉矛盾点的能力，是思考中思维发散和内敛的原点，而后再向维度、深度、厚度和高度分别延伸、辐射和展开。

思考题：

1. 请谈谈你对"不遭人嫉是庸才"这句话的看法。
2. 请结合自身实际，谈谈你对"不忘初心，方得始终"这句话的理解。

二、维度的把握

"维"是一种度量，在三维空间坐标上，加上时间，时空互相联系，就构成四维空间。其中，零维是点，没有长宽高；一维是线，只有长度；二维是面，只有长和宽；三维是静态空间，具有长、宽、高三种度量；四维是动态空间，是在三维空间的长、宽、高三条轴外又加了一条时间轴。

从思维联结和形成的状态上看，如果把角度的切入看成点状思维和线性思维的话，那么维度的把握，就是点状思维和线性思维的体系组合。简单地说，维度是角度的立体延伸。维度的把握，体现的是体系化的认知和思维方式。

认知和思维能力达到一定层次的人，一定是善于从立体视角观察、思考和解决问题的。对于求职者来说，面试中回答问题，思维是平面的还是立体的，是多维的还是单维的，取决于你的眼界视野、经历阅历和思维水平。总的来看，应遵循以下规律和特征。

第一，核心是聚焦事物的关联性。任何事物都具有两面性或是多面性，是两个或两个以上要素相互关联形成的关系集体和总和。任何一道面试题，都是在考察求职者能否发现或意识到这种关联性，如何看待和认识这种关联性，怎么有序梳理和处理这种关联性。

第二，过程是延展事物的矛盾性。每道面试题，都是矛盾的提出、判断、分析和解决，矛盾是什么、为什么、怎么办，是面试中思考和应答的基本形态。即能不能抓住主要矛盾或矛盾的主要方面，把握住矛盾的特殊性；能不能利用好矛盾问题的对立统一原理，联系地、发展地、辩证地提出观点；能不能"用不同质的方法解决不同质的矛盾"。

第三，形态是建构事物的体系性。在自我评估题、组织管理题、专业领域题、时事热点题等各类面试题型中，求职者回答问题所展现的信息形态是一堆杂乱无章、零零散散、相互割裂的个体，还是逻辑严密、相互作用的整体，会直接影响到考官的感觉和判断。

第四，目的是回归事物的实践性。人的认识从实践发生，而又服务于实践。认识的维度，取决于实践的维度，又指导实践的维度。考官通过你回答问题的维度，判断分析你干过什么、能干成什么，以及还缺什么。最终，把你立体地而不是平面地与岗位进行匹配。从求职者的角度来说，回答问题的每个维度，都是向招聘岗位靠拢的"抓钩"和"触角"。

 决胜面试

典型案例剖析：

【题目设置】

请谈谈你对"互联网+"的认识。

【题眼透视】

笔者认为，当今时代网络平台和媒介已成为时间、空间外的第三大空间。

"互联网+"已经融入人类的政治、经济、社会、文化、军事、科技、外交等各个方面，特别是随着5G和区块链技术的发展，这种融合将会超越时间与空间、物质与精神、思想与行动的界限，给人类的存在或是生存方式带来颠覆性的变化。

大数据、云计算、物联网和人工智能是实现"互联网+"的四大基础。"互联网+"的任何一种形态，都离不开这四个方面的支撑和保障。

这道题目相对比较笼统。求职者可以从以上要素中，寻找切入的角度，并以此拓展和延伸各个维度，形成立体视角。

【抛砖引玉】

我把"互联网+"的基本形态，归纳概括为四个方面：

一是万物互联。大到社会公共设施，中到企事业团队的办公设备，小到家庭生活用品，无论是静态的还是动态的，无论是个体的还是整体的，无论是线上的还是线下的，全部通过网络连在一起、融合在一起。

二是万人互联。地球上的所有人基本上都被"网住"，不管是主

动的，还是被动的，无论是"物质"的人，还是"精神"的人，都需要网，都离不开网，每时每刻都在网上活动，随时随地都通过网络实现社会存在和互动交流。

三是万事互联。政治、经济、社会、文化、军事、科技、外交，包括每个人的学习、工作和生活，也就是衣食住行、吃喝拉撒，都通过网络连在了一起，相互交织，相互渗透，相互影响。

四是万态互联。网络社交虽然没有取代传统社交，但也完全改变了人们的社交模式。在网上，喜怒哀乐和悲欢离合不断上演，真善美和假恶丑交替出现，高大上和低俗庸俗媚俗同时存在，人类文明的所有形态都在网上交汇、融合和碰撞。

正因为"互联网+"空间成为人类的又一生存和活动空间，"互联网+"在+万人、+万物、+万事和+万态的同时，还要+以下三个方面，以此推动形成良好网络生态。

第一，+价值引领。网络是一个舆论阵地，更是思想观念和价值体系的融汇阵地、斗争阵地和传播阵地，而且它的感染力和影响力是空前的。用什么价值体系占领制高点，整个网络就会呈现出什么样的生态倾向，甚至整个世界就会出现什么样的倾向。因此，一定要用正确的意识形态，正确的世界观、人生观和价值观引导网络形成正确的价值体系。

第二，+规则约束。没有规矩，不成方圆。庞大的网络"帝国"，更需要一个贯通上下、兼顾四方、运行顺畅的法律体系。法至则治，法不至则乱。事实已经充分证明，如果网络成为法外之地，那么人类也将必然处于无法无天之地。因此，互联网+什么，法律法规就应该规范什么，"互联网+"到哪，法律法规就应该跟到哪。

> 第三，+智能监管。技术的问题要靠技术来解决。网上监管已不再是靠人力、靠物力、靠文件开展监管的时代，只有在+的每个节点、每个环节都装上"摄像头"和"自动报警器"，才能使网络监管做到全覆盖、无死角，也才能提高网络监管的效率，建立起一道道安全屏障。

❓ 思考题：

1. 有人说，反腐败，越反越腐。你怎么理解这句话？
2. 网上流传一段新闻采访视频："男子偷车被抓，竟称看守所比家好。"视频中的人被称为"窃格瓦拉"，他因为偷窃电动车被警方抓获后，记者采访他："你这么年轻而且身体健康，为什么不选择找份工作，而要去偷窃呢？"这名男子语出惊人，表示："打工是不可能打工的，这辈子不可能打工的。做生意又不会做，就是偷这种东西，才能维持得了生活，进看守所感觉像回家一样，在看守所里的感觉比家里感觉好多了！里面个个都是人才，说话又好听，我超喜欢里面的！"该视频被大量转载，这名男子也成了网红。对于这名男子成为网红，你怎么看？

📝 三、深度的挖掘

当前，部分培训机构非常注重面试套路的培训，就像做数学题的公式一样，只要类似题目就可以套用。套路并非思路，思路关注的是公式的原理和形成公式的思维过程。因此，目前的各类考试，都在采取一些"反套路"的试题和评分标准。为什么套路式回答在专业的考官或是层次较高的面试前，会成为"小儿科"，甚至适得其反呢？不仅是因为套路有着固定的痕迹，而且套路式回答"只见树木，不见森林"、"知其然，不知其所以然"、只有公式逻辑没有思考逻辑。简单地说，主要是缺乏深度。

在写文章时，我们也经常会听到这样的评价，这篇文章很有深度，这篇文章太浅显了，没有什么读头。面试中也是一样，不同的求职者会得到不同的评价：你回答得很有深度，或是有些深度，抑或是回答得还流于表面。特别是在众多求职者中，大家如果都在一个平面回答问题，那就很难分出高下。如果回答问题能更深一层、更进一步，让考官有所启发、有所顿悟的话，那必然会脱颖而出。

缺乏深度，从表现形式上看，主要有三个方面：一是"米不够，水来凑"，缺少思想观点和信息量等干货，只能在文字上下功夫，"车轱辘话"翻来覆去地讲；二是"菜不够，盘来凑"，主要缺少体系设计和逻辑主线，东拼西凑，滥竽充数，不管什么菜都端上来，"咸菜""小菜"摆了一桌子，甚至是一大锅"乱炖"；三是"汤不够，盐来凑"，热衷于说狠话、"重口味"的话甚至是极端的话，以此"吸引眼球"、引起"爆点"。

深度是对维度和角度的纵向挖掘，是对事物一环扣一环、一步紧一步、一层深一层的逻辑归纳、综合和推理，是整个空间的前后贯通、上下延伸、左右拓展、内外衔接。无论是写文章还是面试中的应答，是否有深度主要取决于"六感"。

一是历史鉴析的纵深感。历史的纵深感，是事物的演变时间进度和发展空间深度，会让人对接收到的"画面"和信息产生立体感和层次感。当然，面试短短几分钟的时间，无法把这种纵深感体现得淋漓尽致、恰如其分，但事物的历史背景、时代方位、当前现状和发展趋势，经过综合归纳和提炼，却可以很好地融合到自己的观点和论证当中。

二是哲理辨析的穿透感。哲理具有洞穿世界的力量。面试中的应答，

无论是世界观还是方法论，无论是辩证唯物主义还是历史唯物主义，无论是矛盾论还是实践论，无论是对立统一规律还是矛盾分析法，都是我们认知能力的"高级别"展现。如果能把这些融会贯通到我们的应答当中，可以穿透事物的本质，让考官对你另眼相看。

三是规律解析的还原感。每个事物都有存在和发展的一般规律和特殊规律。需要像剥洋葱一样，一层一层剥开，还原真相，得出真理、原理和道理。这种还原感，会给考官带来"拨开云雾见青天""吹尽狂沙始到金""柳暗花明又一村"的感觉。

四是时事研析的度势感。审时才能度势。认清形势、把握大势、研判走势，依据情况的变化因势利导、顺势而达，遵循规律对重点难点焦点热点问题作出解答，让考官找到时代感、现场感和驱动感，自然会对你的回答产生好感。

五是观点剖析的立论感。通过摆事实、讲道理，"先破后立""边破边立"，产生鲜明的观点、深邃的思想、独到的见解，直至形成个人的认知和思想方法体系，不仅会让人耳目一新，眼前一亮，而且会展现出强大的论证逻辑力量。

六是情感分析的联结感。面试中的情感，不是"卖乖""卖惨""卖萌"，而是通过回答问题展现出正义感、真诚感、自信感、和谐感和奋进感，直接拉近求职者与考官的距离，产生情感共鸣，这样的回答不仅有深度，而且能体现温度。

总之，体现回答问题的深度，一方面，要把大道理化小，把远道理拉近，把深道理辩浅，把虚道理做实；另一方面，还要以小见大，由近及远，由表及里，由"物"及"理"。两个方面如同啮合的齿轮，在对立统一中互为动力，珠联璧合，相得益彰。

第二章 练好内功：以不变应万变

典型案例剖析：

【题目设置】

习近平总书记在看望参加全国政协十三届三次会议的经济界委员时，再次谈起如何正视危机、化危为机，并指出，要"努力在危机中育新机、于变局中开新局"。结合这次新冠肺炎疫情，请你谈谈对"危中有机"的认识理解。

【题眼透视】

这是一道关于辩证法的题目，考察的是求职者对矛盾存在一般规律的了解掌握，以及对危与机这对特殊矛盾存在的特殊规律的认识和把握。

矛盾论认为，事物发展的根本原因，不是在事物的外部而是在事物的内部，在于事物内部的矛盾性。任何事物内部都有这种矛盾性，因此引起了事物的运动和发展。唯物辩证法反对形而上学的机械唯物论和庸俗进化论的外因论或被动论。外因是变化的条件，内因是变化的根据，外因通过内因而起作用。

因此，可以得出结论，危和机的存在，主要由于事物内部的矛盾性，而并非取决于外因。所以说，出现危机并不可怕，外部的压力也不可怕，最重要的是掌握危与机的辩证法，主动地把危机转化为新机遇、新创造，在变局中开辟新天地、创造新业绩。

【抛砖引玉】

突如其来的新冠肺炎疫情给我国发展带来前所未有的冲击。事实上，社会本身就是一个发展的矛盾体，不可能总在一帆风顺中向前推进。把握好危中有机、化危为机的辩证关系，是我们应对和处理风险挑战应具备的能力素质。

首先，危和机是对立统一的。矛盾是普遍地存在着的，矛盾存在于一切过程中。危与机总是同生并存、相伴相随，失去一方，他方就不存在，双方斗争而又联结，组成了事物的总体，危险中蕴含着机会，机会中潜藏着风险。

其次，危和机是发展转化的。在事物的内部因素和外部因素共同作用下，危和机总是呈现动态发展的状态，克服了危即是机，错过了机就是危。

再次，危和机是主观能动的。"智者虑事，虽处利地，必思所以害；虽处害地，必思所以利。"面对风险和挑战，发挥人的主观能动性最为关键。事实证明，正视危，不惧危，迎难而上，科学施策，善作善成，方能趋利避害、转危为机；畏惧危，回避危，掩耳盗铃，故步自封，消极懈怠，自欺欺人，就会坐失良机。拿这次疫情来说，我们虽然付出了巨大代价，但也在抗击灾难中发现了新机会、抓住了新机遇。

我觉得危中有机，"机"主要表现在四个方面。

一是危中有自我审视的机会。危机让人更加清醒，能够审视自身的矛盾问题和差距不足。比如，这次新冠肺炎疫情，就暴露出国家公共卫生应急管理体系存在的不足，包括疾病预防控制体系、平战结合的重大疫情防控救治体系、应急物资保障体系、公共卫生体系，等等。对这些问题，可以说通过疫情进行了一次全面筛查和体检。

二是危中有改革创新的机会。"唯改革者进，唯创新者强。"突破危险，战胜风险，赢得机遇，离不开创新精神。千风险万风险，只要改革创新就能战胜风险。现实中的危机,大多都牵一发而动全身,要想化危为机,没有创新的思路、科学的办法,是万万不行的。山重水复疑无路,柳暗花明又一村,走投无路的时候往往就是创造路的时候。为应对这次新冠肺炎疫情,很多地方和部门利用大数据、云计算、物联网、智慧城市等技术,采取"云办公"等方式,既有效规避了风险,又给这些领域带来了新机遇。

三是危中有凝聚力量的机会。中华民族历经苦难,但只要全国人民紧紧团结在一起,就没有战胜不了的困难。一方有难,八方支援;众志成城,坚不可摧。面对未知病毒突然袭击,中国坚持人民至上、生命至上,举全国之力,快速有效调动全国资源和力量,开展全方位的人力组织战、物资保障战、科技突击战、资源运动战,不惜一切代价维护人民生命安全和身体健康。中国共产党以人民为中心的执政理念,中国集中力量办大事的制度特点,中华民族同舟共济、守望相助的文化底色,中国人民深厚的家国情怀、天下情怀,汇聚成抗击疫情的强大合力。

四是危中有强身健体的机会。久经风雨的秧苗更茁壮,历经苦难的民族更坚强。中华民族百年来经受过很多磨难,但从未被压垮过,而是愈挫愈勇,不断在磨难中成长、从磨难中奋起。苦难之后见辉煌。这次新冠肺炎疫情,对我们的政治、理论、制度、文化和社会治理等进行了一次全方位的检验和磨炼,我们整个国家在这次磨炼中变得更加强大。

当然,危机的到来并不是人的主观意志能决定的,也不是危机来了就可以轻轻松松化解的,危机不会自动消除,化危为机的力量源自平时管控危机的准备和能力,也就是对待事物的态度和方法,

> 必须准确识变、科学应变、主动求变。只有把各种困难估计得更充分一些，把风险挑战认识得更到位一些，把准备工作做得更扎实一些，才能遏制危机、化解危机、战胜危机，才能在危机来临时下好先手棋、打好主动仗，在危机中开创新局。

第二节　用好逻辑思维

历史思维知大势，辩证思维增智慧，战略思维谋全局，创新思维增活力，系统思维聚合力，底线思维定边界，法治思维求善治。这些科学思想方法，具有内在联系，构成一个有机整体，贯穿融合且产生基础作用的是逻辑思维。如果说角度、维度和深度是思维的坐标原点，那么逻辑思维就是建立整个思考和思想体系的道路、桥梁和航线。没有逻辑思维，从内在看，对整个事物的认知就会呈现出一片混沌状态；从外在看，观点表达就会语无伦次，不知所云。

逻辑思维的强大力量主要体现在八个方面。

一是归纳出"九九归一"。无论事物多么纷繁复杂，无论研究的角度、维度和深度多么富于变化，通过逻辑思考，总能从一个个具体的事例和现象中，提炼出它们的一般性概念、原则或结论，从中概括出一般原理。它的思维过程是，从部分到整体，从特殊到一般，从个别到普遍的推理，从而还原事物本初的有序状态。

二是演绎出"万般变化"。与归纳相对，从整体到个体、从一般到特殊、从普遍到个别，触类旁通，引发联想，推动创造。把一般原理运用于特殊现象，获得新的知识，就能更深刻地认识特殊现象。演绎法不仅可以使原有知识得到扩展和深化，而且可以发现和利用事物的千姿百态

和无穷变化。

三是分析出"众生万象"。分析，顾名思义，即为分解研究，把事物分解为各个部分、侧面或属性，从不同角度和维度分别加以研究，也就是对事物进行解构，发现事物或现象的区别与联系，是认识事物整体的必要阶段。

四是综合出"真身原形"。综合与分析相对，是把事物各个部分、各个侧面或各种属性按内在联系，有机地统一为整体，以掌握事物的本质和规律。也就是把零散的、分散的，按照一定规则整合到一起，还原事物的本来面目和整体效果。

五是抽象出"天地精华"。抽象是在实践的基础上，对于丰富的感性材料通过"去粗取精、去伪存真、由此及彼、由表及里"的加工制作，形成概念、判断、推理等思维形式，以反映事物的本质和规律，也就是得到事物的精髓。

六是概括出"包罗万象"。概括与抽象相对，是形成概念的一种思维过程和方法。即把抽象出来的个别事物的本质属性连接起来，推广到具有这些属性的同类事物，从而形成关于这类事物的普遍概念和共性特征。概括的理想状态是应有尽有，无所不有，举一反三，举一千从。概括是由较小范围的认识上升到较大范围的认识，是由某一领域的认识推广到另一领域的认识。

七是比较出"是非曲直"。事物总是存在差异性和同一性，总是普遍联系和发展变化的，人脑善于在这种联系和变化中，进行时间与空间、物质与意识、思想与存在的比较。事实上，没有比较就不可能产生观念和观点。正是通过"比较"这种精神活动的识同辨异，才能对事物进行定性鉴别和定量分析，揭示不易观察的运动变化，追溯事物发展的历史渊源，推动理论与实践的融合转化。

第二章 练好内功：以不变应万变

八是推导出"因果循环"。因是产生一定后果的原因，果是由一定原因产生的结果。普遍性因果关系认为，任何现象都有其因也有其果，而且同因必同果。同时因果关系又有共存性、先后性和多样性。逻辑思维通过因果构建、因果推导、因果解释和因果探究，掌握事物存在、发生和发展的规律，或是找到矛盾的原因，或是预言矛盾的结果，以此推动矛盾的解决和转化。

逻辑思维是人们在认识事物中，借助概念、判断、推理等思维形式能动地反映客观现实的理性认识过程。它是对思维及其结构，以及起作用的规律的分析而产生和发展起来的。只有经过逻辑思维，人们对事物的认识才能达到对具体对象本质规律的把握，进而认识客观世界。它是人的认识的高级阶段，即理性认识阶段。逻辑思维是有力量的，它的力量主要源于三个方面。

一是真理的力量。逻辑思维最终指向揭示真理，不仅其最终结果将产生强大聚变力，其过程就同前进的车轮一样产生强大的推动力。人们对理想的追求、对客观规律的探索、对科学技术的运用、对自然力量的支配，通过逻辑思考融会贯通形成强大的综合力量。这种力量是主观与客观的统一，是理论与实践的统一，是物质与意识的统一，是思想与存在的统一，是人类改造自我的内生动力。

二是真相的力量。自然界演进过程中内在的各种因素、各种力量的汇聚、释放及其规律性展现，具有根本性、决定性，不以人的意志为转移。逻辑思维就是要透过层层迷雾，找出事物广义上的真相，还原客观世界的真实面目，而非人的主观世界呈现出的臆想状态。这种力量，让事物的真实面貌展现在我们面前，让我们不被表象所迷惑，不再因未知而恐惧，带来坚定的力量、坚韧的力量、坚守的力量。

三是思考的力量。逻辑思维展现的就是思考的力量。这种力量是头脑中看不见、摸不着的"风暴",能激发出整个人类的潜能,并卷起整个世界。一个人有思考力就有生命力和前进力,一个民族有思考力就有发展力和创造力。每个人的思考之力,汇聚起来就是洪荒之力,推动人类文明滚滚向前。

认知能力最核心、最关键的要素就是逻辑思维能力。逻辑思维能力也是对求职者进行考察的重中之重。面试中,能不能让考官感受以上三种力量,既反映出求职者的经历阅历、知识储备,也能反映出求职者的思维层级和认知水平,也就是求职者的"内功"到底够不够深厚。

典型案例剖析:

【题目设置】

澎湃新闻报道,2020年6月6日,中北大学大二学生小军(化名)参加课程补考时被发现作弊,试卷被没收后,他曾坐在考位上哭,20分钟后签字走出考场。随后给妈妈发微信表示,"妈,不要想我""对不起,我配不上",两分钟后坠楼身亡。

中北大学在通报中称,小军在6月6日下午的课程补考中,有作弊行为被监考老师发现没收其试卷,学生离开考场,不久就不幸发生坠楼事件。教室监控显示并经同考场学生证实,考场内未有教师言语激烈或发生师生言语冲突。

家属质疑学校老师存在过错。小军的姐姐称,小军于5月19日应学校要求返校,6月6日下午2时左右,小军前往考场参加去年挂科的课程补考。进入考场学校没有按考场纪律进行检查,孩子和大家一起准备了手机和小抄。在考试过程中,小军并没有抄,监

第二章 练好内功：以不变应万变

考老师将小军的手机和卷子没收后，小军情绪崩溃，监考老师没有对他进行必要的教导与规劝，显示出老师的冷漠。而且小军母亲给老师发微信了解情况，如果老师和班主任过问一下的话，也许小军就不会跳楼了。

中北大学校长在接受记者采访时则表示，老师纠正考场作弊的做法没有过错。

请你谈一谈如何看待这一大二学生跳楼自杀事件。

【题眼透视】

这是一道敏感的题目。表面上看仅仅反映的是一个大学生承受不了心理压力和一时挫折而自杀，但反映的则是学校教学模式、社会诚信体系、学生心理健康等各方面建设和治理的不同程度缺失或不足。

回答这道题目，可以采取分析、综合、比较、抽象和概括等逻辑思维方法，还原事件原貌，透析事件本质，挖掘事件根源，同时注意不要就事论事、以偏概全。

【抛砖引玉】

看了这样的新闻之后，我感到很心痛。一是为小军心痛。一个年轻的生命就这样凋谢了，有什么比生命更宝贵呢？真的让人感到十分可惜、十分心痛。二是为家庭心痛。一次小小的作弊，毁掉了一个家庭，但是有其果必有其因，小军的家庭在其性格形成过程中，也应是有一定责任的。三是为学校心痛。不仅失去了一个学生，而且带给了师生心灵创伤，带给象牙塔内长久的阴影。四是为社会心痛。每逝去一个生命，都会让社会多一分负面情绪。

痛定思痛。自杀事件付出的代价实在太大了。特别是像小军这

样的事情本不应该发生,我们应该从以下几个方面进行反思。

一是大学教育模式。中国大学很多都是严进宽出,一些学生进入大学后动力不足,不专心于学业,荒废大好时光。

二是社会诚信体系。我国的社会信用体系建设还严重落后于经济社会发展,不仅诚信法律体系、管理体系、服务体系不够健全,而且教育诚信体系也不够健全,前段时间媒体又爆出山东理工大学冒名顶替上大学的案件。很多学生不以作弊为耻反以为荣。这些都消费了诚信,娱乐了诚信,同时也践踏了诚信、失去了诚信。社会诚信体系建设不是一朝一夕之功,需要全社会多方的共同努力,从一点一滴抓起。

三是民众心理健康。许多自杀行为都是由抑郁症引起的,社会对抑郁症患者的帮助和干预不够,社会支持网络不够健全,一些高危人群没有得到社会的相应支持和帮助。许多单位的心理咨询机构和心理医生形同虚设,只是摆个样子而已。很多青少年已经出现心理问题,由于家庭和学校均未引起足够的重视,小问题变成大隐患。

思考题:

1. 谈谈你对"百善孝为先"的看法和理解。
2. 逻辑思维是人们认识事物、改造世界的基本思维方式,请你谈谈如何才能提高逻辑思维能力。

第三节　理顺基本思路

思路决定出路，思路分出高下。找准了坐标站位，用好了逻辑思维，思路就会水到渠成。如果把逻辑思维比作内功，思路就是内功的第一次输出，也就是通过逻辑思考形成思路，通过思路的外化形成语言，也就是内功的第二次输出。人类认识事物总是遵循着"展开思考—形成思路—产生思想"的路径前进。面试作为考察认识事物能力的途径，对于考官来说，总是按照这一路径设计规范方向、明确规则、设置障碍；对于求职者来说，总是按照这一路径摸索方向、执行规则、移除障碍。其实面试是对双方的同步考察，一方面考察招聘单位面试设计得科不科学、管不管用、能不能对症下药，另一方面考察求职者的认知水平、工作能力和人格品质等。如果双方有一方出现偏差，岗位匹配就会出现偏移或错位。

思路不是套路，思路是变化的套路，是随机应变的套路。思路是思考和分析问题的初级产品，是面试作答时的整体框架。有了框架就会逻辑清晰、应答顺畅。这就好比一名散打运动员，先要学会散打拳法，包括冲拳、贯拳、抄拳、劈拳、扣拳、鞭拳、弹拳等基本拳法，以及正蹬、侧踹、边腿、顶膝等基本腿法，而后再学会拳拳组合、腿腿组合和拳腿组合等基本套路。至于太极拳、少林拳、咏春拳、南拳、形意拳、八卦拳等，抑或是泰拳、空手道、截拳道等，无非是各种基本拳法、腿法或是加上膝法、掌法的

体系性套路。有套路没有错，但如果实战的时候仍然按部就班使用套路，则必败无疑。

无论是文字写作还是面试应答，对基本思维方式、基本论证模式、基本框架构设、基本文体特征、基本语言运用等的了解掌握，是最基础的基本功。这一阶段还处在"看山是山"的模仿建构阶段，是需要练习基本套路的。但大体则有，定势则无。学会了基本套路是为了灵活运用套路，形成自己的思路和打法，才能进入"看山不是山"的解构阶段。

理顺基本思路，一个简单有效办法，就是善于运用思维导图。

思维导图，英文是 The Mind Map，又称脑图、心智地图、脑力激荡图、灵感触发图、概念地图、树状图、树枝图或思维地图，是表达发散性思维的有效图形思维工具，它简单却又很有效，越来越受到青睐和重视。

思维导图运用图文并重的技巧，把各级主题的关系用相互隶属与相关的层级图表现出来，把主题关键词与图像、颜色等建立记忆链接。思维导图充分利用记忆、阅读、思维的规律，协助人们在科学与艺术、逻辑与想象之间平衡发展。

在前面的论述中已经提到，发散性思考是人类大脑的自然思考方式，每一种进入大脑的资料，不论是感受、记忆或是想法等，都可以成为一个思考中心，并由此中心向外发散出成千上万的节点，每一个节点代表与中心主题的一个联结，而每一个联结又可以成为另一个中心主题，再向外发散出成千上万的节点，呈现出放射性立体结构，而这些节点的联结即形成记忆，就如同大脑中的神经元一样互相连接，也就形成你的个人记忆数据库。

思维导图是一个中央关键词或想法以辐射线连接所有的代表字词、想法、任务或其他关联项目的图解方式，把形象思维、抽象思维和灵感思维很好地联结起来，并转化为逻辑思维的方法。它使大脑在思考某一问题时，能清晰地勾勒出对各种繁杂信息抽丝剥茧后形成的发散性结构图，提高内敛性、发散性和体系性思维能力。

思维导图是一种从中心主题概念或观点360°向四周立体扩散思考的可视化工具。一张展开的思维导图，就好比一棵大树，中间的树干就是思维导图的中心主题，树干上会长出许多由粗而细的大树枝，这是从中心主题展开的第一层级观点，称之为主干；从每一个大树枝又长出许多中树枝、小树枝，也就是从主干延伸出的支干，支干上又会长叶子、结果实。

目前的思维导图中，基本都是在研究地上部分，也就是树干和树冠，而很少研究地下部分，就是树根。没有地下的树根，就不会有地上的树干和树冠。地下的树根是什么？是逻辑思维，是产生中心主题和分支观点的基础。根有多深，树才能长多高。和树根一样，虽然看不见，但逻辑思维的深度和层次，直接决定树干和树冠的高度和层级。

面试中，大脑能够更好更快地处理信息，这是对求职者的基本要求，这也是思维导图的优势所在，可以将混乱、枯燥的信息变成有序的、容易记忆的图形，与大脑处理事物的自然方式相吻合。

我们来构设面试应答思路的通用树状思维导图，简称"面试思路树"。面试思路树和普通树一样，分为树根、树干和枝叶三个部分，可以形象地展现面试思路的产生路径和基本形态（图2-1）。

第一部分，树根。为逻辑思维部分，是产生逻辑思路的能量源。逻辑思维主要是通过找准"三度"，用好"八法"，最终形成"三力"，达成对事物本质的认知，以及运动和发展。即找准角度、维度和深度，用好归纳、演绎、分析、综合、抽象、概括、比较、因果方法，形成真理的力量、真相的力量、思考的力量。这些在本章第一、第二节的论述中，已经作了具体阐释。树根隐藏在"地下"，持续地为地面的树干和枝叶输送养分，再通过树叶的光合作用产生能量。

第二部分，树干。分为主干和分支，即逻辑思路主干部分和分支部分，也就是中心论点和分论点。这是面试中问题应答的四梁八柱。其产生的逻辑路径，是通过逻辑思考能动地摆布好事物存在和发展的时空关系，具体来说就是"七句话、二十八个字"。

一是"聚焦中心"。就是抓住逻辑主线，即中心论点。所有主论点、分论点和论据都要围绕逻辑主线展开和延伸，否则树就会"长歪""长残"。面试中，求职者一定要理解问题设置的主要意图，准确把握回答问题的中心和主线，特别是对一题多问、辩证分析题，要抓住主要关注点和矛盾点，决不能左摇右摆、模棱两可，否则在面试较短的时间内是没有"翻盘"机会的。

二是"上下结合"。把党的意志、国家的意志和领袖的意志，上级的决策部署和指示要求，以及相关法律法规，与本单位、本部门的实际情况搞好衔接贯通，细化转化为对策思路、有效举措和具体行动。

三是"里应外合"。"里应"就是摸索遵循事物本身的客观规律，以及人的主观能动性；"外合"就是认清外部环境的客观条件和发展变化。里应外合，就是把握外部与内部、主观与客观、存在与意识、理论与实践的相统一、相协调、相促进。

四是"瞻前顾后"。"瞻前"就是认识事物要有方向感和前瞻性，把眼前与长远结合起来，环环相扣，递进推动；"顾后"就是预判事物运动发展的风险和弊病，科学进行规避和化解。还有另外一方面意思，就是把历史、现在和未来串联起来，形成传承、改进、创造和发展的完整链条。

五是"左顾右盼"。把握事物的普遍联系，注重横向上的沟通对接和相互协调，同时抓住不同事物间的本质区别，以及同类事物间的普遍联系。思考时，把具体事物放置于相应领域的大系统之中，既对标对表，也相互比较；既相互联系，也作出区分；既相互融合，也各自独立。

六是"此动彼应"。关注事物彼此联系时的互动关系和发展变化，在整个体系中，坚持一处动、处处动，一处变、处处变，把握运用联动性、互动性、换位性等思考问题的方式，形成体系化联动的思维模式。

七是"亦正亦反"。把握和运用事物的矛盾性、两面性和相对性，既有正面也有反面，既有积极也有消极，既有危险也有机遇，既有成功也有失败，等等。重在防止提出的观点畸左畸右、非黑即白，陷入事物片面的、局限的和僵化的认知。

这七句话二十八个字，是形成逻辑思路的基本方式和主要路径。面试中，如果娴熟掌握了以上基本思路方法，并能在实际运用中根据具体情况随机变化，就一定会少走弯路，能够脑洞大开、思如泉涌。万变不离其宗。对自我评价题、理解认知题、哲学思辨题、时政热点题、规划计划题、人际关系题、情境处理题等各类型面试题目，都可以运用这一方式和路径，快速提炼出应答思路和主要观点。

第三部分，枝叶。包括花朵、果实。这是产生逻辑思路的合成部分。通过"七句话、二十八个字"的运用和把握，逻辑中心、总论点和分论点就会水到渠成，四梁八柱就会搭建起来。接下来就是"见证奇迹的时刻"，通过论据和论证，把这个框架变成"有血有肉"的生命体。基本思路可以归纳为挖掘运用"五个依据"。

一是理论依据——体现论点的客观真理性。主要包括中国特色社会主义理论体系，马克思主义哲学基本原理，相关领域的理论研究和技术研发成果等。

二是政策依据——体现论点的法律适用性。主要包括党、国家和相关部门制定的法律法规和规范性文件，以及本单位、本部门、本领域的相关规章制度。广义上也包括社会公德、职业道德、家庭美德、个人品德等公序良俗。

三是历史依据——体现论点的历史必然性。主要包括事物发展演进中产生的普遍性、规律性认识和一般趋势、相关事件，以及在相应历史条件下的客观选择性因素和主观能动性因素等。

四是实践依据——体现论点的实践可行性。主要包括相关领域在建设、改革、发展中创造积累的成功经验和有益做法，也包括失败的原因教训等。

五是现实依据——体现论点的现实针对性。主要包括相关领域存在的焦点、热点、难点问题，特别是一些体制性障碍、结构性矛盾、政策性问题和管理性差距，以及解决这些矛盾问题的规划计划、思路举措等。

如果论据和论证具备了客观真理性、法律适用性、历史必然性、实践可行性和现实针对性，再能灵活把握应答的框架结构和语言运用，那么面试就一定能取得成功。

学习基本思路，重要的是领悟逻辑思维的方法和路径。正如金庸笔下描述的"独孤九剑"一样，虽然只有总诀式、破剑式、破刀式、破枪式、破鞭式、破索式、破掌式、破箭式、破气式九式，但每式都存乎一心、变化无穷。学习的要旨在于一个"悟"字，而绝不是死记硬背，只要通晓"九剑"的剑意，则能无所不出，无所不入，即便是将全部变化尽数忘记，也不相干，临敌之际，甚至忘记得越干净彻底，越不受原来剑法的拘束，这就是无招胜有招的剑理。

天下万物，其理相通。学习如何面试与学习如何练剑大体相同、道理相通，核心是能够领悟方法、举一反三，既能抓住根本，又能求新求变。这样，不管面试中是什么题目、什么模式，都能做到料敌先机，无招胜有招。

以上只是面试应答的基础性、通用性思路，其核心要义和最高境界是"无招胜有招"，料敌先机，随机应变，具体问题具体分析，以不变应万变。关于各个题型的具体应答思路,在后面各章中将会具体阐述。

? 思考题:

1. 现在社会上有大量的求职招聘考试培训机构,而且会收取高昂的费用,少则三五千,多则六七万,甚至十几万,很多公司承诺"不过退款或按比例退款"。对这一现象,你怎么看?

2. 中科院曾做过一个有关中国信任度的调查,该调查显示中国社会的信任度不高。对此,你怎么看?

3. 请你谈谈对"以不变应万变"这句话的理解认识。

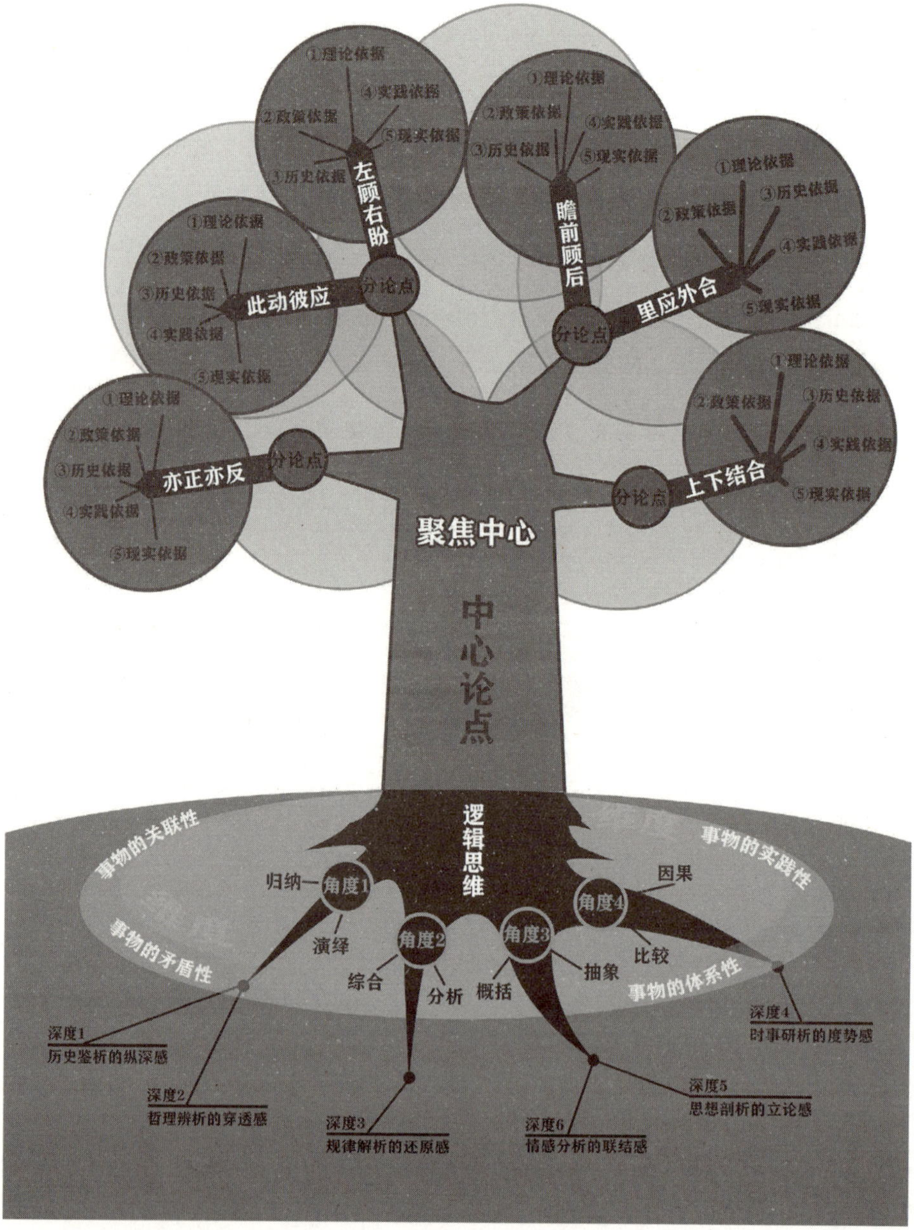

图 2-1 面试应答基本思路思维导图

第三章

精准营销：我是质优价廉且会保值增值的商品

第三章 精准营销：我是质优价廉且会保值增值的商品

【三言两语】 现代 HR 理念，更倾向于把人力资源看成人力资本或商品。资源需要挖掘和加工，而资本和商品可以直接用来投资或出售，以此最大限度地实现保值增值和效益最大化。人力资本和物资商品一样，其价值在于附加性、衍生性和增值性。面试，就是对这些的评估和判断。附加性，决定了你的可加工空间；衍生性，决定了你的可创造空间；增值性，决定了你的可发展空间。能把自己作为质优价廉且能保值增值的商品营销出去，而不是看不见、摸不着且需要加工的资源，你的营销就成功了！

跳出自身看自身，立足自己看自己。

人生是一个不断认识自我、完善自我的过程。不识庐山真面目，只缘身在此山中。一个人很难用自己的眼睛看清自己。所以要跳出自身，站在旁观者的角度来清醒认识自己；同时，要通过思考和实践，不断修炼自己、完善自己、强大自己，提升思想境界，提高认知能力，就能做到身心合一，实现自我认知的客观性，以及自我超越的能动性。

求职招聘中，考官一方面需要根据岗位需要，极力挖掘发现你的优长；另一方面，可能会按照"压力面试"的套路，激发面试者的负面人格，并进行评估。

自我认知题，基本上是面试中的必考题，不仅贯穿整个面试过程，而且是第一轮战斗，直接关系到首战胜负和考官的第一印象，也会直接影响到你在下几轮战斗中的士气和情绪。如果回答得不好，甚至会严重影响后面的应答节奏和效果。

面试中的自我认知和自我评估,其实是一种自我营销。从总体上看,整个面试都是一场自我营销。高端的营销者总是能让考官发现"购买商品"的理由;而不懂营销的人,总能从考官身上找到他"不购买商品"的借口。

从考官的角度看,人力资源作为商品,最核心的是质量硬不硬、价格低不低,以及能不能保值,最好能增值。质优很好理解。那么什么是价廉呢?并不是指给的薪酬低,而是有没有爱岗敬业精神、淡泊名利胸怀、顾全大局意识和良好道德品行。保值主要看能不能胜任岗位需要,增值主要看有没有发展潜力和空间。

营销不是推销。推销以产品为重点,营销以需求为重点。推销是以直接获得产品利润为目的,而营销是通过顾客满意获得长期稳定、计划增长的利益为目的。推销以拓宽渠道、减价促销等为主要手段,而营销是以产品生产创新、确定价格标准、拓宽销售渠道、完善售后服务、扩大用户群体、建立品牌效应等一条龙、整链条式的一体化打包经营作为手段。

求职者在竞争岗位时,应注意营销自己,而非推销自己。要营销自己,就要回答好如何"跳出自身看自身,立足自己看自己"。

一是改革供给。作为供给一方,从长远来看,最主要的还是提高商品质量。从面试实际看,关键的还是改进供给的要素配置,扩大有效供给,提高供给结构对需求变化的适应性和灵活性。也就是逐步改革"商品"的增量结构,尽快优化"商品"的存量结构,以便能聚焦岗位需要,适应不同的面试形式,让需求方感到"商品"虽然并不一定是最好的,但一定是最适合、最需要的。

二是建立共鸣。可以从四个方面着手:第一,你能让对方醍醐灌顶,他一直没有琢磨明白的问题,一下子让你点拨到位了,产生真理共鸣。第二,你能让对方体会到相同或相似的思想认识和经历阅历,让他感同身受，产生情结共鸣。第三，你能从自己的故事、性情和状态中，让他找到"似曾相识"的感觉，产生代入共鸣。第四，你很热心、很细心、很贴心、很暖心、很有心，产生情感共鸣。这就是面试中"自我营销"和"精准营销"的主要手段。

三是营造气场。一名求职者的强大气场源自三个方面：第一，自立自信的气场。对于事物认知、岗位需求，包括矛盾化解等，能够表达出一种积极向上感和自我效能感。当然，自信自立不是自满自负。第二，不卑不亢的气场，既不低三下四、点头哈腰、唯唯诺诺、过分谦虚，也不激进亢奋、高傲自大、愤世嫉俗，做到分寸拿捏到位，表现得有理、有利、有节。第三，和谐愉悦的气场，能够主动缓解紧张尴尬的气氛，表现出较好的亲和力、黏合力。相信有了这样的气场，考官很难不被感染和折服。

四是正视不足。有句名言："你自己不能发现的问题，战场或是商场上敌人和对手会帮你发现。"我们每个人都有缺点和不足，最主要的是我们能不能认清它、正视它。特别是在求职过程中，考官将会挖空心思让你露出"狐狸尾巴"。因此，无论是在平时，还是在参加面试前，都应学会用"第三只眼"看自身，不以自我为中心，用旁观者的心态，高出事物的一两个层次审视自己的差距和不足，搞好梳理分析，不断实现自我革新、自我完善、自我提升、自我超越。

第一节　自我评价

在第二章关于简历制作的内容中，对如何进行自我评价作了一些阐释。面试中的自我评价即自我介绍，从求职者的角度看，是对简历的补充说明、延伸拓展和提炼升华；从考官的角度看，则是对简历相关内容的深度挖掘和检验考证。因此，求职者在进行自我评价时，一定不能把简历内容简单地剪切出来，原原本本复述一遍，应处理好面试应答与简历的关系。

一是不即不离。也就说一定要和简历内容一致起来，不能另搞一套，甚至出现矛盾。简历中的每句话、每个要素都应该是有支撑的，能够提供有力的证据。在一些面试中，考官经常会围绕简历中涉及的内容，层层深入进行提问和考察。

二是若即若离。面试应答时，简历中的基本信息尽量压缩，应围绕不同岗位需求，重点对简历中无法表达或表达未尽的成果业绩、经历阅历、性格品行、优长优势等进行补充说明。

三是时即时离。一定要注重随机应变，针对考官的问题展开应答，不能一味地背简历或是事先准备好的内容，注意把握考官的关注点和兴趣点，及时转换"频道"，不能限定在自我的框架设计里，自说自话。

自我评价主要包括基本情况、优点缺点、专业优长、经历阅历、成果业绩、兴趣爱好、性格特征、名言警句、崇拜英雄等。自我介绍时间一般在1~5分钟。为做到有备无患，求职者可以分别准备5分钟、3分钟、2分钟等多个版本，但并不是简单地删减，时间越短越应注重凝练。不管自我介绍时间多长，总的要求是：主线鲜明，条理清晰，描述准确，特点突出，就是给自己画像一定要画得像、画得准，做到形神兼备。具体来说，应把握以下几个方面。

一是聚焦岗位需求。面试前认真对招聘单位情况和岗位需求进行分析，结合个人实际情况对号入座、提前入座，增强自我介绍的针对性。

二是搞好归纳提炼。注重适当提高自我介绍的层次，归纳出基本定性描述，提炼出核心亮点，防止面面俱到、记流水账。

三是体现真情实感。将热爱事业、热爱生活、热爱岗位等心理、情绪和感情贯穿融合到自我介绍当中，切实发自肺腑地营销自己、竞争岗位。

四是注重实事求是。有一说一、有二说二，不夸大其词，不装腔作势、故弄玄虚，更不能无中生有、弄虚作假。

典型案例剖析1：

【题目设置】

你在部队工作最大的收获是什么？

【题眼分析】

这是军转干部安置面试中经常遇到的题目。这其实是另外一种形式的自我介绍题。回答这类题目一般要对接招聘岗位任职能力需求，否则你谈的收获再大，与招聘岗位任职要求不相匹配，也是没有用的。同时，考虑到与简历互为补充，"最大收获"应注意重特殊轻普遍、重宏观轻微观、重深层轻表面，至于取得××学位、获得××证书、得到××奖励、担任××职务等，简历中已经明确的可以不再重复，而且这些作为"最大收获"，也会显得你整个人缺少"立体感"。

【抛砖引玉】

军营是个大熔炉和大学校。可以说，我现在的所有本领和进步，都是在部队获得的。军营给了我初心，也让我收获了过程，得到了始终。除了坚定的信仰信念外，我在部队最大的收获，主要表现为"四力"的锤炼和提升：

一是学习力。我在军队工作调整过10多个单位，承办过30多项具体业务，这些平台不仅让我学到了很多知识，更教会我学习的方法，思考的方法，发现问题、分析问题、解决问题的方法。套用一句话就是，既读了万卷书，也行了万里路；既行了万里路，也有了大师指路；既有了大师指路，也会了勤思善悟。每当遇到新困难、涉及新领域没有头绪和思路的时候，我就采用笨办法，从最基础的研究原理、机理、道理和事理做起，一点一点突破，并逐步积累转化成自己的思想论和方法论。

二是执行力。在部队干工作我养成了4个习惯：第一，任何命令先说是。军人以服从命令为天职。从上军校的第一天起，教官教给我们的第一句口令就是"到"和"是"。走上工作岗位后，不管上级交给什么任务，先答应下来再说，不讲价钱，不讲条件。第二，任何困难想办法。军人，逢山开路，遇水架桥。只要思想不滑坡，办法总比困难多。对于解决棘手问题，我总结了"7个电话原理"，就是打7个左右电话，就一定会找到解决问题的眉目和线索。第三，任何环节不打折。脚踏实地、一步一动地往前走，决不投机取巧、自欺欺人。第四，任何事情有回音。不管事情做到什么程度，都及时请示报告、沟通反馈，并搞好总结反思。

三是认真力。认真是精益求精、严谨细致的态度，特别是在军委机关工作，容不得半点疏忽大意，养成了干工作"每次都是首次"的习惯和精神。同时，越来越觉得认真不仅是一种态度，更是一种能力：探索真理的钻研能力，做好真事的实干能力。无论是组织参与理论研究、政策改革、承办业务，还是指导部队建设，都注重磨砺自己的工匠精神，认真钻研，真抓实干，克己修身，不断提高职业素质和职业素养。

四是组织力。我是从基层部队一步一步走到军委机关的，随着工作层次的提升，眼界视野不断拓宽。特别是在国防大学工作近8年、在军委机关工作近5年，通过组织指导全军部队开展工作，负责承办重大活动、重大会议筹划，以及重大政策和课题研究，立足全局、体系谋划、协调各方的能力得到很大提升。

典型案例剖析2：

【题目设置】

你被录用后，将如何尽快适应岗位、进入情况？

【题眼透视】

这是一道职业发展展望和规划计划题。这类题目相对比较好回答，因为无论是初次求职者，还是"跳槽者"，抑或是军队转业人员，都会无数次畅想谋划过自己未来的事业，憧憬过自己美好的生活。

回答这类问题无非就是多学、多问、多干,以及摆正心态、摆正位置、摆正目标等答法。但需要注意的是,这类题目重点考察的并非是你的宏伟蓝图和远大梦想,而是你脚踏实地、跳一跳能够摸得着的目标和计划。同时,应注意适当穿插融入一些个人的经历和故事。

【抛砖引玉】

万事开头难。好的开始是成功的一半。新到一个岗位没有进入情况、完成转变,就不能算是"转正"。判断一个新入职者是否进入了情况,我觉得要有三个标准:一是环境熟悉。单位的工作环境、人文环境、机构设置等都能搞清楚、弄明白。二是人头熟悉。无论是对上、对下、对左、对右都建立了联系,办事能准确知道找谁,基本熟悉主要领导和直接领导的管理理念和风格特点等。三是业务熟悉。可以独当一面,领导能够放心交办重要业务和重大活动。

对于新岗位,我以前虽然从事过这方面的工作,但工作环境新、领导同事新、负责任务新、方法流程新,一切都是全新的开始。我将积极主动、全力投入,力争通过三个阶段尽快适应岗位、进入情况。

第一,重新归零阶段。对照新的岗位要求,对自己的知识储备、专业素质、能力水平和思维方式等,进行一次全面系统的梳理分析,找到自己的差距和不足,调整好心态,制订好计划,像小学生一样从基础开始学,从一招一式开始练。

第二,全面打杂阶段。这是我换过很多岗位后得来的经验。就是从一些不起眼的小事、不入流的杂事干起,哪怕是复印一个文件、跑一次腿、发一个通知。通过这些事,牵引着自己一点一点熟悉环境，熟悉业务，熟悉人头，熟悉工作模式和流程，这样才能为了解全局、掌握宏观打下基础。

第三，建立信任阶段。对于团队一员来说，得到信任比什么都重要，比什么都珍贵，没有建立信任感，就不能算是进入了情况。我想，每到一个新单位，特别是不熟悉的单位，领导和同事们肯定不会完全信任你，这是非常正常的现象。我会通过勤学苦练的精神、一点一滴的积累、爱岗敬业的作风，赢得大家的信任和支持，助力我不断成长进步。

以前，每换一个新岗位，我给自己定的过渡期是不超过半年。我想，这次通过我的努力和大家帮助，半年后我一定能够"转正"。

典型案例剖析3：

【题目设置】

你喜欢的格言是什么？为什么？

【题眼透视】

从小学时候我们就把"书山有路勤为径，学海无涯苦作舟""学如逆水行舟，不进则退"等格言写在本子上，激励我们刻苦读书学习。格言富有哲理性和教育意义，学习格言是为了从格言中受到灵魂的触动和思想的启迪，获得前进的力量。

长大后，我们的认知能力越来越强，接触到的哲理和格言越来越多，好像对格言的兴趣也在逐渐淡化。但用好的格言激励自己、警醒自己，仍不失是一个成长进步的好办法。

这个题目面试中相对较少，考察的也不是对格言警句的理解，而是重在考察求职者的奋斗历程。所以应注重穿插个人的实际经历。

【抛砖引玉】

我喜欢的格言是:"路再长也比脚短。"我比较喜欢跑马拉松,并在人生的马拉松中深切体会到了"路再长也比脚短"这句话的意义,这句话给我立身、为人、做事带来昂扬斗志和不竭力量。

第一,带来坚守初心的力量。不忘初心,方得始终。选择方向比向前奔跑重要。低头跑步的同时,还要时刻校准方位,否则就会走错方向,人生的路既要用脚步去丈量,更要用头脑去考量,用大脑去支配脚步,而不是用脚步去支配大脑。否则走到哪里算哪里,就会丢掉向前的初心和动力。

第二,带来负重前行的力量。从军20多年,遇到过很多困难和坎坷,但每次我都会把"路再长也比脚短"这句话在心里重复上几遍、十几遍,最终也都走过来了,而且磨炼了自己的意志,使自己变得更加强大。

第三,带来脚踏实地的力量。我比较喜欢跑步,马拉松最快成绩是4小时8分钟。我粗略算了一下,按照每分钟步频160左右的话,一场马拉松我需要跑约4万步。这来不得一点虚假。人生更是一场马拉松,需要一点一点积累,必须一步一步丈量。

第四,带来善作善成的力量。我有一股韧劲,只要是定下的事,就一定要完成。路总有尽头,能不能走得到,关键看舍不舍得轻装前行,舍不舍得汗流浃背。同时,我也明白挡住前进步伐的并不是高山大川,而是鞋里的一粒沙子。千里之行,始于足下;千里之堤,溃于蚁穴。前进中一定要防微杜渐、慎独慎行,抵挡住各种诱惑,这样才能干成自己想干的事,达成自己定下的目标。

第三章　精准营销：我是质优价廉且会保值增值的商品

> ❓ **思考题：**

1. 请谈谈你的优点和缺点分别是什么。
2. 请围绕你经历过的3～4件事，简单介绍一下自己。
3. 请用3个关键词形容你自己。
4. 你最近读了哪些书，请就其中一本谈谈你的体会感悟。
5. 谈谈对你影响最大的3个人。
6. 你都获得过哪些荣誉和奖励？你怎样看待荣誉和奖励？

第二节 学习成长

古人讲，读万卷书，行万里路。

顺着这句话的逻辑，我作了一些修改和延伸：既要读万卷书，还要行万里路；既要行万里路，还要阅人无数；既要阅人无数，还要大师指路；既要大师指路，还要勤思善悟。一个人要想成长成才必须具备几个条件：一是勤学习，活到老学到老；二是善实践，学到老用到老干到老；三是多历人，有高人指点、贵人相助、亲人后援、小人监督；四是会思考，激发人生的原动力；五是走正道，德才兼备才能行稳致远。

一个人想要成长进步主要靠学习和实践，能够做到自觉学习，主动学习，终身学习：有"望尽天涯路"那样志存高远的追求，耐得住"昨夜西风凋碧树"的宁静清冷和"独上高楼"的孤独寂寞，潜下心来深研苦读；勤奋努力、刻苦钻研，下真功夫、花大力气，"衣带渐宽"也"终不悔"，"人憔悴"也坚决不放弃；认真思考、冥思苦想、深刻体悟，通过学习实践"众里寻他千百度"，最终"蓦然回首"，在"灯火阑珊"处取得真经、得到真谛。

古人讲，博学之，审问之，慎思之，明辨之，笃行之。想要成长成才、有所成就，就要广泛地学习，认真地求教，慎重地思考，明确地分辨，踏踏实实地行动。学习一样技能，练会一项本领，坚守一个习惯，干好一件事情，总有一种力量在学、问、思、辨、行中贯通融合、对接推进，把各个点连接成螺旋形上升的曲线。螺旋形上升运动是由事物内部矛盾引起的，矛盾双方经过反复斗争，引起对立面的两次否定、两次转化，事物的发展从肯定到否定，再到否定之否定，形成一个周期，每一周期的终点同时又是下一周期的开端。一个周期接着一个周期，每一周期完成时出现向出发点的复归，形成由无数曲线衔接起来的无限链条，呈现出螺旋形的上升运动。螺旋形上升的基本特点和特征是前进性、曲折性、周期性。

事物发展总的方向和趋势是由低级到高级、由简单到复杂的前进运动。但前进的道路不是直线，而是迂回曲折的，会出现向出发点回复现象。列宁指出："发展似乎是在重复以往的阶段，但它是以另一种方式重复，是在更高的基础上重复。"这种螺旋形上升运动亦称为波浪式前进运动，竖看是螺旋式，横看是波浪式。事物总是在矛盾的发现、否定与发展中波浪式前进。这就是贯通学、问、思、辨、行的力量。

对于每个人来说，这种波浪曲线的状态是不一样的，有的时平时缓，有的陡降陡升，有的起伏有度。但总体上看，一般要经历六个阶段。

第一阶段，预热期。要么踌躇满志，志在必得，有着较高的预期和目标；要么犹豫不决，观望徘徊，目标比较模糊。

第二阶段，起步期。出现较轻的压力感和紧迫感，以及新鲜感和短暂激情，往往能取得比较明显的进步。

第三阶段，平台期。需要不间断地摸索、否定和重复，并建立循环，逐渐形成机械式大脑和肌肉记忆，往往比较枯燥。随着曲线坡度减小，兴趣点逐渐弱化，兴趣曲线也逐渐趋于平缓。这个阶段最容易打退堂鼓。

第四阶段，跃升期。已经摸索出否定、提升、再否定、再提升的逻辑规律，时效性提高，自信心增强，兴趣度增大，这个阶段成就感最为明显。

第五阶段，瓶颈期。难度越来越大，主要表现为没进步、没激情、没兴趣，只剩下枯燥的、无味的、孤独的重复，极其容易丧失信心、斗志和坚守。

第六阶段，稳定期。抗压能力极大增强，不管什么压力下上升曲线都表现得平缓和稳定，认识论、思想论和方法论居于坚守的主导，技能和技巧次之，心理和体能因素再次之。

从以上可以看出，自我成才的力量主要来源于三个方面。

一是坚守初心的力量。执着目标和理想的力量，可以让我们走过第一次否定、再次否定和多次否定。

二是自我否定的力量。也就是正视内因的主导作用和主导力量，而非客观因素和外部条件。正确面对和利用个人本身的差距和不足，用内因的否定力量，一点一滴集聚起攻坚的力量、突破的力量、前进的力量。

三是转化矛盾的力量。把低级矛盾转化为高级矛盾，把高级矛盾转化成高级实践，把高级实践转化成高级方法，让矛盾按照这一螺旋曲线朝着预期的方向加速发展、不断上升。

面试中，一般会围绕学习观、成才观，学习、思考和实践的方法，以及一些时事问题设置题目。因为这类问题属于"千古性"和"大众性"话题，求职者一般不要陷入套路式回答，应注重搞好归纳提炼、提升思维层次，同时也要注重结合自己的经历阅历有感而发。

第三章 精准营销：我是质优价廉且会保值增值的商品

典型案例剖析1：

【题目设置】

新闻媒体曾报道过华为公司的一个故事：一个北大高才生进华为两个月，给老板写了一封万言书，历数华为的弊病和改进办法。结局是任正非在管理层会上读了这封信，然后问那个高才生的领导："此人如果有精神病，建议送医院治疗；如果没病，建议辞退。"

马云曾经说过：刚来公司不到一年的人，千万别给我写战略报告，千万别瞎提阿里发展大计，谁提谁离开！但你成了三年阿里人后，你讲的话我一定洗耳恭听。我们喜欢小建议小完善，我们感恩你的每一个小小的完善行动。

对于这两件事，你怎么看？

【题眼透视】

这两件事反映了大量的职场信息和焦点问题。从职场规则、人才评价、处世哲学、企业管理等不同角度和不同维度，都能谈些看法、做出解读。而且从企业领导和公司员工来看，公说公有理，婆说婆有理，都能找到立论和驳论的不同立场和观点。

因此，求职者应该理性辩证地看待这些问题。作为公司的一名员工或是尚未找到工作的人，孰是孰非可不论，但孰轻孰重应分清。

我比较倾向于从学习成长的角度，对如何认识自己、完善自己、营销自己进行阐释。前面我们提到了一句话，跳出自身看自身，立足自己看自己。稍作变动，就是这个题目的逻辑中心和主线，即"跳出自身看自身，立足自己强自己"。作为求职者或是一名刚入职者，

不应希望别人一下子就能对你一见钟情、赞赏有加,也不应希望别人能助你一夜之间功成名就。

【抛砖引玉】

围绕这两件事,我想从一个新入职者的角度,对如何正确认识自己、完善自己、营销自己谈几个方面的认识,可以归纳为"四个想要……先要……"。

第一,想要出人头地先要踩到地。不想当将军的士兵不是好士兵。特别是作为"自带光环"的高学历学问、高教育背景、高智商智慧的新入职员工来说,往往也带着很高的期望和理想。这就和我们刚从军校毕业时,踌躇满志想当将军一样。但是万丈高楼平地起,学历只是敲门砖而并非垫脚石,智商智慧脱离了实践只能是空中楼阁。只有让学历接地气、让智商有平台,一步一个脚印地走下去,才能真正让光环有能量,不会昙花一现。

第二,想要站上高台先要搭好台。我们经常讲,靠素质立身,凭实绩进步,有为者才能有位。我觉得,高台高位不是别人给的,而是自己搭的。每一分态度,每一分汗水,每一分业绩,每一分信任,都是我们走上高台的台阶,想要一步跨过去,肯定要摔下来,甚至会头破血流。

第三,想要鹤立鸡群先要变成鹤。我们到底是"鸡"还是"鹤",我觉得这是一个相对概念。有北大头衔的高才生,肯定是大家眼中的"鹤"。但闻道有先后,术业有专攻,人外有人、天外有天。学业上的"鹤"并不一定是工作上的"鹤"。作为新入职者来说,不熟悉环境,不了解实践,不精通业务,应该还是一只"鸡"。所以,新入职者一定要正确认识自己,有空瓶心态和归零心理。到底是"鹤"

还是"鸡"自己说了不算，学历证书也不能证明，领导和同事认可了才算，实打实的业绩才能证明。

第四，想要一鸣惊人先要隐于人。人是有表达欲、展示欲，也可说是炫耀欲。特别是大学刚刚毕业，十几年寒窗苦读，大展拳脚的机会终于来了，恨不得能一炮而红，一下子所有人都认识自己、认可自己。但是即使再有能力，想要一举成名，也要等待天时、地利、人和，就好比是姜太公钓鱼一样。这种等待需要默默无闻、长期坚守、相机而动。

总之，作为新入职者一定要脚踏实地，一步一个脚印地走，一个台阶一个台阶地迈，不能"肥皂剧"看多了，总想着一步到位，成为"霸道总裁"。

典型案例剖析2：

【题目设置】

你最崇拜的英雄人物（偶像）是谁？为什么？

【题眼透视】

这既是一道人格映射题，通过英雄和偶像映射求职者的人格，也是一道成长代入题，主要是通过角色代入，考察求职者的人生观、价值观，以及理想抱负等。

英雄是时代的伟大印记，英雄是信仰的精神支柱，英雄是民族的基因之魂。我们每个人成长的不同时期，可能崇拜不同的英雄和偶像，他们既可以是父母、师长，也可以是领袖、名人、明星；既可以是历史人

物、身边人物,还可以是虚构人物。

我们为什么崇拜英雄?不仅是梦想的寄托、荣誉的追捧,更因为英雄在品格、才能、功绩等方面,是我们的榜样,值得我们终身学习、终身追逐,让我们从中获得精神的感召、前进的力量,使我们受益终身。

每个人心中都住着一个或多个英雄和偶像,面试中按着自己的心路历程和成长体会进行回答,相信能够打动考官。

【抛砖引玉】

我最崇拜的英雄是毛泽东。

毛主席是划时代的伟大人物,是中华民族空前的民族英雄。他的卓越功勋、光辉思想、高尚人格、伟大风范,值得我们每个人学习、敬仰和崇拜。每隔一两年,我都会去毛主席纪念堂瞻仰毛主席遗容,缅怀伟大领袖。

我特别喜欢读毛主席的文章和诗词,《毛泽东文选》和诗集是我的枕边书。每当我在学习、工作和生活中遇到困难、出现挫折,或是感到焦虑、彷徨和烦躁的时候,我都会看看毛主席的文章和诗词,总能从中受到启发,汲取到思想和精神的力量,找到豁然开朗、舍我其谁、壮志凌云之感。

我最喜欢的毛主席文章是《矛盾论》《实践论》,最喜欢的毛主席诗词是《沁园春·长沙》《沁园春·雪》《水调歌头·重上井冈山》。这三首诗词是毛主席分别于1925年、1936年(1945年发表)、1965年在中国革命的不同时段所著,生动地展现了毛主席的伟大革命思想和伟大斗争精神。

细细品味咂摸这三首诗词的最后一句,学习、工作和生活就能从中找到答案:《沁园春·长沙》的最后一句,"曾记否,到中流击水,浪遏飞舟?",让我体悟到如何努力拼搏、奋斗担当;《沁园春·雪》的最后一句,"数风流人物,还看今朝",让我体悟到如何立起自信、胸怀抱负;《水调歌头·重上井冈山》的最后一句,"世上无难事,只要肯登攀",让我体悟到如何脚踏实地、战胜艰险。

毛主席的伟大和卓越值得我们每个人崇拜,我也将一生崇拜,一生学习,一生领悟。

典型案例剖析 3:

【题目设置】

你最喜欢读的书是什么?为什么?

【题眼透视】

这是面试中经常会遇到的题目。有的求职者会认为这是考察爱不爱读书、读书认不认真,以及个人兴趣爱好等。当然,面试题目有这方面的考量,但绝不是关键所在。这道题主要考察的是我们的读书观,即为什么读书、怎么读书、从书中得到什么。

英国哲学家、作家和科学家弗朗西斯·培根(Francis Bacon)在其随笔《谈读书》中,对读书做了深刻解读。建议大家读一读。摘抄下面两段。

读书足以怡情,足以傅彩,足以长才。其怡情也,最见于独处幽居之时;其傅彩也,最见于高谈阔论之中;其长才也,最见于处世判事之际。

读史使人明智,读诗使人灵秀,数学使人周密,科学使人深

决胜面试

刻，伦理学使人庄重，逻辑修辞之学使人善辩：凡有所学，皆成性格。人之才智但有滞碍，无不可读适当之书使之顺畅，一如身体百病，皆可借相宜之运动除之。滚球利睾肾，射箭利胸肺，漫步利肠胃，骑术利头脑，诸如此类。如智力不集中，可令读数学，盖演题须全神贯注，稍有分散即须重演；如不能辨异，可令读经院哲学，盖此辈皆吹毛求疵之人；如不善求同，不善以一物阐证另一物，可令读律师之案卷。如此头脑中凡有缺陷，皆有特药可医。

每个人都会读很多书：有专业的，有喜欢的，有打发时间的，有别人推荐的，有学习需要的，有不得不读的；有的需要精读，有的需要泛读，有的只需看个目录或标题。

能让我们用一生去读而且受益终身的书，可能会有一本、两本甚至更多。一本好书，读起来回味无穷、千姿百态，悟起来醍醐灌顶、茅塞顿开，用起来指点迷津、迸发力量。

【抛砖引玉】

我最喜欢读的书是《三国演义》。《三国演义》不仅故事情节起伏跌宕，让人荡气回肠，而且我觉得如果能够读懂《三国演义》就能读透人生大道理。从小学时候开始，《三国演义》我至少看了十几遍：20岁之前读，体会到的是英雄豪迈、侠肝义胆、智勇双全；30岁时读，体会到的是历史兴衰、人生跌宕、命运起伏；过了35岁再读时，我才明白《三国演义》的精髓在开篇词《滚滚长江东逝水》中："滚滚长江东逝水，浪花淘尽英雄。是非成败转头空。青山依旧在，几度夕阳红。白发渔樵江渚上，惯看秋月春风。一壶浊酒喜相逢。古今多少事，都付笑谈中。"大道至简，寥寥数语，已经道出高远的历史意境和人生哲理。

第三章 精准营销：我是质优价廉且会保值增值的商品

第一，淘尽天下英雄。曹操将英雄比作龙："龙能大能小，能升能隐；大则兴云吐雾，小则隐介藏形；升则飞腾于宇宙之间，隐则潜伏于波涛之内。方今春深，龙乘时变化，犹人得志而纵横四海。龙之为物，可比世之英雄。"英雄不问出处，英雄出自凡人，凡人造就英雄。关羽重义但刚愎，曹操善谋但阴柔，诸葛亮明略但不育人。英雄像翻飞的浪花一样消逝。"俱往矣，数风流人物，还看今朝。"要想建功立业，就要学习英雄气概、英雄品格、英雄精神，用后浪推起前浪。

第二，参透是非成败。时势造英雄，英雄识时势。英雄把是非成败看成过眼云烟，不耿耿于怀、斤斤计较，拿得起放得下，没有什么不是一杯"浊酒"解决不了的。更何况是普通大众，面对人生的挫折、苦难和失败，一定要正确面对，保持乐观向上的人生态度，不断在生活中开拓自己的思想深度和远见视野，磨炼自己的智慧和意志。

第三，惯看秋月春风。"春有百花秋有月，夏有凉风冬有雪，若无闲事挂心头，便是人间好时节。"谁也留不住时光的脚步，每个人都不甘心随波逐流、顺其自然，但既要放眼长远、胸怀大志，还要珍惜当下、拼搏奋斗。包袱太多了要坚定抛开，生活太复杂了要归于简单，这样才能淡泊名利、宁静致远。

第四，笑谈世事变迁。江水不息，青山常在；人生苦短，往事如烟。"古今多少事"没有一件不在变与不变的运动中流逝和向前发展。世界潮流，浩浩汤汤，顺之者昌，逆之者亡。要认清历史和事物发展的必然趋势，在滚滚大潮中找到自己的位置，明白自己的责任，以从容不迫的心态迎击汹涌的波涛，成为一个翻滚的浪花，在时间和空间无情的流逝中追求价值的永恒。

决胜面试

典型案例剖析 4：

【题目设置】

最近，网上一张关于一名农民工在东莞图书馆留言的照片备受关注。具体内容是：我来东莞十七年，其中来图书馆看书有十二年。书能明理，对人百益无一害的唯书也。今年疫情让好多产业倒闭，农民工也无事可做了，选择了回乡。想起这些年的生活，最好的地方就是图书馆了。虽万般不舍，然生活所迫，余生永不忘你东莞图书馆。愿你越办越兴旺，识惠东莞，识惠外来民工。

请你谈谈对这段留言的看法。

图 3-1　湖北农民工在东莞图书馆留言

第三章 精准营销：我是质优价廉且会保值增值的商品

【题眼透视】

这段话透露出很多信息：一是坚持读书12年；二是书对人百益而无一害；三是书可以明理；四是最好的地方是图书馆。最后，这位农民工还提出了自己的希望：希望图书馆"识惠东莞，识惠外来民工"。我理解，"识惠"应该是用知识惠及的意思。

虽然短短几行字，却道出了一名农民工的艰辛，更道出了他对读书的渴望、坚守和不舍，道出了读书的人生哲理。

有人说，生活就是一本必读的无字之书，读懂了生活就读懂了书；也有人说，书中有人生百态、有无穷哲理，读懂了书就明白了生活。不知这位农民工是因为看破了生活才去读书，还是因为读书才懂得了生活，抑或是二者兼而有之。读书亦人生，人生亦读书。

为什么要读书、怎么读书，是我们从小就问家长和老师的问题。回答这一问题并不难。求职者可以根据自己的经历阅历和亲身感受回答，并加以提炼升华。

【抛砖引玉】

看了这段留言后，内心深受触动。我想从为什么读书、怎么读书的角度，谈谈我的感受。

第一，以改变命运的抱负读书。读书改变命运。这是多少寒门学子的座右铭。小时候对这句话的理解，是读好书就可以不像祖辈一样，一辈子"面朝黄土背朝天"，以此改变命运；30岁理解这句话，是读好书就可以得到更多发展进步的机遇，以此改变命运；40岁时再理解这句话，是读书可以让内心产生向善向上的强大力量，以此改变命运。不管哪一阶段，读书都在或是轰轰烈烈、或是默默无声中改变着我们的命运。

第二，以苟利家国的情怀读书。这位农民工留言的最后一句是："愿你越办越兴旺，识惠东莞，识惠外来民工。"这就是平凡人的家国情怀，他多么希望知识能惠及整个东莞，惠及所有农民工。一个人读书改变的是个人的命运，一个家庭读书改变的是家庭的命运，一个国家读书改变的就是国运。周恩来总理在少年时代立下宏伟志向：为中华之崛起而读书。我们就是要用这种心系家国、奋斗担当的责任感和使命感，去激励每个人认真读书，把每个人读书求知的力量凝聚成国家奔向复兴的中国力量。

第三，以求知若渴的状态读书。这位农民工说："书能明理，对人百益无一害的唯书也。"读书确是百益而无一害，足以明理，足以怡情，足以傅彩，足以长才。读书像水一样，是生命的必需品，滋养生命的甘甜。工作有困难的时候，内心有疑问的时候，情绪烦闷的时候，都可以通过读书找到注解和答案。求知若渴，虚心若愚。要像喝水一样，把书每天摆在床头；要像沙漠里寻找水源一样，直至找到书中的那一片绿洲，找到自己的那一眼清泉。

第四，以铸造灵魂的境界读书。书不仅是改变命运的工具，更是丰富精神境界的食粮。物质上富有愉悦感官，精神上富有强大内心。农民工物质上是清贫的，但读书的精神却是富有的。读书必须有境界。这是一种物质和精神对接的境界，是一种身体和心灵共鸣的境界，是一种时间和空间交汇的境界，是一种初心与恒心互动的境界。只有不断体悟这些境界、升华这些境界，才能懂得读书对灵魂的洗礼和净化。

第五，以迎难而上的韧劲读书。这位农民工，生活的艰辛可想而知，而他在读书上却坚持了12年，其中的苦楚只有他自己明白，

> 其中的快乐也只有他自己懂得。在疫情期间企业倒闭、无工可打的情况下,"最不舍的仍是图书馆"。生活的艰辛、成长的困顿、工作的烦恼、老去的忧伤,会让我们无奈地短暂放弃书本。这并不可怕,当你把它重拾起来的时候,就会欣喜地发现,我们只不过是赢得了一段咀嚼消化、思考感悟真实人生的时间。人生是一场马拉松,读书是一个又一个补给点,错过了,忍一会儿,只要不停下脚步,就能到达下一个站点。

思考题:

1. 习近平总书记指出:中国共产党人依靠学习走到今天,也必然要依靠学习走向未来。请谈谈你对这句话的理解认识。

2. 你在学习成长过程中遇到的最大困难是什么?你是如何克服的?

3. 请你谈谈对"学雷锋"的认识理解。

第三节　理想信念

理想，是对未来事物的美好想象和希望，是人们在实践过程中形成的、有实现可能性的、对未来社会和自身发展的向往和追求，是人们的世界观、人生观和价值观在奋斗目标上的集中体现。满足眼前的物质和精神需求，又憧憬未来的生活目标，期盼满足更高的物质和精神需求并不懈追求，是理想形成的动力和源泉。

信念，是对事物的判断、观点或看法。信念是一种需要，它是激励人按照自己认为正确的观点、原则去行动、去实现目标的一种强大的内在力量，是构成知识系统并通过实践加以证实的基础上发生的一种高级的需要。

把理想信念放在一起，其内涵绝不是两个概念的简单叠加，二者的有机融合，赋予丰富深刻的独特意蕴，更加强调理想和信念两个基本方面的统一：一是最高层次的理想和最高层次的信念的统一；二是马克思主义和社会主义基本特征和立场观点的统一。简单地说，理想信念就是人们对未来的向往和追求，是人们的政治立场和世界观在奋斗目标上的集中体现。

心有所信，方能行远。对于我们每个人来说，坚定的理想信念是首位标准、根本要求，是成长成才、履职尽责、事业有成的内核。作为求职者，面试中应把自己培树理想信念的理性认识、实践做法和心路历程，充分地、坚定地表达出来。

中国特色社会主义最本质的特征是中国共产党的领导，中国特色社会主义制度的最大优势是中国共产党的领导。中华民族的每一名成员，每一名奋斗者、搏击者，都应把自己的理想信念融入党的理想信念当中。

什么是共产党人的理想信念？共产党人的理想信念就是对马克思主义的信仰，对共产主义、社会主义的信念，对党和人民的忠诚。

第一，理想信念是共产党人的制胜之"本"。中国共产党是靠共同的革命理想凝聚起来的组织，理想信念是共产党人的政治灵魂和安身立命之本。近百年来，我们党虽然历经磨难，但始终团结一心、风雨不动、坚如磐石，带领全国各族人民一道勇往直前，战无不胜，攻无不克，靠的就是理想信念的凝聚和感召。坚定理想信念，就能够从胜利走向胜利；动摇理想信念，就必然遭遇挫折和失败。

第二，理想信念是共产党人的精神之"钙"。理想信念就是共产党人精神上的"钙"，没有理想信念，理想信念不坚定，精神上就会"缺钙"，就会得"软骨病"。我们党是否坚强有力，既要看全党在理想信念上是否坚定不移，更要看每一位党员在理想信念上是否坚定不移。共产党人得了"软骨病"，在人民面前就拍不了胸膛，在事业面前就挺不起脊梁，在诱惑面前就立不直腰杆。

第三，理想信念是共产党人的思想之"阀"。对广大党员来说，理想信念的滑坡是最严重的病变，是世界观、人生观、价值观这个"总开关"拧没拧紧。如果缺乏正确的是非观、义利观、权力观、事业观，不能正确处理公私关系，各种出轨越界、违规违纪就在所难免。

习近平总书记深刻指出："革命战争年代，检验一个干部理想信念坚定不坚定，就看他能不能为党和人民事业舍生忘死，能不能冲锋号一响立即冲上去，这样的检验很直接。和平建设时期，生死考验有，但毕竟不多，

> 决胜面试

检验一个干部理想信念是否坚定确实比较难，X光、CT、核磁共振成像也没有办法。当然，也不是不能检验。那就主要看干部是否能在重大政治考验面前有政治定力，是否能树立牢固的宗旨意识，是否能对工作极端负责，是否能做到吃苦在前、享受在后，是否能在急难险重任务面前勇挑重担，是否能经得起权力、金钱、美色的诱惑。这样的检验需要一个过程，不是一下子、经历一两件事、听几句口号就能解决的，要看长期表现，甚至看一辈子。"

不忘初心，方得始终。坚定理想信念是每个共产党人的终身追求、终身课题。只有理想信念坚定的人，才能始终不渝、百折不挠，不论风吹雨打，不怕千难万险，坚定不移为实现既定目标而奋斗。理论上的清醒，宗旨上的践行，战略上的定力，责任上的担当，廉洁上的坚守，是立起理想信念的必经之途。

典型案例剖析1：

【题目设置】

《人民日报》发表过一篇题为《信仰的味道》的文章，习近平总书记曾多次提及。文章介绍：1920年春夜，陈望道在翻译《共产党宣言》时，错把墨汁当成红糖蘸着粽子吃了。母亲在屋外问他要不要再加糖时，他说"已经够甜了"。

墨汁为什么那样甜？原来，信仰也是有味道的，甚至比红糖更甜。正因为这种难以言喻的精神之甘、信仰之甜，无数的革命先辈，才情愿吃百般苦、甘心受千般难。

请你谈谈对"信仰的味道"的认识理解。

第三章　精准营销：我是质优价廉且会保值增值的商品

【题眼透视】

信仰为什么有味道？因为理想信念是我们共产党人共同的精神家园。每当我们回到故乡，见到亲朋，总会找到家乡的味道。无论我们身在何处，永远都不会忘记家乡的味道，永远留恋家乡的味道。

这个题目应该从如何认识理想信念、坚定理想信念的角度进行回答。

【抛砖引玉】

墨汁为什么会这么甜，因为在共产党员心中，信仰是有味道的，甚至比红糖更甜。对于一名党员干部来说，增强"四个意识"、坚定"四个自信"、做到"两个维护"，是坚定信仰内在要求的具体体现，通过认真学习、反复品味、积极践行，我们会像陈望道一样，从中品尝到信仰的各种味道。

一是真理的味道。真理的味道甘之如饴，让先行者们心驰神往。习近平总书记系列讲话是当代中国最鲜活的马克思主义，如何从中品尝真味，我觉得需要经历三重境界。第一重，细嚼慢咽，通过读原著、学原文、悟原理，领悟马克思主义的原味和真味。第二重，养成习惯，通过日积月累，调节好学习的"生物钟"，均衡好思想的"营养表"。第三重境界，融入血脉，把真理的营养，转化成输血功能、造血功能。

二是忠诚的味道。忠诚的味道源于纯正。忠诚要做到"绝对"二字，就是唯一的、彻底的、无条件的、不掺任何杂质的，没有任何水分的。"有奶便是娘"是打着"忠诚"的幌子搞投机，讲条件、有选择、打折扣，是变了味、发了霉、有杂质的"伪忠诚"。忠诚的味道凸显朴素。有人问彭德怀："什么是忠诚？"他回答："讲真话。"党让干啥就干啥，党不让干啥就不干啥，党让干啥就干好啥。做好每件事、干好每项工作，就是最朴素、最直接、最真实的忠诚。忠诚的味道饱蘸真情。懂得感恩、认清责任才有真情，有真情才能坚守忠诚、付诸忠诚。

三是使命的味道。恽代英在文中写道："我们吃尽苦中苦，而我们的后一代则可享到福中福。为了我们崇高的理想，我们是舍得付出代价的。"若论今昔生活对比，相信许多党员都会由衷地说："够甜，够甜了！"然而，越是在日子够甜的时候，每一名共产党员越要自觉保持纯洁性和先进性，越要深刻体味服务人民的精神之甘，复兴民族的信仰之甜，把为人民谋幸福当成自己的幸福，在践行使命中品尝幸福的味道。

四是清正的味道。共产党人的信仰需要味道纯正、风清气正，容不了杂味异味，就像人们呼吸接受不了雾霾一样。党的十八大之前，党的风气受到严重污染，信仰的味道也变成了铜臭的味道、腐败的味道。以习近平同志为核心的党中央，以壮士断腕的决心割除党内肌体的毒瘤，党内政治生态展现新鲜气象、新鲜味道。新风正气来之不易，人人都喜欢新鲜空气，人人都要维护新鲜空气，我们每名党员有责任让清正的味道继续传递飘散，并不断转化成信念的味道、信仰的味道、信赖的味道。

典型案例剖析2：

【题目设置】

习近平总书记在意大利出访时，意大利众议长菲科问道："您当选中国国家主席的时候，是一种什么心情？"习近平总书记回答："我将无我，不负人民。"请你谈谈对"我将无我，不负人民"这句话的

第三章 精准营销：我是质优价廉且会保值增值的商品

认识理解。

【题眼透视】

可以从以下几个角度认识理解"我将无我，不负人民"这句话：第一，共产党人的理想信念、性质宗旨和初心使命；第二，习近平总书记的领袖风范、历史担当和为民情怀；第三，作为党员，应如何学习和践行"我将无我，不负人民"这句话。

【抛砖引玉】

习近平总书记的"我将无我，不负人民"，让9000多万共产党人感动，也让中国亿万人民感动，我们为有这样一心为民、一心为党、一心为国的领袖感到由衷的自豪。

第一，这句话体现了共产党人的坚定信仰。人民对美好生活的向往，就是我们党的奋斗目标。全心全意为人民服务是我们党的宗旨，更是我们坚定理想信念的本质要求。习近平总书记这句话，是对我们党的性质和宗旨的最生动诠释，是对马克思主义"站在人民立场"的最好诠释。

第二，这句话体现了人民至上的治国理政理念。习近平总书记始终把人民放在心上。反复强调和推动贯彻"以人民为中心的发展理念"，坚持人民至上，紧紧依靠人民，不断造福人民，牢牢根植人民。比如，这次抗击新冠肺炎疫情，以习近平同志为核心的党中央，坚持人民至上、生命至上，为保护人民生命安全和身体健康不惜一切代价。

第三，这句话体现了造福人民的历史担当。习近平总书记把追求国家富强、追求人民幸福、追求实现中华民族伟大复兴的中国梦，作为自己毕生追求和夙愿，团结带领我们党、带领祖国人民进行建

> 设和改革，始终不渝地为让人民过上好日子担千钧于一身，立壮志奔复兴。
>
> 第四，这句话体现了根植人民的伟大情怀。习近平总书记来自人民、根植人民、服务人民，始终坚持从群众中来、到群众中去，始终把人民群众的安危冷暖放在心上，始终保持同人民群众的血肉联系，始终同人民群众心心相印，披肝沥胆，兢兢业业，夙夜在公，与人民同甘共苦，与人民共同奋斗。
>
> 每名共产党人都要学习领袖的坚定信仰、伟大胸怀、崇高品格和历史担当，自觉树牢理想信念，补足精神之"钙"，不断学习实践，提高为人民服务的本领；努力拼搏奋斗，在实现中华民族伟大复兴的征程上奉献自己的力量。

思考题：

1. 党章规定，我们党没有自己特殊的利益，党在任何时候都要把群众利益放在第一位。请谈谈你的认识理解。

2. 习近平总书记在北京大学考察时，勉励青年学生"人生的扣子从一开始就要扣好"。请谈谈你对这句话的认识理解。

3. 请谈谈你对"伟大出自平凡，平凡造就伟大"这句话的认识理解。

第四节　责任担当

责任担当，是身处社会的个体成员必须履行的义务和需要完成的任务，有社会就有责任担当，它伴随着人类社会的出现而出现，带有一定强制性。是否有责任、有担当，是衡量一个人精神素质、道德修养和能力水平的重要指标。在社会的舞台上，每种角色往往意味着一种责任和担当。当我们承担一项责任、担负一项任务的时候，要付出一定的代价，但也意味着获得回报的权利。

第一，责任担当是立身之本。一个人想要生存、进步和发展，必须要有责任担当、干好分内事，这是由人的社会属性和社会关系决定的，这也是由责权利的统一性决定的。有责任担当、履行义务的人，才能享受到相应的权利，才能得到发展进步的机会和平台。这也是由人本身的需求决定的。有责任有担当，才能为满足个人的生理需求、安全需求、社交需求、尊重需求和自我实现需求提供条件。

第二，责任担当是成长之道。责任担当是实现人的全面发展的必由之路。现实生活中，每承担一份责任，不仅意味着可以获得一份报酬、得到一份保障，而且能得到一次锻炼、获得一次机会。同时，责任担当出勇气，出智慧，出力量。责任心强，担当任事，再大的困难也可以克服；责任心差，不愿担当，很小的障碍可能成为大阻力，很小的问题可能酿成大祸。

有了责任心，再危险的工作也能减少风险；没有责任心，再安全的岗位也会出现险情。理想、信念、道德、纪律等，都与责任相联结，都通过履行责任来体现、来升华。每个人只有在全面履行责任中，才能使自己的潜在能力得到充分挖掘和发挥，每个人只有在推动社会和组织的进步中，才能实现个人的丰富和完美。

第三，责任担当是快乐之源。一个热爱生活、热爱事业、热爱家庭的人，一定是一个有责任有担当的人。我们能从责任担当中找到探索未知的乐趣、奋斗向上的乐趣、突破创造的乐趣。如果我们缺乏责任感，不想担当，不愿任事，就会空虚寂寞，就会无所事事，也得不到社会和他人的尊重，得不到组织的认可，不仅不会快乐，而且会一事无成。从另一个角度看，每个有责任心的人都会干一行爱一行、爱一行钻一行，培养自己对工作的兴趣，并从中获得幸福感。

第四，责任担当是克己之法。责任担当是一种客观需要，也是一种主观追求。这是自律，也是他律。所有追求文明和进步的人，总是基于自己的良知、信念、觉悟，自觉自愿地履行责任，为国家、为社会、为他人作出自己的贡献。无论是道德责任，还是法定责任，都不以个人意志为转移。不履行道德责任，会受到道德的谴责和良心的拷问；不履行法定责任，会受到法律的追究和制度的惩处。责任是道德建设的基本元素。官德、师德、医德、商德、艺德，社会公德、职业道德、家庭美德和个人品德，都是以责任为基础。有责任感的人，受人尊敬，招人喜爱，让人放心。

面试中，求职者有没有责任担当精神、具不具备责任担当的能力素质和发展潜力，是一项重要考察内容。可以从自我评估题、人际关系题、情境处理题以及专业领域题等多个维度进行考察。求职者应准确理解责任担当的基本内涵，把握其中蕴含的坚定信念、拼搏奋斗、勤学苦练、坚韧不拔、牺牲奉献、克己修身等内在要求。

第三章 精准营销：我是质优价廉且会保值增值的商品

📋 典型案例剖析1：

【题目设置】

人们通常根据权力的大小、可支配资源的多少，将工作分为"冷板凳"岗位和"热板凳"岗位。对"热板凳"岗位人们趋之若鹜，"冷板凳"岗位往往备受冷落。对此你怎么看？假如把你安排到"冷板凳"岗位，你会怎么办？

【题眼透视】

无论是"冷板凳"岗位还是"热板凳"岗位，都要有人干，都体现着一份责任和一份担当。对比来看，"两个板凳"的机会有多有少，责任有大有小，需要具体的能力也有强有弱。

板凳无冷暖，态度定凉热。对于多数求职者来说，都希望有一个"热板凳"，这无可厚非，但大多数"热板凳"上的人也都是从"冷板凳"上一步步干起的。

这实际上是一道考察责任担当的题目，也是一道考察如何面对职业挫折和冷遇的题目。

【抛砖引玉】

老一辈讲，我是革命一块砖，哪里需要哪里搬。我想，我会服从组织安排，调整好心态，不讲价钱，不讲条件，全力投入到新岗位的工作当中。

一是利用机会搞好职业规划。成功总是给有准备的人。如果坐上"冷板凳"就一蹶不振、心灰意冷，"破罐子破摔"，即使有了"热板凳"，也是坐不上去的。所以，不管到什么岗位，我一定会搞好职业生涯规划，同时锤炼自己的职业韧性和职业精神，遇热则"趁热打铁"，遇

冷则"加钢淬火"。从另一个角度看，遇热也要"浇盆冷水"，遇冷无非"加点柴火"，只要有规划、有目标，相信就不会惧怕一时的冷热。

二是注重挖掘冷板凳的资源。坐上"冷板凳"，各种所谓的"资源"可能少了，但学习资源、时间资源、专业资源却不一定少。国防大学名师金一南教授在图书馆工作11年，坐足了"冷板凳"，但他利用图书馆的资源一直坚持学习思考，最后成为全国全军的知名专家学者。我觉得，要想成就事业成就大事，就要有"板凳甘坐十年冷"的坚守精神。

三是让自己成为板凳的"热标签"。古人讲，三百六十行，行行出状元。冷和热是可以相互转化的。我觉得，有能力有魄力、意志坚定、善于学习思考、肯于吃苦拼搏的人，不管在什么岗位、不管给什么条件，都能创造出业绩甚至是创造出奇迹。所以，板凳的冷热不是决定性因素，自己有多少能量，能产生多少热量才是最为关键的。

在新岗位上，我一定会刻苦学习，努力工作，尽职尽责，争取从"冷板凳"坐上"热板凳"，或是在坚守"冷板凳"中，用自己的责任担当、用自己的汗水把"冷板凳"变成"热板凳"。

典型案例剖析2：

【题目设置】

有人说，现在的年轻人普遍怕吃苦。请谈谈你怎么看待吃苦。

【题眼透视】

这是一道关于苦累观的问题。苦累观折射的是人生观、价值观、理想信念、责任担当、工作作风等方面的情况。

求职者回答这道题目时,应结合个人实际,重点围绕什么是苦、怎么对待苦等作出阐释。

【抛砖引玉】

我觉得苦大体可以分为三种:第一种是身体之苦,苦的是身;第二种是脑力之苦,累的是脑;第三种是内心之苦,苦的是心。还有一种就是"身""脑""心"俱苦。艰难困苦,玉汝于成。不管是什么苦,都应把它当成一种财富,当成进身之阶、成功之基,都要拥抱苦难、战胜苦难,成就于苦难。

一是有苦不怕苦。我觉得苦是躲不开的,吃不了这种苦,肯定就会吃别的苦。正如现在家长中流行的一种说法:现在吃不了学习的苦,将来就要吃生活的苦。正所谓,辛辛苦苦,舒舒服服过日子;舒舒服服,辛辛苦苦过日子。苦和甜是相互转化的,没有苦就感受不到真正的甜。只有不畏苦、战胜苦,才能苦尽甘来。

二是吃苦不叫苦。把苦挂在嘴边上,就会越嚼越苦。甚至把吃苦当炫耀的资本、作为讨价还价的条件,苦就变了味、变了质。不停地喊苦喊累,经常吃下并咀嚼这种变质的苦,长此以往,不但污染自己的情绪,扩大负面效应,而且不苦也变成了苦,不累也会觉得累,就会被苦所困、被苦所赘,人生也必然困顿迷茫、一事无成。

三是苦中见精神。不同时代"吃苦"有着不同含义,但吃苦精神永不过时。包括艰苦奋斗精神、艰苦朴素精神、埋头苦干精神、吃苦耐劳精神、同甘共苦精神、苦难辉煌精神、以苦为乐精神等。有了这些精神,一定会战无不胜、攻无不克。要培树起这些精神,需要长期地坚守、不断地付出,才能千锤百炼、锻造成钢。

四是苦中有作为。古人讲,天将降大任于斯人也,必先苦其心

志，劳其筋骨，饿其体肤，空乏其身，行拂乱其所为，所以动心忍性，增益其所不能。艰难困苦是磨炼我们的平台，既带来不同的挑战，也蕴藏着无限的机遇。我们一定要好好利用，从中汲取养分，自觉加钢淬火、磨炼意志，就一定能够战胜苦难、取得辉煌。

总之，吃苦是一种理想信念、一种责任担当、一种生活态度，更是一种精神境界，应该坦然面对，热情拥抱，积极践行正确的苦累观，有苦不怕苦，吃苦不叫苦，苦中见精神，苦中有作为。

思考题：

1. 你如何理解看待"工匠精神"？

2. 2020年五四青年节，习近平总书记寄语广大青年，指出"青春由磨砺而出彩，人生因奋斗而升华"。你怎么理解这句话？

3. 有人说"做大事者不拘小节"，也有人说"做大事者一定要注重小节"。请结合实际，谈谈你的看法。

4. 请谈谈你对职业道德的认识理解。

5. 习近平总书记讲述自己当年在延安梁家河插队的经历时，说要过"五关"：跳蚤关、饮食关、生活关、劳动关、思想关。请谈谈你的看法。

第五节 团结协作

当今时代社会分工越来越细,各个领域的分工合作越来越倾向于模块配置、体系集成,一旦某个关键岗位出现缺失或者存在短板,将直接影响整个系统的效能,甚至导致整个链条断裂、系统瘫痪。因此,无论是哪个领域、哪个团队,都越来越注重成员的团结协作精神。从另一个角度说,一个人的力量是有限的,要想完成一件伟大事业,抑或是一项重大任务,必须学会与人相处、团结协作。团结协作才能实现共赢,更快更好地达成目标。从个人来讲,团结协作的核心就是人际关系的处理和建立。

招聘单位普遍把人际关系作为面试考察的重点,而且出现的频率很高,基本上都会包含此项内容。从个人角度看,建立和谐的人际关系应重点把握以下几点。

一是与人为善。俗话说,与人为善,于己为善;与人有路,于己有退。与人为善就是善待他人,善待他人对自己就是为善,给别人留条路,也相当于给自己留了条退路。与人为善就要多看别人长处,不能以己之长度他人之短;与人为善就要懂得包容,他人有过不究,于人有恩莫念,爱人先爱己,责人先责己;与人为善就要尊重他人,养成谦逊、宽容、赞赏、善良、友爱的良好性格和习惯。

二是与人为伴。无论是学习、工作和生活,有很多事情我们是无法

 决胜面试

独立完成的,这时候就需要很多伙伴。一个不懂得寻求帮助的人是无法成功的,一个不懂得帮助别人的人也是无法成功的。因为你不帮助别人,别人也不会帮助你。正所谓,独行快,众行远。只有把自己的理想目标融入团队、融入组织,我们才能行稳致远、互惠共赢。

三是与人为学。三人行,必有我师焉。每一个人身上都有优点和长处。职场上,无论是领导、同事、下属或是我们的客户、服务对象,身上都有各自的优点,都有两把刷子,都有值得我们学习的地方。我们应该处处留心,认真学习,虚心请教。

四是与人为鉴。别人给我们带来的不舒服、不和谐、不顺畅,不应该成为我们"以其人之道还治其人之身"的借口,不应该成为我们"他能这样,我为什么不能"的理由,而是应该从中反思、吸取教训,不再出现相同的问题。面对别人的苛责、挑衅、冲撞、诘难等,应该学会控制情绪,而不是"睚眦必报""以牙还牙"。一个真正强大的人,是能够把敌人变成朋友的人。

在世界500强企业的文化理念中,基本上都包含"团结和谐"的内容。比如,中国人寿保险集团提出的"成己为人,成人达己"的"双成"理念,值得我们在处理各种人际关系中领会和体悟。

中国人寿保险公司秉持倡导"求真务实、规范严谨、令行禁止、艰苦奋斗、创新争先"的工作作风,积极推进"外树形象、内树精神"的文化建设工程,全面塑造"厚重诚信、自强致远"的企业品格。要求员工在工作中牢记"双成"理念,不断与时俱进。"双成"理念的基本内涵如下。

1."双成"是一个动态标准。"双成"理念是中国人寿处理企业

内外事务的根本标准。"成"是一个动态的标准。随着形势的发展变化、知识的不断更新、寿险要求的日益多样化，中国人寿"成"的标准将不断提高。不管是"成人"还是"成己"，都不可能一劳永逸，必须与时俱进。

2."双成"是一种发展境界。"双成"是中国人寿追求的最高境界。它强调突破一己限制，把发展和提高自己作为帮助他人的前提条件，通过成就他人来发展自己的事业。

3."双成"是一个努力方向。"双成"理念强调既成就他人也成就自己，二者相辅相成，这是中国人寿努力的方向，是全体员工奋斗的目标。依据"双成"理念，中国人寿在处理社会与企业、企业与个人、企业与客户、他人与自己等关系时，决不能只单独强调一方，双方的利益必须得到保证。

4."双成"是一种道德规范。"双成"理念源自中国传统的儒家道德观，源自孔子的"仁"学。孔子"仁"学的精髓就是"爱人"之道。中国人寿以"双成"理念作为企业发展的根本原则，即是取其"爱人"之意。

5."双成"理念提倡一种相互依存、共生共荣的新的竞争精神，深刻反映了未来全球经济文化发展的潮流与趋势，符合知识经济和全球经济一体化时代对企业的要求。

6."双成"是一系列关系的整合。"双成"理念集中反映了以下四种基本关系：企业与客户的关系、企业与社会的关系、企业与竞争对手的关系、企业与内部成员的关系。

职场中,人际关系的处理,主要是四个方面,面试题目一般也围绕这四个方面展开:一是竞争与合作的关系如何对待;二是个人与团队的关系如何把握;三是内部与外部的关系如何协调;四是主管与副职的关系如何摆布。这几对人际关系,各有各的处理方式方法,也应具体问题具体分析,但总体应把握以下原则。

一是坚持工作为本。特别是在处理一些会影响到工作的人际关系时,以做好工作、完成任务为前提,决不能因噎废食、主次不分,为了搞好关系把工作放在了一边,为了处理关系耽误了任务的完成。

二是站在团队立场。有集体意识、大局观念、组织观念,注重维护领导权威,维护集体利益。

三是用好沟通法宝。主动沟通、逐级沟通、按程序沟通,也就是注意沟通的态度、程序、渠道和方法。主动担当责任,不越级越位,不制造矛盾。同时,沟通一定要及时,不让误会升级,不让嫌隙扩大。

四是打好互助基础。作为下属,一定要当好参谋助手;作为上级,要指引帮带扶持下属,营造和谐氛围;作为同事,要相互帮助,相互提醒,相互尊重;作为老同志,要提携新同志、支持新同志;作为新同志,要尊重老同志,向老同志学习。

五是保持阳光心态。不管什么情况、什么时机、什么矛盾,相信别人都能与己为善,不能疑邻偷斧、预设"阴暗面"、讲究"厚黑学",不能总把别人往坏处想。处理和沟通中要真诚、诚恳,发自内心地替别人着想,替集体着想,用阳光照亮自己的同时,也把阳光引向别人。

无论是生活中还是面试中,如果把握了以上原则,就一定能够处理好各种人际关系,回答好这道人生必答题。

第三章 精准营销：我是质优价廉且会保值增值的商品

典型案例剖析 1：

【题目设置】

小宋负责起草一份文件材料初稿，由你复审，你发现有两处明显且严重的错误，跟他说之后，小宋很不高兴，大声说："不是还有你吗？"你会怎么办？请现场模拟。

【题眼透视】

这是一道人际关系处理题，也是在实际工作中可能会遇到的问题。出现这一问题可能会有三个方面原因：第一，你和小宋以前的矛盾和误会没有及时化解，导致矛盾升级；第二，你的工作没有做到位，小宋不是很满意，造成情绪宣泄；第三，小宋情绪上或是性格上的原因。

按照处理职场关系的五条原则，回答此题目应该把握的是：第一，以工作为主；第二，发现问题，及时沟通、主动沟通；第三，阳光心态，反思自己的不足，相互提醒，相互帮扶。

【抛砖引玉】

小宋，你这几天加班加点拿初稿很辛苦，我都看在眼里。我也认真进行了学习，出现错误也是瑕不掩瑜。之所以会有一些问题，可能是时间太紧没来得及看，也有可能是一时疏忽。挑出材料中的毛病，不是故意跟你过不去。

第一，这是对我自己负责。我负责对文稿进行复审，发现问题不管，或是不认真看，这是我的失职。

第二，这是对你负责。你辛辛苦苦、加班加点起草的稿子，因为一两处错误就功败垂成，甚至造成工作上的被动，我觉得这就太

不值了，也会给你本人带来负面影响。

第三，这是对工作负责。我们的工作很重要，容不得半点差错，而且我们是一个团队，是一个链条，特别是第一手工作很关键，如果第一道工序没搞好，后面的就要费很大力气，甚至会做很多无用功。如果你依赖我，我依赖你，工作可能就会变成"三不管"，就有可能出大问题。

我可能没关注到你平常的工作，参与得不够主动到位，这方面我会注意。如果你有什么心事，或是对我有什么意见，咱们抽空再好好聊一聊。不管是什么情况，我们先把工作干好，先把错误改过来，其他的问题再慢慢沟通解决，你看行吗？

典型案例剖析2：

【题目设置】

"两个不同的音符组合在一起，可以创造和谐美妙的音乐。"谈谈你对这句话的理解。

【题眼透视】

音乐的音符虽然只有7个，却能组合变化成无数美妙的乐章；无数美妙的乐章，构成人类的通用语言和共有文化。虽然各国语言不同，却都能懂得音乐的旋律、共同享受音乐的美妙。

这道题目可以从团结协作的角度切入回答。不同音符可以创造和谐的音乐，不同类型、不同专业、不同性格的人才，可以在一起形成过硬团队，战胜各种困难，取得各种业绩。其核心是相互补充，相互磨合，相互融合，相互促进。

第三章 精准营销：我是质优价廉且会保值增值的商品

【抛砖引玉】

古人讲，声不过五，五声之变，不可胜听也；色不过五，五色之变，不可胜观也；味不过五，五味之变，不可胜尝也。音符不过五个，但由这五个音符组成的音乐，却有千千万万，听不胜听；基本的颜色不过五种，但由这五种基本的颜色混合调配，却可以产生千千万万种不同的色彩，看不胜看；基本的味道不过五种，但由这五种味道烹制出的美味佳肴却数不胜数，品尝不过来。

还有一句话：和羹之美，在于合异。苦、辣、酸、甜、咸五味各异，各种食材林林总总，五味调和，共存相生，方才百味纷呈。世间万物各自不同，众生百态，五彩纷呈，方才组合成了这一人间盛世。

这些箴言既体现了变化的无穷，也体现了和谐的精妙。

我觉得，这句话中蕴含着"如何团结协作"的道理和深意，可以从以下几个方面理解。

第一，在个性中求共性。古人讲，君子和而不同，小人同而不和。天下没有相同的两片树叶，也没有相同的两个人。在任何一个单位、任何一个团队中，每名成员的专业优长、性格特点、能力素质和工作方法都不尽相同，融合在一起靠的是共同的理想目标、共同的事业追求、共同的文化底蕴和共同的行为准则。所以，一个团队要奏出和谐的乐曲，就要包容个性、融合个性、发展个性，同时也规范个性。

第二，在互补中求和谐。团队的互补主要体现在三个方面：一是结构性互补，成员的年龄、性格、专业等形成合理搭配。二是功能性互补，每个人适合干什么、不适合干什么，要像音符一样各就其位、各司其职，才不至于跑音走调。三是激励性互补。就是加强绩效管理和激励，让优秀的优先、吃苦的吃香、实干的实惠、有为者有位，这样才能形成和谐的乐章。

第三，在协作中求共赢。要像五声、五色、五味一样，不同的组合能形成不同的美声、美色、美味。团队中的每个人都主动担当、相互支持、相互配合，就能产生"1+1＞2"的效果，形成群体效应、集聚效应和共生效应，不仅团队能得到整体发展，而且团队中的每个人都会有更大进步、更多收获。

思考题：

1. 习近平总书记在针对大学生求职问题的寄语中指出："做实际工作情商很重要。"你怎么认识理解工作中的高情商？

2. 处长在参加培训前交给你一项任务，你快要完成的时候被副局长叫停了，并严厉地批评了你，说你没按要求开展工作。你会怎么办？

3. 你安排小张和小李共同完成一项任务，但工作开展到一半的时候，两人产生较大意见分歧和矛盾，小张两次向你汇报，表达不想再和小李合作。作为主管，你会怎么办？

4. 你受到上级领导的夸奖，但你的直接领导为此不高兴，你会怎么办？

5. 你和领导一起工作，你做了大量工作，也作出了很大贡献，但领导说是他的功劳，你会怎么办？

第六节 克己修身

克己修身是指一个人培养节制、管控、约束自己的能力,是指对个人内心深处比较隐蔽的思想意识进行自律的一种修养方式,防止错误思想及私欲邪念的产生,需要时时保持正念,对自觉性、自律性要求较高。

古人讲:"格物,致知,诚意,正心,修身,齐家,治国,平天下。"格物,即亲历其事,亲操其物,即物穷理,增长见识;致知,从推理事物中,探明基本原理;诚意,就是要意念诚实,专心致志;正心,去除心思杂念,不为物欲所蔽,保持心灵的安静;修身,不断提高自己的品行修养;齐家,经营管理好自己的家庭;治国,为政以德,实行德治,布仁政于国中;平天下,布仁政于天下,使天下太平。

这句话从一个人内在的德智修养,到外在的事业所成,构成前后贯通、不断延伸展开的过程。"知止而后有定,定而后能静,静而后能安,安而后能虑,虑而后能得。物有本末,事有终始。知所先后,则近道矣。古之欲明明德于天下者,先治其国;欲治其国者,先齐其家;欲齐其家者,先修其身;欲修其身者,先正其心;欲正其心者,先诚其意;欲诚其意者,先致其知;致知在格物。物格而后知至,知至而后意诚,意诚而后心正,心正而后身修,身修而后家齐,家齐而后国治,国治而后天下平。"以修身为本,格物、致知、诚意、正心、修身,即其内在的德智修养。只有有

决胜面试

了这些做基础,才能齐家、治国、平天下。也就是说,要有一个良好的人生观世界观,树立正确的、远大的理想,培树高尚的品行。最简单地理解,就是先做人再做事。

说起古人,注重克己修身比较有名的就是清朝的曾国藩,他给自己制订了严格的修身计划,并被后人总结归纳为"曾国藩克己修身十二法",至今值得我们参悟借鉴。

曾国藩克己修身十二法

1. 主敬:整齐严肃,无时不惧。无事时心在腔子里,应事时专一不杂。清明在躬,如日之升。

释义:衣冠外貌保持整齐,心思神情端正严肃,时时刻刻都要警惕、检查自己是否出现了闲杂或不良的念头。平日闲居无事时,保持宁静安泰,不想身体以外的事情,一旦投入工作中,就做到专心致志,不存杂念。保持清澈明朗的精神状态,才能保持旺盛的生机,就像早晨的太阳一样。

2. 静坐:每日不拘何时,静坐四刻,体念来复之仁心,正位凝命,如鼎之镇。

释义:每天不限任何时间,静坐一小时,体验圣人所教诲的仁心,使思虑不出本位,以使性命凝结,就像宝鼎一样镇定而不可动摇。

3. 早起:黎明即起,醒后勿粘恋。

释义:天色刚亮就赶紧起身,醒了以后一定不留恋安逸甚至淫邪的念头。

4. 读书不二:一书未完,不看他书。东翻西阅,徒务外为人,每日以十页为率。

释义：一本书还没有读完，不去看其他的书籍。东翻西阅地随意读书，对道德学问没有一点益处，不要为了别人的（赞赏）而读书。每天读书以圈点十页为标准。

5. 读史：丙申年购《二十三史》。嗣后每日圈点十页，间断不孝。

释义：我在丙申年购置了一套《二十三史》，从此以后，我每天都仔细读上十页。

6. 谨言：刻刻留心，第一功夫。

释义：不随便说话，对此要时时刻刻细心留意，这是为人处世的第一等功夫。

7. 养气：气藏丹田，无不可对人言之事。

释义：能够做到内外统一、光明正大之行，没有奸诈计谋、行险侥幸之念，任何所做所想都能够说得出口，只有这样，才能将气存蓄于丹田之中。

8. 保身：节劳，节欲，节饮食，时时当作养病。

释义：节制操劳，节制欲望，节制饮食，时时刻刻都像养病时一样地保养自己的身体。

9. 日知所亡：每日记茶余偶谈一则，分德行门、学问门、经济门、艺术门。写日记，须端楷，凡日间过恶（身过、心过、口过），皆须一一记出。

释义：每天知道一些过去所不知道的知识，每月不忘记（那些）已经掌握的东西。每天都获得自己缺乏的知识。每天写《茶余偶谈》一篇。分为德行、学问、经营管理、艺术四个门类。写日记必须用正楷，凡是一天自己的过错，不论行为错、思想错、言语错，都要

记录下来。

10. 月无亡所能：每月做诗文数首，以验积理之多寡，养气之盛否。不可一味耽著，最易溺心丧志。

释义：每个月必须做诗歌或短文数首，用来检验所学理论是多还是少，所培之气是否充盛，却不可以一味地沉溺其中，这样最容易使自己的远大志向丧失殆尽。

11. 做字：早饭后做字半时。凡笔墨应酬，当作自己课程。凡事不待明日，愈积愈难清。

释义：早饭后必须练习书法一小时。而且，所有文字方面的应酬，都可以作为练习书法的机会。凡是今天的事情，一定不许留待明天去做，事情越积越多，就会越难以清理。

12. 夜不出门：旷功疲神，切戒切戒。

释义：出门应酬玩乐，会使人荒废修养功夫，会使精气耗损、神情疲惫。所以，这种不良习气必须彻底戒除！

作为一名党员，克己修身的基本要求和重要途径就是加强党性修养。党性修养也称党性锻炼，是党员的自我教育、自我改造、自我完善，是对共产党的本质属性的内化，是党员在改造客观世界中自觉运用党性原则规范自己的行为，克服和抵制各种错误思想，不断改造主观世界，不断开创实践和认识新境界的过程，是党员自强和自律的统一。

党性修养包括马克思主义的理论修养、政治修养、思想道德修养、业务修养等。实践表明，共产党员的党性不可能自发地凭空产生，只有通过刻苦学习，认真改造世界观，才能逐步树立起来。

我们党是执政党，共产党员理应成为全社会的表率，这就要求共产党员加强党性修养、提高党性水平。党员加强党性修养，最根本的是自觉实践全心全意为人民服务的宗旨，把为人民服务内化为自己的灵魂，作为自己一切行动的出发点和归宿。

自重、自省、自警、自励是进行党性修养、提高自我素质的有效方法。党性修养的效果主要取决于党员自觉性和自律性的高低。党章明确，各级领导干部必须"正确行使人民赋予的权力，依法办事，清正廉洁，勤政为民，以身作则，艰苦朴素，密切联系群众，坚持党的群众路线，自觉地接受党和群众的批评和监督，做到自重、自省、自警、自励，反对官僚主义，反对任何滥用职权、谋求私利的不正之风"。每名党员都应当把"四自"作为自己的座右铭，随时提醒自己，鞭策自己。

自重，是我们人生的重要准则。人贵自重。山自重，不失之威峻；海自重，不失之雄浑；人自重，不失之尊严。自重就是尊重自己的人格，珍惜自己的名誉，使自己的言行与共产党员、领导干部的身份相符合，不做违背党和人民利益、背离党的方针政策、违背党纪国法及共产党人思想道德的事，不做有损于党员形象的事。

自省，就是自己反省、检查自己，看自己有没有与党的宗旨、纪律以及党对党员和干部的要求不相符合的言行，就是进行严格的自我批评、自我剖析，找出自己的缺点、错误和不足，采取措施，克服缺点，纠正错误，弥补不足，向更高的目标努力。

自警，就是对自己的思想和言行要有高度的警觉，对可能出现的错误防微杜渐，防患于未然。自己给自己敲警钟，时刻提醒自己不要违背党的政治原则、党纪国法和思想道德。

自励，就是自己鼓励、激励自己前进，做到自强不息，奋发向上。当工作顺利时，激励自己不满足于现状，不甘于平庸，不甘居中游，要更上一层楼，为人民做一流的工作，创一流的业绩。在遇到困难时，勉励

自己不退缩,不泄气,开拓进取,迎难而上。在自励中培养自己坚韧不拔、自强不息、积极进取、百折不挠的品格。

典型案例剖析1:

【题目设置】

习近平总书记指出:"领导干部特别是高级领导干部必须加强自律,慎独慎微,经常对照党章检查自己的言行,加强党性修养,陶冶道德情操,永葆共产党员的政治本色。"请你结合实际,谈谈对"自律"的认识理解。

【题眼透视】

现在很多人都在谈自律,自律是指在独处无人监督之时,更加谨慎从事,自觉遵守各种法律法规和道德规范,以及严格执行各种规划计划和任务目标等。

不同的自律的要素和内容不同,自律的方式方法不同,但是不管怎么样,自律意识建立形成的规律和路径是相同的。

【抛砖引玉】

现在很多人都谈自律,人们也越来越注重自律。自律成了我们生活当中的热词。简单地说,自律就是要自己约束自己,自己管理自己。如何做到这一点,我想用三句话来回答。

第一句话,不在河边走就不会湿鞋。自律不能有侥幸心理。很多违规违纪都是从侥幸开始的:有的充当"画皮",当面一套,背后一套;有的掩耳盗铃,认为别人不知道,自欺欺人;有的投机钻营,像赌徒一样喜欢"押一把"。殊不知,违规破纪就好比吸食毒品,吸一次就想第二次，最后无法自拔。所以，做到自律首先就要远离可能犯错误的地方。就像减肥的自律一样，想少吃点，最好的办法就是把家里的零食打扫干净。

第二句话，从一点一滴做起。从善如登，从恶如崩。千里之堤，溃于蚁穴。自律要从小事做起，勿以善小而不为，勿以恶小而为之。网上有一句话很有道理：间歇性坚持，持续性麻痹，没走心的自律，其实都是在给自己演戏。自律的前期是兴奋的，中期是痛苦的，后期是享受的，当自律成为一种习惯和性格后，放纵和恶念自然会消失不见。所有自律路上偷过的懒，都会变成成功路上的坑。曾子说，"吾日三省吾身"；孔子说，"七十而从心所欲，不逾矩"。可见，自律是一个终身课题，需要时时坚持，长期坚守，达到一定境界才能"从心所欲，不逾矩"。

第三句话，要想去除草地上的杂草，最好的办法是在上面种上庄稼。强身健体最好的办法不是打针吃药，而是科学锻炼；纯粹党性、修炼品性最好的办法也不是每天反思检讨，而是尽好每一分责任和义务。习近平总书记在《从政杂谈》一书中指出，共产党人的修养不是靠面壁坐禅获得，而是靠实践的积累、升华；共产党人的成功不是靠神仙上帝赐予，而是实践的必然结果。因此，加强自律要坚持"抑恶扬善"，也就是既要防止违规逾矩，也要培树正确的人生观价值观，始终保持阳光心态，用真、善、美来填充自己，相信假、恶、丑就没有生存的空间。

典型案例剖析2：

【题目设置】

习近平总书记反复强调，党员干部要严守党的纪律和规矩。请结合实际，谈谈你的理解认识。

【题眼透视】

古人说："欲知平直，则必准绳；欲知方圆，则必规矩。"小治治事，中治治人，大治治法。治理一个国家、一个社会、一个政党，关键是要立规矩、讲规矩、守规矩。法律是最大最重要的规矩。规矩还包括一些优良传统、工作惯例、行为规范和日常规则。

党员干部，严守党的纪律和规矩是底线要求，就是要自觉学习纪律规矩，敬畏纪律规矩，用好纪律规矩，守住纪律规矩。守好纪律规矩是我们每个人的终身课题。求职者要了解守好纪律规矩的内涵和外延，结合个人感悟体会进行应答。

【抛砖引玉】

纪律严明是我们党的优良传统和独特政治优势，是全面从严治党的必然要求，也是每名党员的行为底线。我觉得，守好纪律规矩，可以从以下几个方面理解和把握。

第一，纪律规矩是个圆，自由在里面。一些人说，纪律规矩太多了，弄得一点自由没有。这种观点是错误的。纪律和规矩是有社会属性和组织属性的，它的一项功能就是调节组织关系、规范组织秩序，让大家最大限度地获得自由。一个守纪律、讲规矩的人不用提心吊胆、劳心费神，总能按章行事、顺势而为，可以大道而行、越走越宽，就会越来越自由；反之，就会做贼心虚、处处碰壁、事事被约束，就会越来越不自由。越守纪律这个圆就越大，就越自由、越受益。

第二，纪律规矩是味药，甜头在后面。趋利避害是人的本能。如何约束自己，防患于未然，就是要把纪律和规矩的利剑悬起来，持之以恒地自重、自省、自警、自励，打好预防针，练好筋骨，才能百毒不侵，人生才会幸福甘甜。要把自律和他律结合起来，让别人多提醒、多开药方。虽然用药时会有些苦的味道，但病除的时候就舒服了，否则就会得大病，需要动大手术、吃大苦头。

第三，纪律规矩是条路，方向在前面。不管是大路、小路还是土路、柏油路，纪律规矩就是方向标、警示牌，指引我们朝着正确的目标、正确的方向前进，帮助我们到达最终的目的地。没有纪律规矩的路，都是歪路、邪路，甚至是反路，轻则让我们无功而返，重则让我们一失足成千古恨。守好纪律规矩，堂堂正正做人，老老实实做事，才是人生正途。

第四，纪律规矩是棵树，支撑在下面。严守纪律规矩是一个人人生观、世界观和价值观，以及道德修养的外在体现。只有树立正确的思想观念、价值取向、行为方式和人品官德，守好纪律规矩才有基础、有支撑。严守纪律规矩不仅要在学规矩、守规矩上下功夫，还要在培树理想信念、加强党性锤炼、立起责任担当等方面下功夫，切实打牢遵规守纪的基础。

 决胜面试

典型案例剖析3：

【题目设置】

党的十八大后查处的一系列腐败案件中，暴露出一些违法违纪领导干部是典型的"两面人"本性：往往当面一套背后一套，台上一套台下一套，嘴里说一套实际干一套。请你围绕严守纪律规矩，谈一谈如何克服"两面人"现象。

【题眼透视】

两面人，是职场上、官场上和生活中的伪装者，指那些两副面孔示人、为人处世"两张皮"的人，对党和国家的危害很大。

"两面人"喜欢表演作秀，表里不一，欺上瞒下。一些政治上的"两面人"危害性更大，他们嘴上拥护中央政策，暗地里尸位素餐、敷衍了事，有的甚至公开对抗，最后中央的好政策落不了地，群众得不到实惠，极大影响了党和政府的形象。推进全面从严治党，保持党的先进性和纯洁性，必须坚决反对做"两面人"、当"两面派"。

这类题目在组织宣传、纪检监察等机关部门面试中经常出现，求职者应针对性地做好准备。

【抛砖引玉】

我觉得"两面人"，在自欺欺人和欺骗别人中迷失自我、丧失党性、祸国殃民，很可怕，很可悲，很可恨，也很可怜。"两面人"，其实质是政治投机者、行动两面派、道德伪君子，根源在于世界观、人生观、价值观的扭曲。

我觉得守好纪律规矩，是防止成为"两面人"最重要的关口。

> 第三章 精准营销：我是质优价廉且会保值增值的商品

第一，不管外面、里面，在党的面前只有一面。"两面人"掩耳盗铃、自欺欺人、腐化堕落，都是从说谎话开始的。证明一个谎言需要一百个谎言。有人曾问彭德怀，什么是忠诚。彭德怀回答，讲真话。防止做"两面人"，讲忠诚是第一位的，讲忠诚最主要的就是敢于讲真话、坚持讲真话，做到表里如一、心口如一。

第二，不管高级、低级，在纪律面前都是平级。有些领导干部之所以一步一步成为"两面人"，就是没有认清自己，片面强调特殊、强调特权，把个人凌驾于纪律之上、规矩之上，往往规定不学习、教育不参加、监督不接受。纪律和规矩面前，人人平等。防止成为"两面人"既要严格自律，从一点一滴做起，要求别人做到的自己首先做到，也要自觉接受群众监督，用好批评与自我批评的武器，虚心听取意见建议，小病早治，防微杜渐。

第三，不管大路、小路，在利益面前要走正路。走正路就是走守纪律、讲规矩的路。领导干部之所以成为"两面人"，一个重要原因是在利益面前忘了党性、丢掉了规矩。守纪律、讲规矩，要求无论在多大诱惑面前，都要保持警醒和定力，坚决不走投机钻营的歪路、抑善扬恶的邪路、是非不明的暗路、南辕北辙的反路，一定要走光明正大的路、规规矩矩的路。

? 思考题：

1. 作为一名党员干部，请你谈谈应该如何加强党性修养。
2. 请你谈谈自律与他律之间的关系。

第四章

升华经验：用好你的方法论和实践论

第四章 升华经验：用好你的方法论和实践论

【三言两语】 方法得当，事半功倍。坚持一切从实际出发，实事求是，遵循规律，注重实践，辩证地、联系地、动态地、发展地、能动地看待问题、解决矛盾，不断提升组织管理的方法层次，才能把工作和事业推向一个新高度。不是每一个人都有自己的"工作方法论"，真正的高手，都有一套"方法论"包打天下、百战百胜。无论是面试时，还是在岗位上，体系娴熟的方法论，无疑都能让求职者的经验阅历转化输出成可持续、稳定发展的外在价值。

方法是为达到某种目标而采取的途径、步骤、手段等，是人类认识和改造客观世界的明灯和路标。方法得当事半功倍，方法失当事倍功半。工作中只有掌握科学的工作方法，才能确保高效圆满完成各项任务，提升工作的境界层次和质量水平。

把一件事情从现象上升到逻辑，再上升到方法，再到一整套方法体系，这个过程，就叫"方法论"。工作方法的四个层次为现象层、逻辑层、方法层和规律层。"方法论"形成的四个步骤：第一步，洞察现象；第二步，推导逻辑，一旦掌握逻辑的力量，就会让思想和方法迸发出前进的力量；第三步，归纳方法；第四步，找出规律，把零散的方法梳理转化为一整套方法论。

方法论在职业生涯中有两大作用：第一，把专业知识专业方法转化为工作能力，简单地说，就是认知变现、方法变现，这是成为有价值员工的必经之路；第二，在职业生涯的转换期，帮助你尽早实现转型，实现个

人价值的升级,也就是我们在第二章中阐述的,提高认知的层级。

在工作方法这个问题上,一个人通常要经过两次转变:第一次转变,我们会惊喜地发现某些方法能提高效率、节省时间。这就是方法的核心要义:"偷懒"。第二次转变,刚好反过来,我们要把之前偷懒的路重新走一遍,梳理认识相关领域的基本方法和途径,认识其核心文化体系和思想,这就是方法论的含义:改造我们的思维方法和思维模式。

马克思主义方法论的基本方法主要包括分析与综合统一、演绎与归纳统一、抽象与具体统一、历史与逻辑统一等。也就是我们在第二章中提到的逻辑思维运用。

毛泽东以马克思主义哲学的方法论为指导,提出了具体革命实践的领导方法和工作方法的理论。他说:"我们共产党人无论进行何项工作,有两个方法是必须采用的,一是一般和个别相结合,二是领导和群众相结合。""从群众中集中起来又到群众中坚持下去,以形成正确的领导意见,这是基本的领导方法。在集中和坚持过程中,必须采取一般号召和个别指导相结合的方法,这是前一个方法的组成部分。"

马克思主义哲学方法论告诉我们,组织开展工作既要用好一般方法规律,也要具体问题具体分析,把共性与个性、一般与特殊、理论与实践结合起来,始终坚持实事求是这一核心思想。

无论是什么单位、什么部门,不管一个单位是大是小,组织管理都是顶层设计,是基本职能任务。主要是通过建立组织结构,规定职务或职位,明确责权关系等,以有效实现组织目标的过程。组织管理的内容有三个方面:组织设计、组织运作、组织调整。随着时代的进步,特别是"互联网+"技术的发展,党政机关、各行各业的组织管理模式不断改进,发生了很大变化。但不管怎么变,规划策划、调查研究、执行落实、总结提高等,仍是组织管理的核心工作,但这些工作的方法模式已经得到了极大改进。

组织管理是一个系统的学科领域,有着丰富的内涵和外延。只有掌握科学的方法论和实践论,才能让组织管理产生效能、提高效率,从而推动整个团队向前发展。而且这是每名求职者和在职者的必修课和必考课。我们既是被组织管理者,同时在我们负责的领域,我们又是组织管理者,显然在这一共同科目当中,谁的成绩好,靠的不仅是"笨鸟先飞"的态度和精神,还有认知和方法。

第一节 规划计划

规划计划,是围绕某一特定领域或工作,为达成某一发展愿景或目标,进行的体系化筹划设计和部署安排。规划相对计划而言,是对未来整体性、长期性、基本性问题的思考设计,更具宏观性、全局性、规范性、指引性。计划相对规划而言具有微观性、区域性、灵活性和操作性强的特点。总的来说,规划计划一般呈现出以下特点。

1.指向性。规划计划主要是根据党和国家的方针、政策和有关的法律法规,针对本系统、本部门的实际情况制订的,目的目标明确,具有特定的针对性,以及指导和规范意义。

2.前瞻性。规划计划是组织实施和具体行动之前制订的,它以实现今后的愿景目标、完成下一步工作任务为目的。

3.首位性。规划计划是开展组织管理工作的前提,计划在前,行动在后;有规划计划才能有秩序、有规范。

4.普遍性。规划计划涉及组织中每一位管理者及员工,一个组织的总目标确定后,各级管理人员为了实现组织目标,使得本层次的组织工作得以顺利进行,都需要制订更加详细的计划。

5.目的性。任何组织或者个人制定的各种目标,都是为了促使组织的总目标的实现,以及一定时期目标的实现。

6. 明确性。计划应明确表达出组织的目标和任务，明确表达出实现目标所需的资源，以及所采取的程序、方法和手段，明确表达出各级管理人员在执行过程中的权利和职责。

7. 实效性。规划计划的实效性主要是指时间性与经济性、社会性、政治性、成果性等各个方面效益的匹配和统一。

规划计划应包含四大要素。

1. 方向和目标。主要是制订规划计划的背景意图、指导思想、发展趋势、总体思路，以及长远性目标和阶段性目标等。

2. 政策与机制。主要是组织领导、组织实施、管理保障、总结评估等保障条件和制度。

3. 程序与指标。主要是时间安排、方法步骤、具体流程和相关标准要求，以及责任划分、分工安排、完成期限等。

4. 方法与手段。主要是采取的策略、对策、举措，以及运用的平台抓手、方法模式和技术手段等。

一般来说，制订规划计划应按以下步骤展开。

第一步，判断背景、界定站位。主要是研究分析某一领域或某一工作的历史脉络、当前状况、发展趋势和现实需求等，找好当前的坐标定位。

第二步，把握意图、判断目的。主要是研究分析制订规划计划的着眼点和落脚点是什么，清晰描绘出预期的愿景目标和主要任务。

第三步，确定方向、作出决策。围绕目标任务进行研究论证，重点是进行利弊分析和风险研判，确保方向正确、决策科学。

第四步，搭建方案、论证细节。按照规划计划的要素，对规划计划进行具体设计和制订。

制订规划计划应把握的基本原则如下。

第一，先谋大局后谋事。我们经常讲，策略要服从政略。规划计划，

要为战略服务、为大局服务，所以一定要把党的路线、方针、政策和决策意图搞清楚，把历史背景和现实形势搞清楚，把上级的部署安排搞清楚，再研究相关领域和任务怎么设计，确保规划计划的方向不偏移、目标不错位。

第二，先定位后定案。就是首先把规划计划的功能定位搞清楚，再研究怎么确定方案。在把握普遍功能的基础上，围绕相关领域准确界定具体功能，合理区分长远与短期、宏观与具体、指导性与操作性等要素，确保规划计划的功能定位准确。

第三，先破题后立题。解决矛盾问题始终是制订落实规划计划的着眼点和落脚点。因此，一定要坚持问题导向，准确把握相关领域面临的新形势、新任务、新矛盾、新风险，再通过目标、任务、方法、步骤的分解，画好解决问题的路线图、施工图，不能为规划而规划，就计划论计划。

第四，先设计再施工。以上方向的把握、主体的确定、问题的剖析等，都是规划设计的工作。但这也只是摸清了规划计划的参数，要想画好一张蓝图，还要经过反复论证、筛选和比较，拿出最优化的设计方案后，再进行施工。

制订规划计划更像搭建一座立交桥，需要体系设计、多元视角和立体贯通，需要考虑到方方面面的因素，而不是断言推理、性状提取、单维思考的平面式设计。一份优秀的规划计划，如果转换成几何图形的话，就应该是一份完美的图纸。工程化思路、结构化模式、路线图方法的规划计划，越来越受到各行各业的青睐。简单地说，一个好的规划计划应该是立体的，应该能从时间与空间、主体与客体、现实与目标之间，进行多角度透视、观察和验证，确保其科学性、稳妥性和适用性。可以肯定，"纸上谈兵"的规划计划，多是因困惑失察、线性假设、断言推理的平面思维引起的，都缺少体系思维和立体视觉。

经过人们的不断运用和总结，逐步形成了一套成熟的"5W+"模式。比如，"5W2H"，即对选定的项目、工序或操作，都从原因（何因 Why）、对象（何事 What）、地点（何地 Where）、时间（何时 When）、人员（何人 Who）、方法（何法 How）、方法论（何式 Know How）等七个方面提出问题进行思考。

1. 对象（What），即定事。什么事情；为什么做这个事情；有更合适的事情吗；为什么是更合适的事情。

2. 场所（Where），即定点。什么地点；为什么要在这个地点；有更合适的地点吗；为什么是更合适的地点。

3. 时间和程序（When），即定时。什么时候；为什么在这个时候；有更合适的时间吗；为什么是更合适的时间；这个时候该干什么；为什么要干这个；有没有其他要干的。

4. 人员（Who），即定人。是谁；为什么是他／她；有更合适的人吗；为什么是更合适的人。

5. 为什么（Why），即定原因。什么原因；为什么是这个原因；有更合理的原因吗；为什么是更合理的原因。

6. 方法（How），即定手段。如何去做；为什么要采用这个方法；有更合适的方法吗。

7. 方法论（Know How），即定模式。如何给方法赋能；如何提高方法效率；如何改进方法和创造新的方法；如何认识和运用方法的方法。

这几个方面比较难理解的是第七个方面方法论（Know How）。如果用前面章节中提到的习武过程来解释，相信大家就会明白：前六个方面是掌握基本招式，第七个则是如何融会贯通、创造组合，让前六招形成最大体系效应、发挥最大威力的"绝招"。在规划计划中，方法论（Know How）重点考量的是：规划计划产生的公信力、聚合力、感召力、影响力和推动力，以及存在的风险隐患、阻碍障碍、瓶颈难题等负面因素。

"5W+"分析法是一种科学的工作分析方法,常常被运用到制订规划计划和工作分析中,使工作得到有效的执行,从而提高效率。在制订规划计划当中,特别是一个相对简单的计划当中,我们可以很快套用"5W+"分析法,拿出比较全面稳妥的方案。这个方案的核心要义是发现问题、分析问题、否定问题、解决问题,实现方案整体的最优化。

作为求职者,面试中利用"5W+"分析法,可以高效地拿出一个关于规划计划题目的答案。

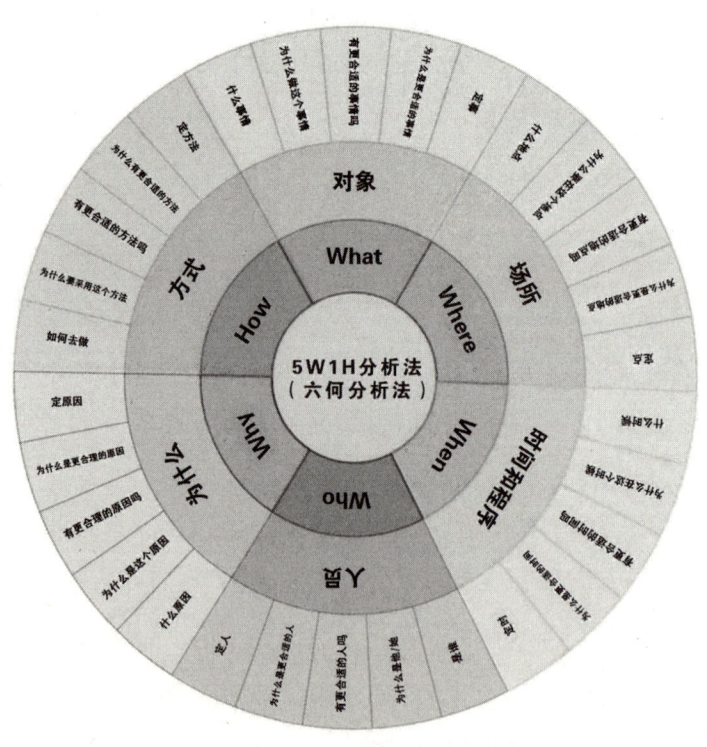

图 4-1　5W1H 分析法

第四章 升华经验:用好你的方法论和实践论

典型案例剖析:

【题目设置】

为迎接党的100岁生日,公司计划组织开展一次主题党日活动,由你负责制订计划方案。参考条件:总公司在北京,分公司在全国18个省市,计划参加人员1100多人;时间安排大概半天时间;考虑到疫情特殊时期,需要严格落实防控措施。

请谈谈你的计划方案。

【题眼透视】

按照制订规划计划的要素和步骤,这类题目首先要确定主题,也就是要达到的目的;其次,明确主要内容,也就是通过什么达到目的;最后,根据疫情防控特殊要求,通盘考虑时间安排、组织形式等。

【抛砖引玉】

开展主题党日活动,作为党的组织生活的一项重要制度,既要严肃庄重,又要内容丰富,切实让广大党员干部受教育、有启发、励斗志。我在制订计划当中,将重点把握好以下几个方面。

第一,关于活动主题。因为是迎接中国共产党建党100周年,共同缅怀党的光辉历史,我想从牢记历史和展望未来两个角度进行考虑。主题可以确定为:缅怀光辉历史,践行入党承诺,努力拼搏奋斗。主要目的是进一步强化党的意识、党员意识,进一步激励培树各级党组织的战斗堡垒作用和广大党员的先锋模范作用,进一步固牢公司改革发展的"根"和"魂"。

第二,关于活动内容。基于时间安排,可以考虑重温入党誓词、观看优秀党员典型事迹片、公司党委书记集中上党课三项内容。这样按照重温承诺、学习榜样、头脑风暴的逻辑线条，使得教育引导逐步深入，并丰富活动内容和形式。

第三，关于时间和组织形式。时间安排在7月1日的上午或下午，考虑到疫情防控要求，拟采取电视电话会议的形式组织。

第四，关于其他方面问题。主要是及时请示报告，提前下发通知，做好重温入党誓词排练等相关准备。特别是考虑到参加人员较多，针对性制定落实疫情防控相关措施，严格戴口罩、保持安全距离等要求，做好各个会场和个人消毒等工作。

对于如何搞好规划计划，还可以参考作战的流程和方法。作战是最讲究科学流程和方法的领域，也是最忌讳墨守成规、僵化教条的领域。其核心就是"算"和"变"，以"算"先胜，以"变"制胜。天下之事，大道相通。组织某项工作、完成某项任务，从某种意义上说，也是筹划实施一场战斗。具体来说，可以参考借鉴以下作战流程和步骤：1. 领会作战意图；2. 分析作战背景；3. 提出作战构想；4. 定下作战决心；5. 拟制作战方案；6. 筹划作战协同；7. 展开作战行动；8. 评估作战效果；9. 调整作战部署；10. 终止作战进程；11. 组织战场撤离；12. 开展作战总结。

面试中，除了可能会出现"制订规划计划应该注意把握哪些问题"等类似的题目外，还会让求职者制订一个规划计划方案提纲。大体类型范围有：召开会议、开展调研、参观考察、公务接待、宣传培训、应对媒体等应用性公务活动。大体则有，定势则无。只要掌握了制订规划计划的一般方法和要求，面试中体系衡量、立体思考，针对考官给出的条件灵活处置，就一定能以不变应万变，从而取得胜利。

第四章 升华经验：用好你的方法论和实践论

> ❓ **思考题：**

1. 公司将组织对新入职的员工进行培训，由你牵头负责，你怎么组织？

2. 公司准备召开一场面向留学归国人员的人才招聘引进会，你怎么组织？

3. 根据上级通知，为有效防控新冠肺炎疫情，要求在10天内对街道辖区内11万人（包括外来务工人员）进行核酸检测，确保没有死角、不漏一人。这项工作由你牵头负责，你怎么组织？

4. 单位将组织召开年终总结表彰大会，由你牵头负责，你怎么组织？

5. 为开展全民健身活动，本市计划组织一场市民马拉松比赛，由你牵头制订比赛方案。制订方案中，你会重点考虑哪些要素和因素？

表 4-1 组织管理活动计划制订重点要素表

阶段 类别	筹划准备	组织实施	收尾结束
会议组织	1. 制订计划；2. 成立小组；3. 发布通知；4. 会议材料、证件和会场布置	1. 人员报到；2. 会场秩序；3. 会议进程；4. 会议记录；5. 照相摄像；6. 安全警卫	1. 会议纪要和简报；2. 会议精神传达学习和工作部署；3. 新闻宣传；4. 材料整理和归档
学习培训	1. 制订计划，包括内容方式、培训老师、参训人员、培训场地、相关资料、经费保障等；2. 召开协调会；3. 制作培训手册；4. 发布通知	1. 人员召集；2. 培训进度；3. 情况反馈；4. 解决问题；5. 人员管理和服务，包括学风管理和食宿、医疗、运动等服务	1. 征求意见；2. 梳理成果；3. 培训简报；4. 新闻宣传；5. 总结报告；6. 材料整理和归档
宣传教育	1. 制订计划，包括主题、内容、方式、对象、效果等；2. 确定宣传方式，包括下发教育提纲、巡回宣讲、授课辅导、专家解读、网上引导、媒体宣传等；3. 做好相关准备，协调相关单位和部门	根据不同的宣传教育方式：1. 协调有关单位和部门抓好落实；2. 跟进舆论引导和管控；3. 及时解决遇到的矛盾问题	1. 收集教育效果；2. 总结报告；3. 材料整理和归档
公务接待	1. 了解情况，包括来访人员的基本信息、来访目的、行程安排等；2. 制订计划，包括行程安排、陪同领导、食宿交通、经费保障等；3. 搞好沟通对接；4. 协调做好接待准备	1. 接站（船、机）；2. 安排就餐住宿；3. 再次对接具体行程，核实各部门准备情况；4. 按行程安排组织相关事宜	1. 征求到访人员意见；2. 协助安排返程交通、结算相关费用；3. 梳理相关资料存档备案；4. 向领导报告情况
备注	1. 面试中，组织管理类计划题目考察的主要是求职者体系思考、周密筹划落实的能力；2. 求职者在回答中应注意答全要素、条理清晰、关注细节；3. 万变不离其宗，灵活运用"5W+"分析法更加高效实用		

第二节　调查研究

调查研究是我们党的传家宝，是做好各项工作的基本功。习近平总书记指出："调查研究是谋事之基、成事之道。没有调查，就没有发言权，更没有决策权。研究、思考、确定全面深化改革的思路和重大举措，刻舟求剑不行，闭门造车不行，异想天开更不行，必须进行全面深入的调查研究。"

调查研究，是对客观实际情况的调查了解和分析研究，目的是把事情的真相和全貌调查清楚，把问题的本质和规律把握准确，把解决问题的思路和对策研究透彻。调查研究的过程，是提高认识能力、判断能力和工作能力的过程，也是发现问题、分析问题、解决问题的过程。

顾名思义，调查研究的过程包括两个部分：一是调查，二是研究。调查是研究的基础，研究是调查的延伸和升华。调查研究，核心在于研究，最根本的是提出解决问题的思路和办法。要注重处理好调查和研究两个环节的关系。从客观实际出发，对调查了解到的真实情况和各种问题，坚持有一说一，有二说二，既报喜又报忧，不唯书、不唯上、不唯众、不唯己，在调查研究的基础上进行一番交换、比较、反复的工作，把零散的认识系统化，把粗浅的认识深刻化，真正找到事物的本质和规律，找到解决问题的办法。调查研究需要注意把握以下原则。

第一，不能先入为主，但必须预先研究。开展调查研究，不是为了

求证现有的某个观点、某项政策如何正确,而是为了把客观情况、实际问题搞清楚,进而有针对性地提出思路和建议,供决策时参考,所以不能先预设结果、守株待兔。但为了提高调研的精准性和实效性,调研前必须对调研对象进行预先分析判断,预想到各种情况,以便通过调研作出验证、通过分析得出结论。

第二,不能以偏概全,但必须兼顾个性。调查研究前,应该运用发散思维,预想到调查对象的各种情况,特别是一些个别的、极端的、微小的现象,应特别关注,防止漏调漏研;调查研究后,应注重运用内敛思维,把各类零散的现象、数据、问题等整合起来,放在一起进行综合分析、比对分析,在个性矛盾的基础上梳理找到共性矛盾。

第三,不能误入舆论,但必须关注焦点。自媒体时代,网络舆论的影响越来越大,越来越快,也越来越真假难辨,而且有些现象都是为了刻意炒作,吸引眼球。调查研究一定不能被事物外面包裹的舆论外衣所蒙蔽,跟着舆论跑,撵着舆论追。同时,这些焦点问题,往往是调查研究需要重点解决的问题,又不能不关注不重视,关键是要辩证地看、全面地看,走近真相去看,防止被舆论和热点"绑架"。

第四,不能只重表象,但必须找到切口。调查研究的基本路径应该是沿着蛛丝马迹顺藤摸瓜,以小见大,以小见真。调查是收集表象,分析是找到本质。有很多问题可能需要进行二次调研、多次调研,才能接近本质、进入本质。所以,现象是相对的,只是调研的一层切口,这个问题的本质可能是那个问题的表象,也就是切口。我们在关注表象的同时必须拨开表象、绕过表象、切开表象。

调查研究一般分为准备、实施和撰写报告三个阶段。

1. 调研准备阶段。这是搞好调查研究的前提。一些规模较大、相对复杂的重大调研,需要几个月甚至几年的时间做准备。比如,人口普查、生态污染情况调查、野生动物保护情况调查、大学生就业情况调查，有的调研还需要跟踪几年甚至十几年。在准备阶段有几项工作至关重要：一是学习培训，需要全面系统了解调研内容和相关专业知识，以及具体程序办法；二是收集资料，包括理论研究、实践经验、现实情况等；三是制订方案；四是做好相关计划、技术和保障准备。

2. 调研实施阶段。这个阶段工作量最大、情况最复杂、实际情况最多，需要采取多种方法、通过多种渠道，以最高的效率完成调研计划和任务。这一阶段，最应该注意的是：调查应尽可能地拿到第一手数据、第一手资料、第一手信息，并研判收集到的素材的失真度和可信度；研究应注重从感性向理性认识跨越，对看不清、拿不准的问题一定不能急于下结论，一定要展开二次或多次调查，以及拓展研究。

3. 撰写调研报告。这个阶段是形成调研成果的阶段。调研报告的撰写一定要有清晰的结论和观点，有充分的数据和案例作为支撑。这一阶段需要的是内敛思维、逻辑思维和抽象思维，而不是形象思维和发散思维，所要做的工作就是还原真相，并证明真相。同时，有针对性地提出解决矛盾和改进加强的对策措施。

调查研究的方法主要有以下几种。

1. 实地考察。主要是调查者运用感官和技术，能动地、主动地直接观察、发现事物的基本状态和现象。实地考察具有直观性、可靠性、灵活性等特点，是采用最为广泛的一种调查方法。

2. 集体座谈。是指将一些代表性人员集中在一起，以谈话的方式，让他们共同表达自己对某一事物的看法，集体发表意见，集体研究分析，集体论证结论的调研组织形式。这种调研的好处是能够充分听取各个方面的意见建议。

3. 问卷调查。问卷调查是一种普遍的调查方法，是指通过制定详细

周密的问卷,要求被调查者回答问卷,据以收集信息的方法。问卷是一组与研究目标有关的问题,或者是一份为进行调查而编制的问题表格,又称调查表。它是人们在社会调查研究活动中用来收集信息的一种常用工具。调研人员借助这一工具对各类事物和活动过程进行准确、具体的测定,并应用统计方法进行量的描述和分析。

4. 数据统计。大数据时代,"谁掌握了数据谁就掌握了主动权"。随着"互联网+"、云计算和人工智能的发展,调研变得越来越简单高效,数据也变得越来越重要。所以,调研中一定要注重运用数据测算、模拟推演、数据模型等先进技术手段,提高调研的科学性、时效性和精准性。

5. 个别访谈。是指调查人员单独与被调查对象进行的访谈活动,具有保密性强、访谈形式灵活、调查结果准确、反馈回收率高等优点。个别访谈获取的信息更加深入、详细和全面,可以直接了解受访对象的心理活动和思想观念,甚至了解一些所需的敏感性问题。

6. 文献查询。主要是收集、调查、梳理相关历史书面资料,包括书籍、报刊、工作记录、文件、卷宗、档案,以及相关声像资料等,并对收集到的文献进行综述、整理和提炼。

7. 网上调查。是指在网络上发布调研信息,并在互联网上收集、记录、整理、分析和公布网民反馈信息的调查方法。它是传统调查方法在网络上的应用和发展。网上调查方便快捷,时效性强,受众面广,时间和空间灵活,调查成本低,越来越受到欢迎。

8. 专家咨询。是指就某一专业领域的深层次理论、实践和技术问题等,采取与资深专家进行请教、沟通、探讨、征询的调研方式。这种调研方式能够更好地借助"外脑",更具专业性和权威性。在调研准备阶段和撰写调研报告阶段都可以采用。

求职者掌握了调研的基本内涵和方法后,面试中应答这类题目,应注意把握好几个关键要素：一是目的，为什么调研；二是内容，调研什么；三是主体，由谁来组织；四是对象，如何选取样本；五是方法，用什么方法最合适；六是结果，调研的素材、结论和结果如何运用。

典型案例剖析：

【题目设置】

为了解公司人力资源管理工作开展情况，特别是存在的矛盾问题，以便及时对相关制度作出改进完善，公司计划组织开展一次人力资源工作满意度情况问卷调查。由你负责设计调查问卷。你会从哪几个方面进行设计，重点把握什么？

【题眼透视】

满意度调查是调查研究的一种常见类型。通过调查满意度，重点了解不满意的现象及覆盖面、原因症结及影响面，研究提出改进的措施办法。

题目中明确将采取问卷调查的方式展开。问卷调查一般采取选择题的方式供答题者判断选择，需要把握的一般原则：一是正向与反向相结合，既要给出正面因素，也要考虑到负面因素；二是定性与定量相结合，既给出定性的思想、观点、理念等，又提出数量、比例、差值等定量数值；三是现象与原因相结合，给出表象的同时，提出各种原因症结；四是宏观与微观相结合，既要提高站位，关注到全局和总体、共性和一般，也要兼顾到局部和个体、个性和特殊。总之，问卷调查的设计一定是立体的、全面的，便于调查对象填写时有充分的选择空间。

【抛砖引玉】

我将采取选择题的方式设计调查问卷，并注意把握以下几个方面。

第一，关于问卷调查设计的基本原则。基于之前掌握的情况，提前搞好相关情况的预研预判：一是坚持问题导向，重点了解经常发生的顽固性问题、平常难以发现的深层次问题，以及不能适应形势任务的新发性问题，切实把问题找出来。二是注重深度聚焦，还原问题的本质和真相，找出现象后面的原因症结。三是坚持破立并举，既发现问题，同时又围绕解决问题的措施，通过问卷的形式了解大家的看法和意见。

第二，关于问卷调查设计的主要内容。重点围绕思想理念、选拔晋升、招聘引进、教育培训、绩效管理、用人风气等内容，多层面立体式设计具体选项的情形。同时，既设计"满意、比较满意、不满意"等总体满意度选项，又设计"非满意"对应的具体问题情形选项。这样设计的考虑是：只设计总体满意度选项，容易导致调查对象缺少评判依据、模棱两可、模糊臆测；只设计具体问题情形选项，容易导致以偏概全、畸左畸右，二者统一设计到问卷当中，能够把总体概略判断与对应情形评价、宏观把握与微观衡量、感性认识与理性思考结合起来，有助于前后相互印证，相对客观评判，也有利于找准矛盾问题。

第三，关于问卷调查结果的统计运用。对每项"满意、比较满意、不满意"以及"非满意"具体情形的选项作出分析，设置一个"熔断值"。"熔断值"以上，即可视为正常的、相对满意的区间。"熔断值"以下，即视为不正常的、存在风险和隐患的区间。对这个区间

第四章 升华经验：用好你的方法论和实践论

内的选项，重点进行剖析，以此找出公司人力资源管理存在的矛盾问题。这项工作可以提前研究设计，并根据问卷统计结果作出验证、调整和改进。

? 思考题：

1. 省政府拟在本省开展一次退役军人就业创业情况调查，由你担任本次调研活动的负责人，你会怎么开展？

2. 新冠肺炎疫情期间，本市大量餐饮服务业受到影响，市政府拟组织开展一次本市餐饮服务业经营现状调查，为下步出台相关政策提供决策参考，由你具体负责，你会怎么开展？

第三节 执行落实

古人云"道虽迩,不行不至;事虽小,不为不成";"以实则治,以文则不治"。中华民族伟大复兴的中国梦,靠什么才能实现?靠的是在党的坚强领导下,亿万人民脚踏实地、坚持不懈、一代接一代地拼搏奋斗;靠的是对党的路线、方针和政策一点一点地贯彻执行、一步一步地落地落实。执行落实关键在一个"实"字,就是要严格贯彻"三严三实"中"实"的要求。

第一,谋事要实,就是从实际出发谋划事业和工作,使点子、政策、方案符合实际情况,符合客观规律、符合科学精神,不好高骛远,不脱离实际。

第二,创业要实,就是脚踏实地、真抓实干,敢于担当责任,勇于直面矛盾,善于解决问题,努力创造经得起实践、人民、历史检验的实绩。

第三,做人要实,就是对党、对组织、对人民、对同志忠诚老实,做老实人,说老实话,干老实事,襟怀坦白,公道正派。

谋事、创业、做人的内在要求在于"实",攻坚之法在于"实",成功之道也在于"实"。我们经常讲,一万个"0"抵不上一个"1",一个行动胜过一打纲领。我对执行落实中如何贯彻体现"实",有一些切身感悟和理解。

第四章 升华经验：用好你的方法论和实践论

第一，一百条要求抵不上一条举措。天天喊，天天说，天天强调，不如拿出一条举措管用。比如，前段时间，因为地下车库车位有限，单位把楼前的空场作为临时停车场。由于最初没有停车线，每天一进大门保安都会提醒，"把车停到位、停正"，另一个保安还负责现场指挥，但还是免不了混乱的场面。没过几天，空地上画出了停车线，不用保安说大家都知道怎么停，秩序也逐渐正常。举措比要求重要。

第二，一百条举措抵不上一次行动。有一副对联，上联是"你开会我开会大家都开会"，下联是"你发文我发文大家都发文"，横批是"谁来落实"，这是对文山会海的讽刺。开会研究出了数条措施，文件提出了多项对策，但如果没有行动，没有去执行，没有抓落实，就都变成了空头支票，不仅会劳而无功，而且会影响权威。从个人来看，在纸上和心里制订了多少大规划、小计划，但缺少的是行动。行动比纸上的举措重要。

第三，一百次行动抵不上一次改变。改变包括调整、改进和创新。信息化时代，科技改变生活的速度已呈几何级增长。现在网上带货异常火爆，一个零售商一年的销售额，可能不如一个网红一晚上的营销额。英特尔创始人戈登·摩尔（Gordon Moore）曾提出"摩尔定律"：一定面积的集成电路上可容纳的晶体管数量，以18个月翻一倍的速度增长，性能也随之翻倍。后来，斯坦福大学的教授乔纳森·库梅（Jonathan Koomey）发现了"库梅定律"：每隔18个月，相同计算量所需要消耗的能量会减少一半。如果我们总是重复着僵化的执行和落实，而不去主动面对新事物、新挑战，就会被远远抛在后面。改变比行动重要。当然，改变也是行动的一部分。

第四，一百次改变抵不上一套标准。标准是科学、技术和实践经验的总结。为在一定的范围内获得最佳秩序，对实际的或潜在的问题制定共同的和重复使用的规则的活动，即制定、发布及实施标准的过程，称为标准化。目前，很多国家把国际标准竞争摆上了战略位置，千方百计争夺各高端领域的标准制定权，其目的就是抢占制高点和话语权。实践证明，无论大事、小事，即使有再多的改进和创新，但却没有实现标准化，也无法产生带动、引领和辐射效应。标准比改变重要。

第五，一百套标准抵不上一项制度。政策制度具有基础性、支撑性、稳定性和长期性特征。标准化和制度化起到的都是规范和统一的作用，但标准化是治事，制度化才是治法。小智治事，中智治人，大智治法。一个领域治理的最高境界、执行落实的最高层级，还是要靠法律法规和政策制度。标准再好，没有法律法规作为保障，也很难立起来、落下去。

综上所述，执行落实遵循着"要求—举措—行动—改变—标准—制度—要求—举措"的路径规律，逐级推动，逐步发展，到最高阶段后又形成新的循环。

如何在"实"中执行落实，我们惯用的套路有很多：第一，思想层面要高度重视；第二，谋划层面要立足全局；第三，沟通层面要善于协作；第四，作风层面要善作善成。应强化衷心、热心、恒心、信心"四心"，做到有计划、有领导、有执行、有监督"四有"。做到凡是工作必有目标，凡是目标必有计划，凡是计划必有执行，凡是执行必有检查，凡是检查必有结果，凡是结果必有责任，凡是责任必有奖惩，等等。

其实，对于如何执行落实一件事，如何做好一件事，古人早已做了精辟的总结和归纳，给出了大道至简的答案，就是四个字：道、法、术、器。道，是自然法则、规律、理念和信念；法，是法律法规和政策制度；术，是对策措施和办法技巧；器，是平台和工具。道以明向，法以立本，术以立策，器以成事，无论是谋大业还是搞建设，抑或是抓改革，如果讲规律、重法治、善计策、精工具，就一定能够取得成功。

第四章　升华经验：用好你的方法论和实践论

典型案例剖析：

【题目设置】

假如你在机关综合部门工作，办文、办会、办事，上传下达，迎来送往等大大小小的事情非常多、非常杂。你会如何搞好工作统筹？

【题眼透视】

统筹学是研究如何在实现整体目标的全过程中施行统筹管理的有关理论、模型、方法和手段的学科，是数学与社会科学交叉的一个学科分支。统筹学的理论与方法渗透到管理的许多领域。

工作中的统筹虽然没有统筹学那么复杂，但道理是相通的，最终目的都是要提高整体效能和工作效率。特别是一些综合部门和岗位，对求职者的统筹意识、统筹层次和统筹能力要求很高。

因此，求职者一定要充分认识统筹的作用，学会统筹的一般思路和方法。

【抛砖引玉】

我曾长期在军队机关综合部门工作，对于如何搞好工作统筹，我觉得总的是要学会计划管理，搞好穿插配档，打好提前量，有秩序有效率地开展工作。具体我归纳了六句话。

第一，既重要又紧急的工作最先办。对那些关乎全局、影响整体，且要求在短时间内必须完成的工作，放在第一时间来办，而且要加班加点推进完成。

第二，紧急但不重要的工作其次办。第二位办的是那些时限要求特别紧，但相对次要的工作。

第三，重要但不紧急的工作等等办。一些大事、要事、长远事，虽然很重要，但时间跨度较长，可以找空闲时间办理。

第四，不紧急不重要的工作最后办。

第五，杂事琐事穿插办。对于一些比较简单、不用耗时费力的事，一定要见缝插针、穿插配档地展开，这样既可以劳逸结合，也可以充分利用零散的时间。在任务重的时候，一般是白天处理杂事，晚上没人打扰的时候，再写材料或是处理重要业务。

第六，既定事情提前办。所有工作一定要打好提前量。这样做的好处：一是提高工作效率，如果什么事情都拖到最后办，那么一些突击性和临时性任务来了以后，很难保证按时保质完成。二是保证工作质量，如果慌慌张张、仓促出手，很难达到效果。三是增强工作干劲，越是拖延就越会无形中增加压力和恐慌，削弱动力和成就感。

思考题：

1. 请你谈谈对"实事求是"的认识理解。

2. 毛主席说，世界上怕就怕"认真"二字。请结合实际，谈谈你对这句话的认识理解。

3. 工作中，面对重要任务和重大挑战，有人说要临危不惧，也有人说要临事而惧。你怎么认识这两种观点？

4. 习近平总书记指出，要做起而行之的行动者，不做坐而论道的清谈客，当攻坚克难的奋斗者，不当怕见风雨的泥菩萨。请谈谈你的认识理解。

第四节　领导管理

广义上讲，领导和管理是一致的，领导中有管理，管理中有领导，管理行为是领导行为的组成部分。领导行为包括一些管理活动，一般把组织中的中层领导称为管理者，其领导行为称为管理活动。狭义上看，二者有一定区别，不能相互代替。领导可以定义为：在一定条件下，指引和影响个人或组织，实现某种目标的行动过程。其中，把实施指引和影响的人称为领导者，把接受指引和影响的人称为被领导者。领导的本质是人与人之间的一种互动过程、一种个体行为，而管理是集体行为、组织行为。管理可定义为：通过计划、组织、配备、命令和控制组织资源，从而以一种有用的、高效的方法来实现组织目标。

所以说，领导和管理无论是具体功能、目标方向、思想理念，还是实施方式、结果效能，都有一定区别。二者有交集，但不是对等和相同的关系。领导不等同于管理。实际中我们遇到的很多问题，就是因为把领导工作看成管理工作，把管理工作异化为领导工作。二者混淆，造成的是组织功能混乱、层级管理失衡、矛盾损耗过大。有人说，领导是把方向、定政策、管宏观，管理就是保证按照方向、政策和宏观走下去。二者相互衔接、相互促进。好比一列火车，车头是领导，而到达目的地的过程就是管理。

1943年6月，毛主席在战火纷飞中写了《关于领导方法的若干问题》

 决胜面试

一文。主要内容是共产党人无论进行何项工作,有两个方法是必须采用的,一是一般和个别相结合,二是领导和群众相结合。任何工作任务,如果没有一般的普遍的号召,就不能动员广大群众行动起来。

1953年2月,毛主席在南京同中共江苏省委负责人的谈话中说:关于党政关系,所谓党政不分的意思,就是党要统一领导,方针政策要统一;所谓党政分开,就是说具体业务由各业务部门去搞。领导要抓三条:第一条调查,把情况搞清楚。第二条指导,包括方针政策、任务、部署在内。第三条检查,检查要直接和下级干部见面,了解情况一起商量,他们觉得有困难,要提出解决办法帮助他们。指导和检查,要实事求是。不调查要犯主观主义错误,不指导不检查要犯官僚主义错误。做一件事情首先要试办,不要忙于决定,要搞典型,研究典型,要研究一个好的、一个坏的,只靠好的,不能发现问题。领导人不要弄得人家感到不可测。我们要让人家了解,想得正确的让人家知道,想得不正确的也让人家知道。正确的大家去贯彻,不正确的大家可以提意见,上下一致就通气了。

关于领导者的主要职责,毛泽东和邓小平说过两句极为相似的话。毛泽东说:"领导者的责任,归结起来,主要是出主意、用干部两件事。"邓小平说:"我的抓法就是抓头头,抓方针。"

出主意,就是抓方针;用干部,就是抓头头。抓住了这两条,也就抓住了领导的根本。

中国特色社会主义进入新时代,我们面临的历史任务发生了重大变化,各行各业的组织管理模式也有了质的改进和突破,但细细读来,这些领导方法并不过时,其中蕴含的思想论和方法论仍需要我们认真学习领悟。

2015年2月,习近平总书记在省部级主要领导干部学习贯彻十八届四中全会精神专题研讨班上特别提出了"关键少数"这一概念。他强调,

第四章 升华经验：用好你的方法论和实践论

各级领导干部在推进依法治国方面肩负着重要责任，全面依法治国必须抓住领导干部这个"关键少数"。抓住"关键少数"是习近平总书记管理干部和推进工作中一以贯之的做法。"关键少数"就是领导干部。无论是政治建设、思想建设、能力建设和作风建设，还是部署重大任务、作出重大决策、破解重大难题，习近平总书记总是对"关键少数"言传身教。

习近平总书记指出：全党同志特别是各级领导干部，都要有本领不够的危机感，都要努力增强本领，都要一刻不停地增强本领。特别是我国的发展已经站到了新的历史起点上，在面临新形势新任务新要求的情况下，很多同志虽有做好工作的真诚愿望，面对新情况新问题，不懂规律、不懂门道、缺乏知识、缺乏本领，还是习惯于用老套路老思路来应对，盲目蛮干，导致的结果是虽然做了工作，有时做得还很辛苦，但不是不对路子，就是事与愿违，甚至搞出一些南辕北辙的事情来。这就叫新办法不会用，老办法不管用，硬办法不敢用，软办法不顶用。

大到一个政党、一个国家，小到一个企业、一个部门、一个小组，各级领导有各级的领导职能，有各级的管理方式，但都有一个基础，那就是提高领导能力和管理能力。作为求职者，可能面试的就是领导管理岗位。即使不是，将来也有可能走上领导管理岗位。因此，必须从一点一滴做起，从现在做起，增强学习本领、政治领导本领、改革创新本领、科学发展本领、依法执政本领、群众工作本领、狠抓落实本领、驾驭风险本领。

面试中，关于领导管理的题目应答，既要把握住领导和管理的内涵和一般规律，也要结合实际和个人经历阅历作出回答，防止空对空、理对理。

决胜面试

典型案例剖析1：

【题目设置】

对于"外行领导内行",你怎么看?

【题眼透视】

这是一道关于如何看待认识领导、如何领导的题目。

专业有内行和外行之分,但领导没有。内行领导的好处是熟悉情况,这也是外行领导的缺憾,但这不是领导的决定性因素。实践证明,外行领导内行成功的案例数不胜数,内行领导内行失败的也不在少数。

【抛砖引玉】

我觉得,外行领导内行无可厚非,领导管理的主要矛盾不是哪一行领导哪一行,而是能不能领导、会不会领导、懂不懂领导。懂专业不一定懂领导,懂领导也不一定懂专业。外行能不能领导好内行,主要取决于以下几个方面。

一是能不能用好人才。也就是要尊重内行,用好内行。刘邦谋略不如张良,打仗不如韩信,保障不如萧何,但能成功用好这些人才,帮助自己开创了大汉王朝。外行一定要有识才的慧眼,善于发现谁是内行,发现团队中的各类人才;要有决断的能力,善于辨别方案优劣,果断作出决策;要有包容的胸怀,能够多听内行的意见,倾听下属的意见,包容不同看法和观点。

二是能不能抓大放小。毛主席说:"领导者的责任,归结起来,主要的是出主意、用干部两件事。"不管多能干的领导,都不能把所

第四章 升华经验：用好你的方法论和实践论

有工作都揽过来。领导应该把重心放在管宏观、管全局、管指导、管政策、管协调上，而不是事无巨细，事必躬亲，成为"管家婆"。特别是外行领导一定要懂得授权。领导并不等同于管理，领导是领着走、带着干，是个体行为；而管理是让所有人跟着领导走、一起走，是组织行为。

三是能不能大胆管理。放权授权让内行大展拳脚，并不代表放任自流，而是该管的管，该问的问，特别是对于自己不熟悉的业务，要跟踪问效，一抓到底。同时，能搞好内部团结，通过建立机制、营造氛围，让大家心往一处想、劲往一处使。

四是能不能尽快适应。闻道有先后，术业有专攻。一个领导可以在开始的一段时间内是外行，但要通过虚心学习、真抓实干，尽快成为内行。这并不矛盾。内行也是从外行一步一步干起来的，只有成为内行，才能弥补自己的短板，让自己把时间和精力更多投入到自己的长板上，以此增强领导和管理的权威和效益。

典型案例剖析2：

【题目设置】

作为一名领导，你认为如何才能带好团队？

【题目透视】

从领导个人的角度看，带好团队主要靠人格、靠能力、靠作风等；从团队的角度看，主要靠团队目标、团队文化、团队纪律、团队人才等。

【抛砖引玉】

根据团队建设的基本规律，满足需求是带好团队的核心要义。也就是说团队需要什么就供给什么，无论是领导的人格、能力和作风，还是团队的目标、文化、纪律和人才等，都是团队的需求。所以，带好团队的中心工作就是满足需求。

按照马斯洛需求层次理论，人的需求可分为生理需求、安全需求、社交需求、尊重需求和自我实现需求。团队是由人组成的，人的需求的优化组合就是团队的需求。我觉得，可以从以下几个方面理解和把握团队的需求：

一是授人以鱼。也就是给大家提供工作条件和平台，以及合理的薪酬和相关保障，让大家没有后顾之忧、有安全感。

二是授人以渔。教会团队成员做人、做事的原则、思路和方法，帮助大家提高本领、增长才干。

三是授人以遇。为团队成员创造学习培训、晋职晋升、成长进步的机会，提供发展的平台。

四是授人以娱。注重活跃团队氛围，满足大家的社交需求和心理需求，营造快乐学习、快乐工作的良好环境，让大家体会到实实在在的幸福感。

五是授人以欲。激发团队成员求知、上进、发展等自我实现的欲望，并将欲望激发的过程转化为自我管理的过程，让大家在自重、自警、自省、自励中行稳致远。

六是授人以愚。培养和塑造团队成员的"大智若愚"意识和境界，老老实实做人，踏踏实实做事，不想着走捷径、投机取巧，不自欺欺人，不搞形式主义和歪门邪道。

第四章 升华经验：用好你的方法论和实践论

典型案例剖析 3：

【题目设置】

无论是党政机关，还是企业单位，都设有负责日常各项行政工作的综合管理部门或岗位，假如由你负责这个部门或岗位的工作，你会怎么做？

【题眼透视】

一些综合管理岗位的招聘，很多会让求职者谈谈对岗位的认识，以及如何在这类岗位上干好工作。特别是在一些高层机关和大型企业，综合管理部门发挥着"参谋部""司令部"的作用。不仅地位作用重要，工作任务繁重，而且既要服务单位的中央枢纽和主要领导，还要面对其他各个单位和部门。

面试中，求职者应针对综合管理部门和岗位的特点，有针对性地进行回答。

【抛砖引玉】

我觉得综合管理工作有以下几个特点。

一是综合性强。日常行政管理工作点多、面广、事杂，可以说是"一根针，千条线"，所有工作都要归口管理、归口承办，起着总开关、总阀门、总枢纽的作用。

二是协调性强。综合管理部门担负着协调各方的责任。对上，直接是高层领导、主要领导；对下，是所有部门和单位。对居中调度、上下贯通、左右衔接、内外融合的协调能力要求很高。

三是精准性强。作为中央枢纽和调度机关，类似航空调度室和列车调度室,每项工作、每个任务的时间、地点、人物和要求,必须精准请示报告、精准传达传送、精准受理反馈。否则一旦出现错、漏、误问题,其他各线路就会乱成一团,甚至顶牛撞车。

四是时效性强。作为中央枢纽,一处慢,处处站。作为综合管理部门,事情再多也不能积压,时间再紧也不能延误,必须在第一时间作出处理,否则就会影响全局和整个单位。

五是关口性强。综合管理部门既是各项工作的第一道阀门,也是最后一道关口,还是各项任务的"过滤器""跟踪器",起着跟踪问效、信息反馈、审核把关等职能作用。

针对以上特点,在综合管理部门或岗位工作,我觉得应该把握好以下几个方面。

一是让领导不忧。切实发挥好参谋、服务、执行、保障的职能作用,尽量把各项工作谋划在先、统筹在前,抓好落地落细落实,让各级领导不担心、不忧心、不操心,避免过多的行政性事务性工作牵扯领导精力。

二是让集体不乱。作为总开关、总枢纽和总阀门,统筹做好关闸分流、综合协调、集中调度等工作。主要是抓好计划管理,有序推进工作开展;建立完善机制,提高正规化和法治化水平;加强沟通协调,形成发现问题、反馈信息、及时整改的完整链条。

三是让同事不怨。综合管理工作既服务领导,又服务群众,既要眼睛向上,也要眼睛向下。坚持有耐心,对杂事小事和麻烦事认真对待,一丝不苟;坚持有热心,积极主动为大家帮困解难,靠上去做工作;坚持有公心,一碗水端平,一心为公,不存私利,不搞"近水楼台"。

四是让自己不悔。综合管理工作任务重、压力大，而且都是一些繁繁杂杂的事情，不能简单地把自己看成"传声筒""复印机"和"跑腿打杂的"，干一行钻一行，设定好目标，处处留心，勤于学习思考，否则碌碌无为，悔之晚矣。

第五节　情境处理

情境处理，是指通过设置一种或者多种处理情境，指定求职者在既定的身份和条件下，按照一定的规则，对一些复杂情况和棘手问题作出临机反应和决断，并妥善进行处置。情境模拟测试方法是一种非常有效的考核方法。它将求职者放在一个模拟的环境中，让求职者解决某方面的一个"现实"问题或达成一个"现实"目标。

求职招聘中，情境处理问题主要涵盖矛盾纠纷处理、业务应急处理和公共事件处理等。其中，矛盾纠纷处理和业务应急处理在面试中最为常见，可以考察求职者的知识储备、认知能力、人际关系、逻辑思维、心理素质和口语表达等诸多方面。情境处理类问题可以达成知识与能力的碰撞、激情与从容的融合、感性与理性的对接，对求职者的要求更高、更直接、更具有挑战性。因此，越来越受到各类考试面试设计者的青睐。

不论是真实的情境，还是假定的情境，作为"临危受命"的负责人，在处理情境问题时总体上应把握以下原则。

一是换位思考没商量。一方面，站在矛盾双方和多方的角度考虑问题，保持客观立场，秉持法律依据，不偏不倚，一碗水端平，不凭个人感情和好恶进行处理；另一方面，如果是假定情境，一定要沉浸岗位、沉浸角色，把自己当成"临危受命"的先锋，始终保持心态稳定和头脑清醒。

二是临机处理要得当。一定要深入一线、摸清情况，不能胡乱拍板、乱下决策，同时也要讲究方法艺术和战略战术。能处理的妥善处置，不能处理的则应想办法搁置放置争议，决不能加剧矛盾，造成事态扩大。

三是后续问效要跟上。有些问题虽然一时得到了平息，但尚未从根本上解决问题，必须跟踪问计问效，防止小问题反复发生，甚至演变成大问题。

一、矛盾纠纷处理

矛盾纠纷在我们的学习、工作、生活中经常上演，从专业的角度讲，一般分为民事纠纷、行政纠纷等。这些纠纷一般需要走专业流程或者法律程序，对此类纠纷的考察会出现在相关专业领域的招聘中。除此之外，考试面试中出现频率比较高的矛盾纠纷类问题，大体可分为以下几类。

1. 误会疑问。是指特定人群对一些特定事件产生疑问误会，造成无法进行正常工作，或是造成矛盾对立、心理恐慌等。比如，某小区业主反映，为防控新冠肺炎疫情，小区实施封闭管理后，有两户小区居民违规收留不明身份的外籍人员。虽然相关部门也多次解释外籍人员实为小区居民，但仍有部分居民不相信或是不了解情况，今天下午有几人聚集在这两户居民楼下讨要说法，外籍人员在楼上窗户处辩驳，但因语言不通，双方情绪激动。街道安排你去处理，你会怎么办？

2. 矛盾争执。是指双方或多方，因意见分歧、各自利益等产生争执，甚至是语言和肢体对抗。比如，网上流传一段视频：疫情防控期间，小区一名居民想外出买口罩，保安拦住不让其出小区，提出"不戴口罩一律不让进出"，居民则反问，"你不让我出去买口罩，我怎么戴？"二人为此发生争执，而且越来越激烈。这件事如果由你处置，你会怎么办？

3.一般冲突。主要是指语言和肢体冲突，产生侮辱、谩骂、撕扯，以及其他轻微破坏行为。比如，一名上访人员到你所在单位上访，因保安阻拦，在门口与保安发生语言和肢体冲突。考虑到这名上访人员多次来访且上访问题与你承办的业务相关，单位临时派你去处置，你会怎么办？

这几类现象有着共同的特点，就是各不让步、僵持不下、情绪激动，有矛盾加剧、扩散和转化的风险。解决以上三类问题，需要把握以下几点。

第一，迅速分开矛盾双方或多方，平息情绪，缓解冲突加剧压力，第一时间控制事态发展，防止事件恶化。对于一些需要说明的疑惑性问题，应理解质疑的动机和行为，并给予双方充分表达的权利和空间。

第二，对双方作出秉公处理承诺，明确依法办事、为民服务的立场，取得矛盾双方的信任和心理认同，稳定当事人的思想和情绪，同时做好解释沟通、安抚劝说工作。

第三，及时摸清具体情况，如果一时难以处理，要协调相关部门进行深入调查，并根据实际情况适当进行安抚，或者严肃表明态度。

典型案例剖析：

【题目设置】

在你主持的一次专家座谈会议上，张教授因自己的发言屡被王研究员打断和指责，愤然离席，拂袖而去，你会怎么办？

【题眼透视】

这是一道如何处理矛盾争执的题目，也是工作中可能遇到的情况。作为求职者，首先要明确自己的身份，是会议主持人；其次，要明白会议已经被打断；最后，与会人员都在等着你作出处理。

【抛砖引玉】

我会采取以下方式作出处理。

第一，宣布休会15分钟。

第二，利用这15分钟时间，让人找回离席的张教授，亲自与其谈话，对其进行安抚，指出王研究员做法的不妥之处，请其谅解，明确接下来的会议不会再有这样的情况，劝说其先冷静冷静；同时，安排和王研究员熟悉的人员，与其沟通，提醒其注意表达意见的方式和方法。

第三，人员都返回后，宣布继续开会，并在开会之前明确几点要求。一是会议出现争论、争执的情况很正常，没有碰撞就不会产生火花，希望大家畅所欲言。出现刚才的情况，主要是我们没有事先明确会议原则和发言顺序，主要责任在我们主办方。二是接下来的会议，按照先个人发言再集体讨论的方式进行，一个人发言的时候不管观点大家赞不赞成，都不要打断和插话。三是开这次会的主要目的是集中大家的智慧，广泛听取大家的意见，在座的都是我们请来的专家，大家为事业负责的心情可以理解，但也请大家控制情绪，注意表达的方式。

第四，会后亲自与张教授和王研究员分别进行沟通，侧面了解他们的情绪，针对性进行抚慰和劝说，争取消除误会、达成和解。

二、业务应急处理

业务应急处理，是指在日常工作中因一些突发情况，对工作计划有序推进和任务正常展开造成影响的事件，及时妥善作出调整、补救和安排。

这类事件大体可分为四类。

1. 临时性变化。因为时间、地点、人员和事项等有冲突或是有变化，相关工作必须做出临时改变和调整。比如，在一次重要会议上，所有人员均已入场，主席台的领导也已经坐满，但一名之前明确不参加会议的领导临时决定参会，作为会务组织者，你会怎么办？

2. 突击性任务。这些任务都是临时性安排，而且必须马上组织或参加，打乱了你原来的计划，而且没有做好相关准备。比如，副局长原计划上午9点参加一项会议并负责主持，局长8点30分通知你，因副局长家中突发情况无法参加此次会议，安排你临时顶替，你会怎么办？

3. 突发性事故。由于工作疏忽、准备不充分，或是其他客观原因，导致在一项工作或者任务进展中突发状况。比如，在你牵头负责组织的一次800多人参加的大型会议中，会场突然停电了，导致会场一片漆黑，音响和声像系统无法使用，而且临时发电机一时也无法正常工作，你会怎么办？

4. 棘手性问题。主要是一些十分敏感复杂、时效性要求强、处理难度大的突发性或是衍生性问题。比如，你刚到单位，领导让老王带你下基层调研，在你单独开展调研中，遭到群众小张的阻挠，你无法说服他。你怎么处理？再比如，有街道居民下午4点到你单位反映，因为允许占道经营，很多商贩挤占了原来居民跳广场舞的地方，也导致小区进出十分不便，请单位立即派人进行现场处理。领导安排你去，你会怎么办？

解决以上四类问题，需要把握的基本原则是：

一是确保工作展开。不管事发多突然、事态多严重，首先要以保证工作顺利展开、任务顺利完成为底线。我想起了工作中遇到的一件事：2010年12月，我所在单位组织一次重要评审会，上午9点开会，大概8点10分，我去给领导报告工作回来时，发现办公室门被锁了，我的钥匙被锁在办公室里没法开门，给同事打了很多电话也没接，到了8点30分左右，还是没找到同事（后来了解到她到办公室后发现没带手机，就锁上办公室回家取手机去了）。我只能把门硬撞开，拿出了会议资料。门坏了可以自己出钱修，但重要的工作绝对不能耽误。从那以后，我出办公室门从来都带着钥匙。

二是区分主次矛盾。工作中的一些突发情况，肯定会造成一定影响：有的是局面尴尬、工作被动，有的是延误工作、影响大局，有的是铸成过错、损失利益。在这些情况下，一定要"两害相权取其轻"，该放下的放下，该舍弃的舍弃，否则左右为难，可能会产生更大影响。

三是抓紧弥补补救。因为事发突然，一定要稳住心神，不能慌乱，更不能顾头不顾尾，在第一时间内拿出补救方案，简要列出要做的工作，迅速召集协调相关人员，同步展开，同时推进，以便节省时间，提高效率。

四是严格抓好整改。对于一些责任性事件，主动承担责任，主动承认错误，把该担的责任担下来。认真检讨反思准备工作是否到位、预案是否充分、考虑问题是否全面。举一反三查找自己在思想认识、能力水平和工作作风等方面的不足，在下步工作中予以克服和纠正。

典型案例剖析：

【题目设置】

一天下午2点小张正在会场准备会议时，突然接到母亲来电，母亲语无伦次地说，小张的孩子因高烧导致身体抽搐，不知道怎么处理，让小张赶紧回去送小孩去医院。小张的家属在外地出差，家中只有母亲一人照顾小孩，小张的工作单位离家有20多公里。当天

决胜面试

下午3点，小张还要组织一次非常重要的会议，这次会议一直由小张负责筹划安排，其他人一时没办法接手。如果你是小张，你会怎么办？

【题眼透视】

人到中年，事业和家庭的压力骤然增大，有时叠加而来，让人猝不及防，甚至是喘不过气来。

这是让人揪心的"选择题"：孩子生病不能不管，工作任务不能不管。相信身在职场的人，很多都会有类似的经历。特别是很多军人长期与家人两地分居，经常担负急难险重任务，在这方面的矛盾更为突出。但不管多难，矛盾无法回避，困难必须解决。

处在两难境地的人，往往无法抉择，一个人也扛不下来。这个时候最好的办法，就是寻求帮助：包括组织、同事、亲戚、朋友、社会机构的帮助。

【抛砖引玉】

我想，我会做以下几件事。

第一，我会简单安慰母亲不要着急，先给小孩做些降温处理。

第二，我会给离我家最近的亲戚朋友打电话，让他们帮助母亲，先把小孩送医院；如果一时找不到，就给120急救中心打电话。

第三，我会迅速给单位领导报告，并求助能抽身的同事与母亲联系，前去帮忙。

第四，尽可能让自己平复情绪，请其他同事和自己一起准备会场，并边准备边交代会议有关事项。

第五，如果会议召开后自己可以离开了，抓紧向领导请示报告，去医院照看小孩。

三、突发公共事件处理

突发公共事件，是指突然发生，造成或者可能造成严重社会危害，需要采取应急处置措施予以应对的自然灾害、事故灾难、公共卫生事件和社会安全事件。

1. 自然灾害。主要包括水旱灾害、气象灾害、地震灾害、地质灾害、海洋灾害、生物灾害和森林草原火灾等。

2. 事故灾难。主要包括工矿商贸等企业的各类安全事故、交通运输事故、公共设施和设备事故、环境污染和生态破坏事件等。

3. 公共卫生事件。主要包括传染病疫情、群体性不明原因疾病、食品安全和职业危害、动物疫情，以及其他严重影响公众健康和生命安全的事件。

4. 社会安全事件。主要包括恐怖袭击事件、经济安全事件和涉外突发事件等。

对于突发公共事件，国家和各级政府部门都有相关的法律法规和应急预案。根据《突发事件应对法》规定，发布三级、四级警报，宣布进入预警期后，县级以上地方各级人民政府应当根据即将发生的突发事件的特点和可能造成的危害，采取下列措施。

1. 启动应急预案。

2. 责令有关部门、专业机构、监测网点和负有特定职责的人员及时收集、报告有关信息，向社会公布反映突发事件信息的渠道，加强对突发事件发生、发展情况的监测、预报和预警工作。

3. 组织有关部门和机构、专业技术人员、有关专家学者，随时对突发事件信息进行分析评估，预测发生突发事件可能性的大小、影响范围

和强度以及可能发生的突发事件的级别。

4.定时向社会发布与公众有关的突发事件预测信息和分析评估结果,并对相关信息的报道工作进行管理。

5.及时按照有关规定向社会发布可能受到突发事件危害的警告,宣传避免、减轻危害的常识,公布咨询电话。

《国家突发公共事件总体应急预案》提出了六项突发公共事件应急处置工作原则,基本内容如下。

1.以人为本,减少危害。切实履行政府的社会管理和公共服务职能,把保障公众健康和生命财产安全作为首要任务,最大程度地减少突发公共事件及其造成的人员伤亡和危害。

2.居安思危,预防为主。高度重视公共安全工作,常抓不懈,防患于未然。增强忧患意识,坚持预防与应急相结合,常态与非常态相结合,做好应对突发公共事件的各项准备工作。

3.统一领导,分级负责。在党中央、国务院的统一领导下,建立健全分类管理、分级负责,条块结合、属地管理为主的应急管理体制,在各级党委领导下,实行行政领导责任制,充分发挥专业应急指挥机构的作用。

4.依法规范,加强管理。依据有关法律和行政法规,加强应急管理,维护公众的合法权益,使应对突发公共事件的工作规范化、制度化、法制化。

5.快速反应,协同应对。加强以属地管理为主的应急处置队伍建设,建立联动协调制度,充分动员和发挥乡镇、社区、企事业单位、社会团体和志愿者队伍的作用,依靠公众力量,形成统一指挥、反应灵敏、功能齐全、协调有序、运转高效的应急管理机制。

6.依靠科技,提高素质。加强公共安全科学研究和技术开发,采用先进的监测、预测、预警、预防和应急处置技术及设施,充分发挥专家队伍和专业人员的作用，提高应对突发公共事件的科技水平和指挥能力，避免发生次生、衍生事件；加强宣传和培训教育工作，提高公众自救、互救和应对各类突发公共事件的综合素质。

求职者应熟悉了解突发公共事件处理的程序步骤和基本原则，面试中针对具体情况和具体角色，灵活进行应答。

? 思考题：

1. 2020年6月13日16时46分左右，在G15沈海高速温岭市大溪镇良山村附近高速公路上一辆槽罐车冲出高速公路并爆炸，导致周边部分民房及厂房倒塌，造成多名群众伤亡。假如由你负责组织医疗支援和救治工作，你会怎么筹划组织？

2. 一家大型超市在举办送礼品抢购活动中，因参与人数太多、秩序混乱、发生争执，领导安排你立即前往负责处理，你会怎么办？

第五章

洞悉时事:站在时代前沿眺望

第五章　洞悉时事：站在时代前沿眺望

【三言两语】　面对跌宕起伏、波澜壮阔的人类社会发展历程，只有紧扣前进脉搏，把握风云际会，瞄准天下大势，才能站在时代的前沿眺望。历经百年沧桑巨变，筚路蓝缕大国崛起，党的面貌、国家的面貌、人民的面貌、中华民族的面貌发生了前所未有的变化，中华民族正以崭新的姿态屹立于世界的东方。胸怀大局者，理应兼顾四方；洞悉时事者，定能博古鉴今；拼搏奋斗者，更会顺势而为。

我们处在一个怎样的时代，这个时代的基本特征是什么，这个时代最需要的是什么，这个时代将朝着什么方向发展，这些都会体现在时事中。通过持续地关注时事、学习时事、了解时事，就能培养出自己的时代感，把自己融入这个时代，把握住这个时代发展的脉络和契机。

对于求职者来说，为什么要培养时代感？是为了你的面试应答乃至拼搏奋斗、成长进步更具时代感。知道你身处怎样的一个时代，无论是你的选题、你的观点、你的语言，还是你的风格气质和内涵素养等，都会紧贴这个时代、反映这个时代、融入这个时代，带着这个时代的味道和温度，而不是脱离这个时代。

无论是党政机关、企事业单位，还是社会团体、公益性组织，只有了解掌握时事，至少是掌握本领域、本岗位、本专业的时事知识和热点问题，才能在实际工作中找准方向、升华认知、提升本领。作为招聘单位和考官，对求职者进行时事问题考察，是一项重点内容。目前的公务员考试、军队文职人员招聘考试，以及军转干部安置考试，也都将时事问题作为重

决胜面试

要内容。

从历史、发展水平和国际三个维度来看,我国发展已经站在了新的历史方位。经过中国人民坚持不懈的拼搏奋斗,在新中国成立特别是改革开放以来我国发展取得的巨大成就的基础上,中国特色社会主义进入了新时代。这个新时代的本质就是实现强起来的时代,就是要实现把我国建成富强民主文明和谐美丽的社会主义现代化强国的目标。今天我们比历史上任何时期都更接近、更有能力和信心实现中华民族伟大复兴的目标。当前和今后一个时期,我国发展的主要任务是在继续推动发展的基础上,着力解决发展不平衡不充分的问题,大力提升发展质量和效益,更好满足人民在经济、政治、文化、社会、生态等方面日益增长的需要,更好地推动人的全面发展和社会进步。

同时,中国特色社会主义新时代,"是我国日益走近世界舞台中央、不断为人类作出更大贡献的时代"。要求我们必须统筹好国内和国际两个大局,在继续加快自身发展、提高发展的质量和效益,不断增强我国国际竞争力和影响力的同时,顺应经济全球化大趋势,回应世界各国对我国发展的关切,坚持对外开放基本国策,奉行互利共赢的开放战略,积极促进"一带一路"国际合作,打造国际新平台,增添共同发展新动力,推动构建人类命运共同体。

面对跌宕起伏、波澜壮阔的人类社会发展历程,只有紧扣前进脉搏,把握风云际会,瞄准天下大势,才能站在时代的前沿眺望。胸怀大局者,理应兼顾四方;洞悉时事者,定能博古鉴今;拼搏奋斗者,更会顺势而为。

需要说明的是,随着时间的推移、发展的加快,时事的热点焦点会不断发生变化。因此学习了解时事,既要关注热点问题、焦点问题,更应注重把握大势、大事,掌握研究时事、认知时事、研判时事的思路和办法,重在从宏观到微观,以大势析大事,以态势研走势,以走势辨来势,

第五章 洞悉时事：站在时代前沿眺望

而不是拘泥于一时一事。我们在其他各个章节中，也穿插了一些时事焦点和舆论热点问题的解读，广大读者和求职者可以结合本章内容融会贯通理解把握。

第一节　新时代新思想

时代是思想之母，实践是理论之源。一个伟大的时代，必将产生从理论思维高度深刻把握这一时代的伟大思想。一种伟大的思想，必将为现实注入强大的生机和活力，引领我们踏上新征程。我们置身于中国特色社会主义新时代，必须以习近平新时代中国特色社会主义思想为科学指引，在新征程上创造新的历史伟业。

时代孕育思想，思想引领时代。一种真正的思想一旦从时代的实践中形成，又会以巨大的反作用力影响时代、推动时代、引领时代。党的十八大以来，党和国家的事业发生历史性变革和成就。这些历史性变革，力度之大、范围之广、效果之显著、影响之深远，在党的历史上、新中国发展史上、中华民族发展史上都具有十分重大的意义。

在这次抗击新冠肺炎疫情中，这种历史性变革和成就被进一步检验、验证和延续，中国道路、中国理论、中国制度、中国文化的显著优势更加凸显，中国精神、中国力量、中国效率空前强大，进一步彰显，中国共产党带领中国人民历经苦难积蓄起来的伟大磅礴力量，得到全面的、有力的转化和迸发。

一、坚强领导铸牢中国魂

没有共产党就没有新中国。中华民族历经磨难，但从未被压垮过，而是愈挫愈勇，不断在磨难中成长、从磨难中奋起，关键有党的领导，关键靠党的领导。中国特色社会主义最本质的特征是中国共产党的领导，中国特色社会主义制度的最大优势是中国共产党的领导。坚持党的领导是当代中国最高的政治原则，是实现中华民族伟大复兴的关键所在，没有中国共产党坚强有力的领导，中华民族将是一盘散沙。

中国共产党的领导是中华民族的信念之魂、精神之魂、力量之魂。中国共产党的领导已融入中华民族的血脉，融入中华民族发展的基因。党的领导地位是历史的选择，也是人民的重托，归根到底是近代以来中国的历史逻辑、政治逻辑、实践逻辑所决定的。正是有了党的坚强领导，中华民族才从根本上改变了自己的命运，中国人民才从根本上改变了命运，中国才取得了举世瞩目的伟大成就，中华民族才迎来了伟大复兴的光明前景。

铸牢这个"魂"历经磨难——这是历史的选择。江河万里总有源，树高千尺也有根。在中国人民反抗封建统治和外来侵略的激烈斗争中，在马克思列宁主义同中国工人运动结合的过程中，1921年中国共产党应运而生。中国共产党一经成立就义无反顾肩负起带领人民谋求民族独立、人民解放和实现国家富强、人民幸福的历史重任，团结带领人民进行了艰苦卓绝的斗争，谱写了气吞山河的壮丽史诗。有一种自觉叫历史自觉。历史自觉是对社会运行规律的深刻领悟，是对前行道路的正确选择，是对历史发展前景的主动探索。我们党在历经苦难中建立了这种历史自觉，形成了这种自觉，启发了这种自觉，凝聚了这种自觉，在历史的大风大

浪中千淘万漉,中流击水,立于潮头。

铸牢这个"魂"顺应大势——这是时代的选择。中国共产党的初心和使命,就是为中国人民谋幸福,为中华民族谋复兴。世界发展既充满希望,也面临挑战,我们的未来无比光明,但前方的道路不会平坦。从全面建成小康社会到基本实现现代化,再到全面建设社会主义现代化强国,是新时代中国特色社会主义发展的战略安排,是实现中华民族伟大复兴的中国梦的最强音。在擘画这开天辟地的宏伟蓝图中,是我们党顺应了时代大势,也是时代大势选择了我们党。

铸牢这个"魂"深入人心——这是人民的选择。全心全意为人民服务,是我们党的性质和宗旨。中国人民之所以始终拥护党的领导核心地位,就在于党团结带领人民创造了一个又一个彪炳史册的人间奇迹。我们党始终树立以人民为中心的发展理念,坚持人民至上,坚持造福人民,坚持依靠人民,坚持根植人民,人民拥护不拥护、人民赞成不赞成、人民高兴不高兴、人民答应不答应,是全党想事情、做工作对不对、好不好的基本尺度。习近平总书记是在长期革命实践中、在新的伟大斗争中、在人民群众中成长起来的我们党的领袖、人民的领袖,具有马克思主义政治家非凡的政治智慧、高超的领导能力、强大的人格魅力。党的十八届六中全会明确了习近平总书记党中央的核心、全党的核心地位,这是全党的郑重选择,体现了全党、全国人民的共同心声。

二、"两个一百年"起航中国梦

党的十九大报告清晰擘画全面建成社会主义现代化强国的时间表、路线图:在2020年全面建成小康社会、实现第一个百年奋斗目标的基础上,再奋斗15年,在2035年基本实现社会主义现代化。从2035年到本世纪中叶，在基本实现现代化的基础上，再奋斗15年，把我国建成富强民主文明和谐美丽的社会主义现代化强国。

中国梦不是"乌托邦"式的。世界社会主义500年，马克思、恩格斯实现了社会主义从空想到科学、从理论到实践的发展。习近平新时代中国特色社会主义思想，是马克思主义中国化的最新成果，是经过实践检验、富有实践伟力的强大武器。历史的车轮滚滚向前，我们党的奋斗目标始终与历史同步伐、与时代共命运，"两个一百年"的战略安排，对经济建设、政治建设、文化建设、社会建设和生态文明建设等提出明确要求，是既鼓舞人心又切实可行的时间表和路线图。

这个梦不是"土豆加牛肉"的。苏联领导人赫鲁晓夫1964年4月曾在一次演讲中说"福利共产主义"是"一盘土豆烧牛肉的好菜"。1965年5月毛泽东作了一首词《念奴娇·鸟儿问答》，采用寓言的方式，借用鲲鹏和雀儿的对话、问答的形式，艺术地概括了当代马克思主义者和当时所说的苏联现代修正主义者的大论战。让我们来重温一下这首恢宏大气又诙谐幽默的词吧。

念奴娇·鸟儿问答

鲲鹏展翅，九万里，翻动扶摇羊角。
背负青天朝下看，都是人间城郭。
炮火连天，弹痕遍地，吓倒蓬间雀。
怎么得了，哎呀我要飞跃。
借问君去何方，雀儿答道：有仙山琼阁。

决胜面试

> 不见前年秋月朗,订了三家条约。
> 还有吃的,土豆烧熟了,再加牛肉。
> 不须放屁!试看天地翻覆。

几十年过去了,中国的变化真的已经天地翻覆。"千磨万击还坚劲,任尔东西南北风。"中国共产党带领中国人民,经过一次次挫折、一次次碰壁、一次次觉醒、一次次实践、一次次突破,最终走出了一条符合自己国情的中国特色社会主义成功之路,而不是其他的什么主义。

这个梦不是"敲锣打鼓"的。习近平总书记指出,中华民族伟大复兴,绝不是轻轻松松、敲锣打鼓就能实现的,实现伟大梦想必须进行伟大斗争。党的十八大以来,我们党带领全党全国各族人民进行具有许多新的历史特点的伟大斗争,推动党和国家事业全面开创新局面。这种局面的取得,是我们党始终强化斗争意识、鼓足斗争勇气、把握斗争规律、讲究斗争艺术、提高斗争本领的结果,是我们党保持将革命进行到底精神,敢于担当、勇于碰硬的结果,是我们党在原则面前不让步、在困难面前不低头、在阻力面前不退缩的结果。没有什么能够阻挡我们党带领中国人民实现伟大梦想。

这个梦不是"哪一群人"的。习近平总书记指出:"每个共产党员都要弄明白,党除了人民利益之外没有自己的特殊利益,党的一切工作都是为了实现好、维护好、发展好最广大人民根本利益。"邓小平同志说:"我的一贯主张是,让一部分人、一部分地区先富起来,大原则是共同富裕。一部分地区发展快一点,带动大部分地区,这是加速发展、达到共同富裕的捷径。"习近平总书记反复强调,全面小康路上一个都不能少,脱贫致富一个不能落下。中国梦是国家情怀、民族情怀、人民情怀统一的梦,归根到底是人民的梦。实现中华民族伟大复兴,不是哪一个人、哪一部分人的梦想,而是全体中国人民共同的追求。中国梦的源泉在于人民,归宿在于人民。只要每个人把人生理想融入国家和民族的伟大梦想之中,敢于有梦、勇于追梦、勤于圆梦,就能汇聚起实现中国梦的强大力量。

三、改革开放铺就中国路

改革开放是党在新的时代条件下带领全国各族人民进行的新的伟大革命。习近平总书记指出:只有社会主义才能救中国,只有改革开放才能发展中国、发展社会主义、发展马克思主义;改革开放是决定当代中国命运的关键一招,也是实现"两个一百年"奋斗目标、实现中华民族伟大复兴的关键一招。

旗帜决定方向,道路决定命运。改革开放是一场深刻革命,必须坚持正确方向,沿着正确道路前进。改革和开放同时进行,二者相辅相成。改革是开放的条件,开放是改革的外部推动力。

改革扫清前进道路上的障碍。我国改革开放历经40多年的伟大实践,走到了一个新的历史关头,改革已经进入深水区和攻坚区,推进全面深化改革的复杂程度、敏感程度、艰巨程度前所未有。强调改革,就是勇于自我革命,敢于直面问题,敢于站在一个又一个"娄山关""腊子口"前;强调深化,就是敢于啃硬骨头,敢于涉险滩;强调全面,就是不是某一领域、某一方面的单项冒尖和突进,而是顶层设计、全面系统改革,使得各方面协调推进形成合力。

全面深化改革的总目标是完善和发展中国特色社会主义制度、推进国家治理体系和治理能力现代化,就是通过提高科学执政、民主执政、依法执政水平,使我们在推进中国特色社会主义道路上更加稳健、更加规范、

更加高效地前行。

开放打开前进道路上的大门。对外开放是我国的基本国策。以开放促改革、促发展，是我国现代化建设不断取得新成就的重要法宝。习近平总书记强调，"我们改革的脚步不会停滞，开放的大门只会越开越大"。实践充分证明，开放带来进步，封闭必然后退，开放是实现繁荣发展的必由之路。回望过去，中国共产党领导中国人民坚持对外开放基本国策，打开国门搞建设，成功实现了从封闭半封闭到全方位开放的伟大转折；面向未来，在经济全球化深入发展、各国经济加速融合的时代，只有打开国门搞建设，坚定不移实施对外开放的基本国策，实行更加主动的开放战略，才能不断为经济发展注入新动力、增添新活力、拓展新空间，才能推动中国经济实现高质量发展，也才能让中国发展更好地惠及世界。

四、丰功伟绩凝聚中国心

邓小平同志讲，发展才是硬道理。习近平总书记指出，从党诞生之日起，中国人民就从精神上由被动转为主动。今天，我国经济实力、科技实力、国防实力、综合国力进入世界前列，我国国际地位实现前所未有的提升，党的面貌、国家的面貌、军队的面貌、人民的面貌发生了前所未有的变化，中华民族正以崭新的姿态屹立于世界的东方。

此次面对突然袭来的新冠肺炎疫情，我们党以人民为中心的执政理念，中国集中力量办大事的制度特点，改革开放40多年来特别是党的十八大以来积累的雄厚综合国力和国家治理现代化的显著成效，中华民族同舟共济、守望相助的文化底色，中国人民深厚的家国情怀、天下情怀，汇聚成抗击疫情的强大合力。中国人民在疫情防控中展现的中国力量、中国精神、中国效率，成为众志成城、共克时艰的力量之本、信心之源，同时也展现出了中国负责任大国的形象,得到国际社会的高度赞誉。

以前总有些人,包括少数党政干部,对我们的道路和制度没信心,觉得我们的政治制度不行、价值观念不行,从骨子里认同西方的所谓"普世价值"。有的甚至认为"西方的月亮就是比中国圆",幻想用西方制度改造中国。

沧海横流,方显英雄本色。毋庸置疑、无可争辩的是,通过这次抗击新冠肺炎疫情,中国人民将更加坚定"四个自信",将更加以作为中华民族的一分子而感到无比骄傲自豪,将更加树牢不畏磨难、砥砺前行的自立意识和自强精神。

自信稳人心,自豪拴人心,自立强人心。

中国特色社会主义进入新时代,近代以来久经磨难的中华民族迎来了从站起来、富起来到强起来的伟大飞跃,迎来了实现中华民族伟大复兴的光明前景。中国特色社会主义这面旗帜在当今世界更加鲜艳夺目、更加令人神往,成为引领21世纪科学社会主义发展的伟大旗帜,成为振兴世界社会主义的中流砥柱。

没有共产党就没有新中国。相信在我们党的带领下,全中国人民在实现中华民族伟大复兴的征程中,必将更加自信、自豪、自立和自强。

习近平总书记指出,理论学习要做到"学、思、用贯通,知、信、行统一"。这是习近平总书记深刻总结成功经验的学习哲学,是对全体党员干部学习贯彻习近平新时代中国特色社会主义思想的新要求新期待。学思用贯通、知信行统一,充分体现辩证唯物主义的认识论、实践论、方法论的高度统一,蕴含着目标与方法、认识与实践的逻辑统一及其辩证唯物主义的哲学要义。

学思用贯通、知信行统一,是理论学习的真经真谛真理,学知、思信、用行的过程,就是认识、实践、再认识……螺旋式上升的思想提升过程,

也是改造主观世界与改造客观世界相统一的深入实践过程,更是我们用习近平新时代中国特色社会主义思想武装头脑、指导实践、推动工作所必须具备的思维方式和行为习惯。

理论创新每前进一步,理论武装就要跟进一步。新时代新任务需要新的思想来指引。学习是我们立足新时代、增强新本领、作出新业绩的重要途径。完成党的历史任务,要求我们党必须建设学习型政党,我们每名党员干部必须成为学习型干部。只有真学、真信、真懂、真用,才能做到理论清醒、信念如磐、意志如铁、敢打必胜,才能遇到挫折撑得住,关键时刻顶得住,扛得了重担,经得起苦难,打得赢硬仗。

作为求职者,学习贯彻习近平新时代中国特色社会主义思想,既是入职的政治必修课、思想必修课、理论必修课,也是贯通我们职业生涯的认知必修课、方法必修课、实践必修课。

典型案例剖析:

【题目设置】

请结合实际谈一谈,你是如何学习贯彻习近平新时代中国特色社会主义思想的。

【题眼透视】

对于如何抓好理论武装,总的要求是"学思用贯通、知信行统一",把武装头脑、指导实践、推动工作结合起来。习近平总书记在加强理论学习上,还提出了很多方法。比如,读原著、学原文、悟原理;再比如,自觉主动学、及时跟进学、联系实际学、笃信笃行学;等等。我们一定要深刻领悟、学懂弄通、贯彻落实这些方法。

求职者可以结合自身实际,从不同的角度进行回答。

【抛砖引玉】

我在学习贯彻习近平新时代中国特色社会主义思想中,主要是努力做好以下五个方面。

第一,内化于心——学出真情来。从群众中来,到群众中去,思想总是带着情感的,理论也是会产生温度的,其中体现着人民立场,饱含着民族感情,蕴含着家国情怀。在学习过程中,我总是能体会到一种爱党爱国爱家的深厚情感。这种情感也感召着我、激励着我用心去学习、用心去体悟,把理论的情感温度转化成自觉学习的热度。

第二,外化于行——学出担当来。学思想的目的是贯彻思想、用好思想。比如,在中央军委机关工作期间,我就是围绕自己的岗位、自己的职责、自己担负的任务,把习近平强军思想细化具体化并贯彻落实到实际工作当中。设计重大计划、推进重大任务、制定重大政策,始终坚持全面学习领会、精准对标对表:习总书记的决策意图贯彻了没有、指示要求落实了没有、重大关注回应了没有、指出的问题解决了没有,都要反复检视、跟踪问效。

第三,立之于根——学出规律来。毛主席强调:"学习一定要学到底,学习最大的敌人是不到'底'。"为什么到不了底?我觉得,就是还没有抓住本质和规律,就会浮在表面、止于浅层。因此,我在学习中注重融会贯通,领会要义、悟出原理、明白事理,把大道理拉近、深道理辨浅,把抽象的变成具体的,用大道理管住自己的小道理,用大思想贯通自己的小思想,用大规律统领自己的小规律。

第四,得之于法——学出本领来。习近平新时代中国特色社会主

> 义思想，是坚持和运用辩证唯物主义和历史唯物主义的光辉典范，蕴含着马克思主义的基本立场、观点和方法，既有正确的世界观、历史观，也有科学的认识论、方法论，是我们推动工作、解决问题的"金钥匙"。学习过程中，我坚持带着疑问从中找答案，带着问题从中找方法，带着方法从中找方法论，不断提高历史思维、体系思维、战略思维、创新思维、辩证思维、法治思维、底线思维等思维水平和运用能力。
>
> 第五，固之于魂——学出信仰来。我深深感到，学了才能体会到博大精深，用了才能感受到真理的力量。知是前提基础，信是自然升华，行是主动转化。通过学习，以"知"促"信"、以"信"促"行"、以"行"促"知"，努力做到知信行合一，通过学习和实践不断把理论转化成信仰的力量、哲理的力量、精神的力量、前进的力量。

思考题：

1. 为什么说"中国特色社会主义已经进入新时代"，谈谈你的认识理解。
2. 请你谈谈对我们党初心和使命的认识理解。

第二节　决胜全面建成小康社会

小康，蕴含着中华民族对安定幸福生活的恒久守望。小康社会，是中华民族自古以来追求的理想社会状态。党的十八大以来，以习近平同志为核心的党中央提出全面建成小康社会的目标要求，规划和设计了未来美好生活的宏伟蓝图。总的任务是：紧扣社会矛盾主要变化，统筹推进经济建设、政治建设、文化建设、社会建设、生态文明建设"五位一体"总体布局，坚定实施科教兴国战略、人才强国战略、创新驱动发展战略、乡村振兴战略、区域协调发展战略、可持续发展战略、军民融合发展战略，坚决打好防范化解重大风险、精准脱贫、污染防治三大攻坚战，确保决胜全面建成小康社会完美收官。

全面建成小康社会将促进人的全面发展作为价值目标追求，体现了社会主义的核心价值理念，是社会主义制度优越性的具体体现，体现了人类社会发展的必然趋势和发展规律。

一、关键之年

2020年，是全面建成小康社会一鼓作气向重点线冲刺的历史时刻。决胜是冲锋号，决胜是总动员；决胜阶段最为关键，冲锋时刻愈显奋勇。

2020年许多重大事件集中发生、相互交汇，这一年必将是历史上不平凡的一年，必将载入实现中华民族伟大复兴征程的光辉史册。

2020年，是抗击新冠肺炎疫情的战斗之年。新冠肺炎疫情发生后，党中央将疫情防控作为头等大事来抓，习近平总书记亲自指挥、亲自部署，坚持把人民生命安全和身体健康放在第一位，开展疫情防控的人民战争、总体战、阻击战。在党中央领导下，各地区各部门履职尽责，社会各方面全力支持，中华儿女风雨同舟、守望相助，筑起抗击疫情的巍峨长城。经过全国上下艰苦卓绝努力并付出牺牲，疫情防控取得重大战略成果。

2020年，是全面建成小康社会的收官之年。习近平总书记指出："到2020年全面建成小康社会，实现第一个百年奋斗目标，是我们党向人民、向历史作出的庄严承诺。"2020年，到了我们党兑现承诺的一年。2020年3月6日，习近平总书记在决战决胜脱贫攻坚座谈会上，对如期完成脱贫攻坚目标任务、全面建成小康社会作出明确部署要求。

2020年，是"两个一百年"奋斗目标的交汇之年。习近平总书记指出，"从十九大到二十大，是'两个一百年'奋斗目标的历史交汇期。我们既要全面建成小康社会、实现第一个百年目标，又要乘势而上开启全面建设社会主义现代化国家新征程，向第二个百年奋斗目标进军。"2020年正是这一历史交汇期的节点之年，也成为"两个一百年"奋斗目标的交汇之年。

2020年，是"两步走"战略安排第一个阶段的起点之年。党的十九大围绕新时代实现中华民族伟大复兴新的历史使命，对新时代推进我国社会主义现代化建设，作出新的顶层设计，提出分两步走在本世纪中叶建成社会主义现代化强国的战略安排。两步走的第一个阶段，从2020年到2035年，在全面建成小康社会的基础上，再奋斗15年，基本实现社会主义现代化。2020年这个时间节点，是打好基础、接续发展、谋划长远之年，是"两步走"的起点之年。

二、防范化解重大风险攻坚战

全面建成小康社会过程中，我国面临着国内的经济风险、政治风险、意识形态风险、社会风险、自然灾害风险，以及国际经济风险、政治风险、军事风险等。"如果发生重大风险又扛不住，国家安全就可能面临重大威胁，全面建成小康社会进程就可能被迫中断。"

稳定是化解重大风险的前提。防范化解重大风险，是保持经济社会大局稳定的战略举措，是全面建成小康社会的保障，是推动高质量发展的基础。

2020年是全面建成小康社会的收官之年，中国将历史性地解决绝对贫困问题，实现全面建成小康社会，必将极大提升全国人民的自信心自豪感。但是必须清醒看到，新冠肺炎疫情对我国经济和社会发展带来前所未有的冲击，特别是因疫情影响，世界主要经济体受到严重冲击，金融市场大幅震荡，世界经济下行风险加剧，西方社会恐慌情绪增长，民粹主义、排外主义和各种反全球化思想滋长传播，单边主义、保护主义大行其道，世界发展存在诸多变数。这些内外风险交织关联、叠加放大，防范化解重大风险的不确定性增大，压力明显增加。

防范化解重大风险是经济领域的重要部署。打好防范化解重大风险攻坚战，重点是防控金融风险。金融稳，则经济稳；经济稳定有序发展，才能更平稳有效地推进其他各项改革。新冠肺炎疫情从多个渠道给金融运行带来影响，总体上会形成预期冲击、实体传导、政策消化三个冲击阶段，形成阶段性、结构性、叠加性等特征。此外，债务风险、房地产市场风险、社会领域风险，受到疫情防控和金融风险影响，也会产生传导性和叠加性风险。

决胜面试

打好防范化解重大风险攻坚战，主要从四个方面落实：一是把防范金融风险放在更加重要的位置，建立健全双支柱（货币政策和宏观审慎政策）宏观调控框架，提升金融服务实体的能力；二是防控债务风险，从规模与结构认识债务的实际情况，从设计监管框架、完善体制机制、构建预警指标体系、建立追责制度等方面抓好落实；三是防范化解房地产市场风险，把握房地产市场状况，从增加住房和用地供给、完善租房制度、完善住房金融制度等方面抓好落实；四是防范社会风险，从加强和改善民生的源头、完善风险评估机制、运用法治思维方式、提高领导干部驾驭风险本领等方面抓好落实。

三、精准脱贫攻坚战

实现贫困人口和贫困地区同全国人民一道进入小康社会，脱贫攻坚是底线任务，是标志性指标。2020年前，在我国现行标准下，要实现农村贫困人口脱贫，贫困县全部摘帽，解决区域性整体贫困。

脱贫攻坚是习近平总书记心里最牵挂的一件大事，花的精力最多。习近平总书记每到一个地方调研，都要到贫困村和贫困户了解情况。"他们的生活存在困难，我感到揪心。他们生活每好一点，我都感到高兴。"从2015年到2020年，习近平总书记先后就打赢脱贫攻坚战召开了多个专题会议。其中，2020年3月6日召开的决战决胜脱贫攻坚座谈会，是党的十八大以来脱贫攻坚方面最大规模的会议，主要目的就是动员全党全国全社会力量，以更大决心、更强力度推进脱贫攻坚，确保取得最后胜利。

1. 成效显著。党的十八大以来，在以习近平同志为核心的党中央坚强领导下，在全党全国全社会共同努力下，我国脱贫攻坚取得决定性成就。脱贫攻坚目标任务接近完成，贫困人口从2012年年底的9899万人减到 2019 年年底的 551 万人，贫困发生率由 10.2% 降至 0.6%，区域性整体贫困基本得到解决，贫困群众"两不愁"质量水平明显提升，"三保障"突出问题总体解决，群众出行难、用电难、上学难、看病难、通信难等长期没有解决的老大难问题普遍解决，义务教育、基本医疗、住房安全有了保障，贫困地区经济社会发展明显加快。2020 年脱贫攻坚任务完成后，我国将提前 10 年实现联合国 2030 年可持续发展议程的减贫目标。

2. 挑战严峻。2020 年是脱贫攻坚最后一年，原本就有不少硬仗要打，收官之年又遭遇疫情影响，各项工作难度更大、任务更重、要求更高。脱贫攻坚战不是轻轻松松一冲锋就能打赢的，从决定性成就到全面胜利，面临的困难和挑战依然艰巨，决不能松劲懈怠。主要有四个方面挑战：一是剩余脱贫攻坚任务艰巨；二是新冠肺炎疫情带来新的挑战；三是巩固脱贫成果难度很大；四是脱贫攻坚工作需要加强。

3. 郑重承诺。到 2020 年现行标准下的农村贫困人口全部脱贫，是党中央向全国人民作出的郑重承诺，必须如期实现，没有任何退路和弹性。

4. 新的起点。脱贫摘帽不是终点，而是新生活、新奋斗的起点。要接续推进全面脱贫与乡村振兴有效衔接，推动减贫战略和工作体系平稳转型，统筹纳入乡村振兴战略，建立长短结合、标本兼治的体制机制。总的要有利于激发欠发达地区和农村低收入人口发展的内生动力，有利于实施精准帮扶，促进逐步实现共同富裕。

5. 六稳六保。中央首次提出"六稳"是在 2018 年 7 月。当时，中美贸易摩擦加剧，外部环境发生明显变化，经济运行稳中有变，稳中有忧。中央审时度势，未雨绸缪，旗帜鲜明提出"要做好稳就业、稳金融、稳外贸、稳外资、稳投资、稳预期工作"，把"六稳"作为实现经济稳中求进的基本要求。2020 年年初，突如其来的新冠肺炎疫情严重冲击我国经济，造成前所未有的影响。经济形势发生重大变化，外部环境严重恶化，经济

 决胜面试

平稳健康发展面临一系列新挑战和新风险。鉴于此，中央及时作出新的安排，在扎实做好"六稳"的基础上，提出了"六保"的新任务，即保居民就业、保基本民生、保市场主体、保粮食能源安全、保产业供应链稳定、保基层运转，形成了"六稳"加"六保"的工作框架。

典型案例剖析1：

【题目设置】

中央文明办今年文明城市测评指标中，明确要求不将占道经营、马路市场、流动商贩列为文明城市的测评考核内容。规定出台后，多地地摊经济迅速出现在大街小巷。对此，你怎么看？

【题眼透视】

地摊经济是在新冠肺炎疫情对经济社会发展造成严重冲击之后，中央提出来的政策手段，目的在于缓解就业压力，是"六稳"工作的应有之义。从行业发展看，在传统行业挤出劳动力、新兴行业难以吸纳劳动力的大格局下，鼓励地摊经济是有一定必要的；从劳动力年龄结构看，25岁以下和59岁以上的非主力就业人群，面临就业的压力更大，地摊经济无疑为这些人就业提供了机会；从失业情况看，因为疫情影响，失业人数大量增加，为他们寻找就业机会的任务十分紧迫。

地摊经济，体现了我们党和政府坚持以人民为中心的发展理念，积极回应人民群众关切，真正为人民群众谋福祉，同时又紧紧依靠人民群众推动经济发展。

回答这道题目，应充分考量出台这项政策的现实背景和重大意

义，注重抓住主要矛盾和正面的、积极的因素，结合地摊经济特点，对政策进行阐释和解读。

【抛砖引玉】

鼓励地摊经济，体现了我们党和政府坚持以人民为中心的发展思想，体现了对优先保障民生的重视和关注。

一是帮助大众就业。保就业创业就是保民生。大众创业，万众创新，大家第一印象可能是高大上，但对于一般民众来说，搞一个特色小吃摊可能就是就业创业。四川成都允许占道经营，设置3.6万个流动商贩摊位，一夜之间解决了10万人就业。可以想象，这是多大的民生啊！地摊不仅带动就业，而且能够辐射融合、创新相关产业。比如，阿里巴巴出台"1688助推地摊经济扶持计划"，京东启动"星星之火"计划，微信发布"全国小店烟火计划"，美团启动"春风行动"百万小店计划，苏宁推出"夜逛合伙人计划"，五菱集团还推出了"地摊专用车"。

二是营造人间烟火。对于普通大众来说，地摊经济方便大家的衣食住行，映射的是生活冷暖，反映的是城市活力。有烟火的地方，才有温度，才有情感，才有其乐融融。特别是疫情期间，人们的消费欲望和交流需求得到压抑和遏制。地摊经济不仅能强劲服务行业、促进消费，也能让普通大众找到消费娱乐、沟通交流的场所和渠道。所以，李克强总理说地摊经济、小店经济是人间烟火，和"高大上"一样，是中国的生机。

三是关注弱势群体。摆地摊、开小店的多是一些就业能力相对较弱的群体。一个地摊可能解决一家人的生活来源，可能解决一个学生的学费。习近平总书记指出，全面小康一个都不能少。允许生

活在城市里的人摆地摊、开小店，就是让他们不被甩在全面奔小康之路的后面。

四是注重因势利导。从以往的封堵追赶到现在鼓励引导规范经营，体现了党和政府实事求是的理念和作风。大家都有切身感受，以往不管怎么管，小商小贩总会在我们身边，而且越赶矛盾越多、秩序越乱。所以，与其围追堵截，不如主动疏导，真正把人民群众的需求力变成生产力、市场力和就业力。

至于地摊经济带来的街道脏乱、交通拥堵、噪声扰民、食品安全、假冒伪劣等问题，通过科学规范、充满温度的引导和治理，相信也一定能够得到有效的解决。

典型案例剖析2：

【题目设置】

李克强总理在答记者问时强调，中央政府要带头过紧日子，我们把中央部门的非急需非刚性支出压减一半，调出资金用于基层企业和民生；各级政府都要过紧日子，决不允许搞形式主义，干那些大手大脚花钱的事。谈谈你的认识理解。

【题眼透视】

受新冠肺炎疫情影响，2020年上半年我国GDP下降了1.6个百分点，社会经济建设发展受到空前影响。如何积极克服困难、走过艰难时刻，是摆在我们党和政府面前的重大考验。在考验面前充分体现了我们党始终以人民为中心的发展理念，坚持一切为了人民，一切依靠人民。同时，也体现了我们党"打铁还靠自身硬""要求群众做到的，自己首先做到"的以上率下和求真务实作风。

【抛砖引玉】

我觉得，李克强总理的讲话，可以从三个方面认识和理解。

一是体现了以人民为中心的理念。"政府过紧日子，是为了让百姓过上好日子。"政府过紧日子，是为了把更多资源调整给社会民生，更好地保障民生。政府过紧日子，社会民生开支就会有更多腾挪空间。这充分展现了党和政府坚持人民至上、关注民生的理念和担当。越是在困难的情况下，越是把人民群众的利益放在心上、放在第一位。

二是体现了带头共克时艰的坚定意志。从中央政府做起，以上率下，以身作则，以实际举措和实际行动推动落实。中央政府率先垂范过紧日子，看似"压减一半"只是个数字，但是在"三公"开支逐年压减的情况下，这只能让中央政府的日子紧上加紧。越是在困难的时候，越能体现战略定力和战略意志。在受到疫情严重影响的情况下，只要全国上下共下一盘棋，拧成一股绳，就能战胜一切困难。

三是体现了从严从实的工作作风。李克强总理强调，决不允许搞形式主义，干那些大手大脚花钱的事；还强调，政策资金要直达地方、直达基层、直达民生，把钱全部落到企业特别是中小微企业，落到社保、低保、失业、养老和特困人员身上。体现了我们党把正风肃纪要求贯穿体现到保障民生各个方面，决不松劲，决不"睁一只眼，闭一只眼"，以及抓铁有痕、踏石留印的作风，保证中央政策惠及民生、惠及群众。

四、污染防治攻坚战

努力建设美丽中国，实现中华民族永续发展，是党的十八大以来以习近平同志为核心的党中央提出的面向新时代的新目标新战略，也是在新的历史条件下需要应对与解决的新挑战和新任务。进入新时代，解决人民日益增长的美好生活需要和不平衡不充分的发展之间的矛盾，对生态环境保护提出许多新要求。

打好污染防治攻坚战是确保中华文明传承的重要前提，是中华民族永续发展的千年大计；打好污染防治攻坚战是解决社会主要矛盾的重要保障，是满足人们对空气更清新、环境更美丽、水源更安全等需求的实际举措；打好污染防治攻坚战，是转变经济发展方式的必然要求，为经济社会持续健康发展提供新的增长点、支撑点和发力点；打好污染防治攻坚战是推动生态文明建设的内在要求，为实现可持续健康和谐发展奠定基础。

打好污染防治攻坚战的主要任务和方法：一是打赢蓝天保卫战，健全法律法规体系，完善环境监控网络，加大环境执法力度，构建全民行动格局；二是推动形成绿色发展方式和生活方式，加快推进生态保护修复，全面促进资源节约集约利用，倡导推广绿色消费，完善生态文明制度体系，加快转变经济发展方式，加大环境综合治理；三是加强生态保护与修复工程，划定并严守生态保护红线，实施重要生态系统保护和修复重大工程，开展国土绿化行动，完善天然林保护制度和扩大退耕还林还草；四是完善环境治理体系，紧紧围绕生态质量持续改善这个核心任务，构建政府、市场、社会三大机制有效发挥作用的治理框架。

第五章 洞悉时事：站在时代前沿眺望

典型案例剖析1：

【题目设置】

2020年5月1日起，修订后的《北京市生活垃圾管理条例》正式实施。不仅是在北京，在中国多个地方，垃圾分类正在成为新风尚，扔垃圾从一件"随手的事"变成"需要好好琢磨一下的事"。请谈谈你怎么看待"垃圾分类"。

【题眼透视】

垃圾分类，一般是指按规定或标准将垃圾分类储存、分类投放和分类搬运，从而转变成公共资源的一系列活动的总称。分类的目的是提高垃圾的资源价值和经济价值，力争物尽其用。进行垃圾分类收集可以减少垃圾处理量，降低处理成本，减少土地资源的消耗，具有社会、经济、生态等几方面的效益。

我们每个人都是垃圾分类的参与者执行者，在实际生活中也会有一些直接的观察和感受，求职者可结合实际进行应答。

【抛砖引玉】

垃圾分类是对垃圾收集处置传统方式的改革，是对垃圾进行有效处置的一种科学管理方法。面对日益增长的垃圾产量和环境恶化的局面，如何通过垃圾分类管理，最大限度地实现垃圾资源利用，减少垃圾处置量，改善生存环境质量，是国家和社会关注解决的重要问题。

我觉得，垃圾分类是一项庞大的系统工程。但一直以来也仅仅只是停留在形式上，大多数居民对此并不关心。虽然北京市出台了生活垃圾管理条例，而且也采取了不少措施，但好像"一阵风"过后，没收到什么效果。从我居住的小区看，基本上也没有什么改变。所以说，垃圾分类迈出第一步很重要，但却是一件急不得、长远计的事情，必须稳步推进、循序渐进展开。

一是构建治理体系。垃圾分类涉及众多主体和环节，比如政府主导、社会协同、公众参与、法治保障、科技支撑，等等。任何一个环节和主体出现了问题，都将会影响整体效能和执行落实。比如，政府出台再好的政策，公众不执行也没有用；居民把垃圾分了，但收垃圾的却一车装了，也是在走形式。垃圾分类管理，一定要建立纵向到底、横向到边的治理体系，才能保证垃圾分类分得开、运得走、用得了，才能形成常态良性循环。

二是注重打好基础。从目前看，推行垃圾分类的基础还不够牢固，思想认识、公民素质、制度机制和垃圾处理能力等基础性工作还有较大差距。其中，教育是基础中的基础。垃圾分类不仅要靠政策约束，还需要从培养习惯做起。我国在推行垃圾分类时，应该更多开展覆盖社会各阶层的垃圾分类知识普及教育，把垃圾分类和处理作为国民素质教育的重要内容。

三是坚持循序渐进。日本从1980年就开始实行垃圾分类回收，经过几十年的努力，才成为世界上垃圾分类回收做得最好的国家。这些年，我国经济建设飞速发展，垃圾量也同时飞速增加，但垃圾分类处理才刚刚起步。这绝非一日之功，不能有一劳永逸、一战而胜的心态，要做好打攻坚战、持久战的准备，一个山头一个山头地攻，一个问题一个问题地解决。

四是融入现代科技。科技改变生活，"互联网+"时代，也应该是"互联网＋垃圾分类"的时代。如果能设计一种App，像"抖音"等新媒体一样，吸引广大群众自觉参与进来，对垃圾分类的识别、投放、处理和反馈等进行全程化大数据跟踪，并把垃圾分类处理的收益按一定比例返还给参与者，必能极大提高大家的积极性和监管效率。这在技术和管理上，都是可以实现的。

总之，我觉得实现垃圾分类最终还是取决于经济发展水平和社会文明程度。万事开头难，相信通过我们所有人的共同努力，以钉钉子精神，一锤接着一锤敲，就一定能取得"垃圾分类战役"的胜利。

典型案例剖析2：

【题目设置】

习近平总书记强调，要坚持人与自然的和谐共生。建设生态文明是中华民族永续发展的千年大计。请你谈谈为什么要坚持人与自然的和谐共生。

【题眼透视】

党的十八大作出"大力推进生态文明建设"的战略部署，首次明确"美丽中国"是生态文明建设的总体目标。

习近平总书记多次对"美丽中国"作出明确指示和形象描述。要求贯彻创新、协调、绿色、开放、共享发展方式，改善环境质量，建设天蓝、地绿、水净的美丽中国。

生态文明建设是人民群众共同参与、共同建设、共同享有的事业，无论是求职者还是读者，都应当有生态环境保护的意识，学习了解生态文明建设的历史背景、重大意义和思想内涵，当好参与者、维护者、建

设者。

【抛砖引玉】

坚持人与自然的和谐共生体现了生态文明建设的极端重要性。生态兴则文明兴，生态环境是人类生存和发展的根基；人与自然是生命共同体，二者相互依存、共生共赢。

第一，这关乎人类能不能生存的问题。现在，人与自然的矛盾比较尖锐，在一些地方还比较突出，出现了土地沙化、湿地退化、水土流失、河流干涸等严重生态问题。如果任其发展，人类的生存都会出现问题。生态可承载文明之舟，亦可颠覆文明之舟。在世界历史上，很多文明的衰退和消亡实际上都和环境的恶化有关。1952年的伦敦雾霾，两个月内造成近8000人死于呼吸系统疾病。前两年我国多地城市也受到雾霾严重影响，给人们的健康带来很大损害。

第二，这关乎人类如何生存的问题。建设生态文明，要从改变自然、征服自然转向调整人的行为、纠正人的错误行为。做到人与自然和谐，不能违反规律征服自然。只有尊重、顺应和保护自然，才能有效防止在开发利用自然上走弯路。只有像保护眼睛一样保护生态环境，像对待生命一样对待环境，多干保护自然、修复自然的实事，多做治山理水、显山露水的事，人和自然才能和谐共生、接续生存。

第三，这关乎人类怎么发展的问题。生态环境问题归根到底是发展方式和生活方式问题。坚持绿水青山才是金山银山的发展理念，把保护生态环境当成发展的应有之义，处理好发展与保护的关系，把绿水青山既当成自然财富、生态财富，又当成社会财富、经济财富，

第五章 洞悉时事：站在时代前沿眺望

> 让良好生态环境成为人们生活质量提升的增长点，成为经济社会持续健康发展的支撑点，为子孙后代留下可持续发展的"绿色银行"。

? 思考题：

1. 国家提倡"把大众创业、万众创新调动起来"，使大众"创业潮"契合政府经济转型的"创新潮"，共同汇聚成一股充满活力的时代洪流。请谈谈你对创业和创新的关系的认识理解。

2. 请用"扶贫工作""授人以鱼""授人以渔"三个关键词，说出你的观点，并加以阐述。

3. 谈谈你对"绿水青山就是金山银山"这句话的认识理解。

4. 我国第三十二个爱国卫生月的主题是"防疫有我，爱卫同行"，全国爱卫办等九部门发布《动员广大群众积极参与爱国卫生运动的倡议书》，号召人们"积极参与爱国卫生运动，为巩固疫情防控成果继续贡献自己的力量"。对此，谈谈你的看法。

5. 请谈谈你对"稳中求进总基调"的认识理解。

第三节　全面深化改革

唯改革者进，唯创新者强，唯改革创新者胜。

改革开放是我们党的一次伟大觉醒，正是这个伟大觉醒孕育了我们党从理论到实践的伟大创造。改革开放是决定当代中国命运的关键一招，也是实现"两个一百年"奋斗目标、实现中华民族伟大复兴的关键一招。改革开放创造了"中国奇迹"，改革开放也必将再造"中国辉煌"。

为方便广大读者和求职者融会贯通学习、体系思考把握，本书在此对全面深化改革的战略部署和思路举措做了大体梳理。

一个目标：全面深化改革的总目标是完善和发展中国特色社会主义制度，推进国家治理能力和治理体系现代化。总目标的两句话是一个整体：前一句，规定了根本方向，这个方向就是中国特色社会主义道路，而不是其他什么道路，即改革要举什么旗、走什么路；后一句，规定了在根本方向指引下完善和发展中国特色社会主义制度的鲜明指向，深刻回答了新时代推进各领域改革要取得什么样的整体结果的问题。

两个阶段：到 2035 年，经济、政治、文化、社会、生态文明、国防和军队、党的建设各方面制度更加科学、更加完善，党、国家、社会各项事务治理实现制度化、规范化、程序化，党科学执政、民主执政、依法执政水平显著提高，国家治理体系和治理能力现代化基本实现；到 21 世纪中叶，构建起系统完备、科学规范、运行有效的制度体系，实现国家治理体系和治理能力现代化，充分体现和发挥我国社会主义制度优越性。

三个标准：构建系统完备、科学规范、运行有效的制度体系。构建系统完备、科学规范、运行有效的中国特色社会主义制度体系是全面深化改革的目标形态，是体现我国社会主义制度优越性的基本标准。中国特色社会主义制度从探索到形成只有几十年的时间，各方面的具体制度还远未成熟定型，仍然有不少缺点和不足。因此，要把制度建设摆在突出位置，以实践基础上的理论创新推动各方面制度创新，让制度更加成熟定型，让发展更有质量，让治理更有水平，让人民更有获得感。

四项保证：第一，根本保证是党的领导；第二，组织保证是党的各级组织和各级领导干部；第三，机制保证是组织领导机构和各项政策制度；第四，力量保证是广大群众的积极参与。这"四项保证"贯穿体现"以党的自我革命推动伟大社会革命"的思想理念，推动全面深化改革在更高水平上实现全党全社会的思想上的统一、政治上的团结、行动上的一致、力量上的聚焦。这既是改革得以顺利推进的根本政治保证，也是全面深化改革的关键。

六个方法：第一，坚持以人民为中心；第二，坚持以问题为导向；第三，坚持系统性整体性协同性；第四，坚持"摸着石头过河"和加强顶层设计相结合；第五，坚持法治思维和法治方式；第六，坚持改革发展稳定的统一。这六个方面是全面深化改革的方法论，是对改革特点规律的深刻把握，是辩证唯物主义和历史唯物主义世界观方法论的生动实践和运用。

七项部署：第一，紧紧围绕使市场在资源配置中起决定性作用和更好发挥政府作用，深化经济体制改革；第二，紧紧围绕坚持党的领导、人民当家作主、依法治国有机统一，深化政治体制改革；第三，紧紧围绕建设社会主义核心价值体系、社会主义文化强国，深化文化体制改革；第四，

 决胜面试

紧紧围绕更好保障和改善民生,促进社会公平正义,深化社会体制改革;第五,紧紧围绕建设美丽中国,深化生态文明体制改革;第六,紧紧围绕走中国特色强军之路,深化国防和军队改革;第七,紧紧围绕坚持党的领导、加强党的建设、全面从严治党,深化党的建设制度改革。

全面深化改革,根本在"改革",关键在"深化",重点在"全面"。这是一场全国各个领域从内到外、从上到下、从高到低、从大到小的体系化、深层次改革。大到党、国家和社会,小到一个机关、一个企事业单位、一个部门、一个群体等,无不身处改革的大潮之中。我们每个人都是改革的参与者、见证者、受益者。

改革永远在路上。改革是时代课题,也是时代问卷。改革是改变,是重塑,是打破,是矛盾最突出的领域。改革中的矛盾最顽固、最明显、最活跃。改革是一项长期的、艰巨的、繁重的事业,需要千千万万拥护改革、支持改革、敢于担当的促进派和实干家。

作为求职者,即将奔赴改革涉及的各领域、各岗位、各角落,既应了解全面深化改革的目标思路,也要根据招聘岗位,对相关领域深化改革的现状、矛盾和对策等进行梳理,提前把自己置身于改革的大潮中,为下步入职后参与改革、投身改革打好基础。

典型案例剖析:

【题目设置】

你认为政策制度改革应该注意把握哪些方面?

【题眼透视】

建设法治化国家、法治化社会,首先要做到有法可依。无论是

政府部门、企事业单位,还是各个社会机构,在组织实施管理活动中,都需要制定政策制度,并推动政策制度的贯彻落实。

总的来说,政策制度制定属于立法范畴,也是各级机关需要经常起草的应用材料。一般来说,研究制定政策制度应该注意以下几点:一是把握遵循,坚决贯彻党的路线、方针、政策和决策意图。二是依法立法,做到于法有据,符合法律精神和法律规范。三是体系设计,通盘考虑上位法、下位法和同位法,以及不同领域、不同群体、不同情况的法律适用性,搞好衔接,防止政策碎片化和"翻烧饼"。四是严密论证,科学组织征求意见、测算推演、系统评估、试点试行等各个流程,确保政策经得起历史、实践和群众检验。

这是一道比较宽泛的题目,求职者可以选取小角度切入,防止泛泛而谈,架在空中,难以落地,这样也很难回答出深刻的认识和见解。

【抛砖引玉】

根据我的实际工作体会,我重点从防止出现政策制度"泡沫"角度,谈谈政策制定应注意把握的问题。

政策制度论证和效果显现是具有实践性、周期性、规律性和局限性的,在研究起草政策制度文稿中,就应关注这些特性,把握好这些特征。否则,就会产生政策制度的"泡沫",出现很多僵尸政策、弹簧政策、橡皮泥政策、稻草人政策和朝令夕改政策,影响政策制度的严肃性和权威性。政策制度出现"泡沫",主要体现在以下几个方面。

一是吊高政策胃口。主要是为了调动民众特别是政策执行者参与改革的积极性主动性,往往在宣传造势上过于拔高改革的动机和

目标，使执行者产生不切实际的期待。

二是放大政策功能。主要是忽略了政策制度效果显现的周期性和功能的局限性，企图立竿见影、马上见效，一个政策就能解决思想观念、编制体制和管理方式上的诸多问题。

三是异化政策导向。主要是把出政策当成出政绩、出彩头，定政策当成定工作、定任务，有时用制定政策代替实打实抓落实、解难题，为出政策而出政策，为改政策而改政策。

四是虚化政策内容。主要是一些政策制度中出现"二八现象"。即出台的政策制度只有20%管用，这20%管用的政策制度中，只有20%能得到有效贯彻落实。简单地说，就是政策制度的水分较大、杂质较多。

所以，在政策研究制定过程中，一定要坚持实事求是，防止"泡沫"现象，否则一旦"泡沫"破裂，不仅严重影响党的路线、方针、政策的贯彻执行，而且会给改革带来很多负面因素，影响到政策制度的严肃性权威性，削弱相关领域的法治化建设水平。

思考题：

1. 请你针对招聘岗位和专业，谈谈你对相关领域改革的认识理解，以及有什么好的想法和建议。

2. 请谈谈你对党政领导干部直播带货的看法。

3. 2020年5月22日在第十三届全国人民代表大会第三次会议上，李克强总理在作政府工作报告时指出，"困难挑战越大，越要深化改革，破除体制机制障碍，激发内生发展动力"，对此你怎么看？

第四节　全面依法治国

全面依法治国是中国特色社会主义的本质要求和重要保障，事关我们党执政兴国，事关人民幸福安康，事关党和国家事业的发展，事关全面建成小康社会、实现中华民族伟大复兴的中国梦。

一、中国特色社会主义法治道路

习近平总书记指出，全面依法治国具有基础性、保障性作用，在统筹推进伟大斗争、伟大工程、伟大事业、伟大梦想，全面建设社会主义现代化国家的新征程上，要加强党对全面依法治国的集中统一领导，坚持以全面依法治国新理念新思想新战略为指导，坚定不移走中国特色社会主义法治道路，更好发挥法治固根本、稳预期、利长远的保障作用。

坚持党的领导，坚持中国特色社会主义制度，贯彻中国特色社会主义法治理论，这三个方面是中国特色社会主义法治的核心要义，规定和确保了中国特色社会主义法治体系的制度属性和前进方向。

坚持全面依法治国，建设中国特色社会主义法治体系，建成社会主义法治国家，必须把党的领导贯彻落实到依法治国全过程和各方面，坚定不移走中国特色社会主义法治道路，坚持依法治国、依法执政、依法行政

共同推进,坚持法治国家、法治政府、法治社会一体建设,坚持科学立法、严格执法、公正司法、全民守法全面推进,坚持依法治国和以德治国相结合,坚持依法治国和依规治党有机统一,把依法治国作为党领导人民治国理政的基本方略,把法治作为治理国家的基本方式,不断把法治中国建设推向前进。

2020年5月28日,十三届全国人大三次会议表决通过了《中华人民共和国民法典》,自2021年1月1日起施行。《中华人民共和国民法典》的诞生,宣告中国"民法典时代"正式到来,体现的是时代精神,反映的是人民意愿。民法典是一部真正以人民为中心的法典,标志着中国特色社会主义法治体系的进步完善,标志着中国特色社会主义法治道路的制度优势,标志着建设社会主义法治国家的加快前进。

2020年5月29日,中共中央政治局就"切实实施民法典"举行第二十次集体学习。中共中央总书记习近平在主持学习时强调,民法典在中国特色社会主义法律体系中具有重要地位,是一部固根本、稳预期、利长远的基础性法律,对推进全面依法治国、加快建设社会主义法治国家,对发展社会主义市场经济、巩固社会主义基本经济制度,对坚持以人民为中心的发展思想、依法维护人民权益、推动我国人权事业发展,对推进国家治理体系和治理能力现代化,都具有重大意义。全党要切实推动民法典实施,以更好推进全面依法治国、建设社会主义法治国家,更好保障人民权益。

习近平强调,民法典系统整合了新中国70多年来长期实践形成的民事法律规范,汲取了中华民族5000多年优秀法律文化,借鉴了人类法治文明建设有益成果,是一部体现我国社会主义性质、符合人民利益和愿望、顺应时代发展要求的民法典，是一部体现对生命健康、财产安全、交易便利、生活幸福、人格尊严等各方面权利平等保护的民法典，是一部具有鲜明中国特色、实践特色、时代特色的民法典。

习近平指出，要加强民法典重大意义的宣传教育，讲清楚实施好民法典，是坚持以人民为中心、保障人民权益实现和发展的必然要求，是发展社会主义市场经济、巩固社会主义基本经济制度的必然要求，是提高我们党治国理政水平的必然要求。民法典实施水平和效果，是衡量各级党政机关履行为人民服务宗旨的重要尺度。国家机关履行职责、行使职权必须清楚自身行为和活动的范围和界限。各级党和国家机关开展工作要考虑民法典规定，不能侵犯人民群众享有的合法民事权利，包括人身权利和财产权利。有关政府机关、监察机关、司法机关要依法履行职能、行使职权，保护民事权利不受侵犯，促进民事关系和谐有序。

习近平指出，严格规范公正文明执法，提高司法公信力，是维护民法典权威的有效手段。各级政府要以保证民法典有效实施为重要抓手推进法治政府建设，把民法典作为行政决策、行政管理、行政监督的重要标尺，不得违背法律法规随意作出减损公民、法人和其他组织合法权益或增加其义务的决定。要规范行政许可、行政处罚、行政强制、行政征收、行政收费、行政检查、行政裁决等活动，提高依法行政能力和水平。依法严肃处理侵犯群众合法权益的行为和人员。民事案件同人民群众权益联系最直接最密切。各级司法机关要秉持公正司法，提高民事案件审判水平和效率。要加强民事司法工作，提高办案质量和司法公信力。要及时完善相关民事司法解

释，使之同民法典及有关法律规定和精神保持一致，统一民事法律适用标准。要加强对涉及财产权保护、人格权保护、知识产权保护、生态环境保护等重点领域的民事审判工作和监督指导工作，及时回应社会关切。要加强民事检察工作，加强对司法活动的监督，畅通司法救济渠道，保护公民、法人和其他组织合法权益，坚决防止以刑事案件名义插手民事纠纷、经济纠纷。要充分发挥律师事务所和律师等法律专业机构、专业人员的作用，帮助群众实现和维护自身合法权益，同时要发挥人民调解、商事仲裁等多元化纠纷解决机制的作用，加强法律援助、司法救助等工作，通过社会力量和基层组织务实解决民事纠纷，多方面推进民法典实施工作。

习近平强调，民法典要实施好，就必须让民法典走到群众身边、走进群众心里。要广泛开展民法典普法工作，将其作为"十四五"时期普法工作的重点来抓，引导群众认识到民法典既是保护自身权益的法典，也是全体社会成员都必须遵循的规范，养成自觉守法的意识，形成遇事找法的习惯，培养解决问题靠法的意识和能力。要把民法典纳入国民教育体系，加强对青少年民法典教育。要聚焦民法典总则编和各分编需要把握好的核心要义和重点问题，阐释好民法典关于民事活动平等、自愿、公平、诚信等基本原则，阐释好民法典关于坚持主体平等、保护财产权利、便利交易流转、维护人格尊严、促进家庭和谐、追究侵权责任等基本要求，阐释好民法典一系列新规定新概念新精神。

——摘自新华社 2020 年 5 月 29 日报道

典型案例剖析：

【题目设置】

习近平总书记指出："法安天下，德润人心。坚持依法治国和以德治国相结合，是关系中国特色社会主义事业长远发展的根本大计。"请谈谈你的认识理解。

【题眼透视】

这道题目主要考察的是对法律和道德关系的认识理解。

法律是由国家制定或认可并以国家强制力保证实施的，反映由特定物质生活条件所决定的统治阶级意志的规范体系。

道德是社会意识形态之一，是人们共同生活及其行为的准则和规范。道德通过社会或一定阶级的舆论对社会生活起约束作用。

从基本定义中，我们可以看出二者的联系与区别：从人的角度讲，其核心功能都是"抑恶扬善"，从治国理政的角度来讲，其核心功能都是"善政善治"；但二者实现功能的手段不同，体现为"一软一硬""一内一外""一高一低"。

【抛砖引玉】

坚持依法治国和以德治国相结合，是新时代全面推进依法治国的基本方略，也是基本要求和基本规律。可以从以下三个方面理解把握。

第一，一手划底线，一手指高线。法律是最低标准的道德，道德是最高标准的法律。法律是对人们行为的强制规范，是道德的基础，而道德则是意识形态的约束和追求，是法律的精神升华。坚持依法

治国和以德治国相结合,既守住法律的行为"底线",也追求道德精神境界的"高线"。

第二,一手抓规范,一手抓教化。法律通过强制来实施,道德通过教化来引导。既要重视用好法律的强制性、规范性手段,也要用好道德的引导性、激励性作用,在把法治作为治国理政基础的同时,注重培树社会主义核心价值观,实现法律和道德的相辅相成、法治和德治的相得益彰。

第三,一手安人心,一手聚人心。法律起到约束和保护人的"安人心"作用,道德起到的是润化人心、联系人心的"聚人心"作用。法治产生的安全感、公平感、正义感,德治产生的融入感、归属感和幸福感,能够不断融合汇聚整个民族、国家和社会的凝聚力和向心力。

二、建设法治政府

建设法治政府是法治中国建设事业的重要组成部分,是行政体制改革的重要目标,是全面推进依法行政的具体体现。

法治政府建设的目标是:职能科学,这是法治政府建设中有关政府职能转变的目标;权责法定,是指各级政府及其部门的权力和责任都应于法有据;执法严明,坚持以人为本,严格实施法律、法规和规章;公开公正,以公开求公正,以公正促公开;廉洁高效,基于公共利益行使权力,基于法律行使权力,最大限度方便群众;守法诚信,遵守法律法规要求,坚持"言必信,行必果",履行承诺,兑现承诺。

法治政府的基本内涵,主要包括以下四个方面。

1.有限政府，是指政府与市场、政府与社会各有分工、互相配合，政府尊重市场和社会在资源配置和公共治理中的作用，尊重市场在资源配置中起决定性作用，不大包大揽，不完全凌驾于市场和社会之上。

2.责任政府，对提供的公共服务、监管治理水平承担政治责任，政府及工作人员要为行使职权的行为承担法律和纪律责任。

3.服务政府，就是为人民服务的政府，通过依法办事为人民服务，法治政府建设始终贯穿为人民服务宗旨和精神。

4.透明政府，又称"阳光政府"，是指除保密需要外，政府一切行政活动信息应当向全社会开放，接受全社会观察，接受全社会监督。

典型案例剖析：

【题目设置】

据媒体报道，高考"落榜"16年后，心怀大学梦的陈秀秀（化名）打算报考成人教育学校，来填补心中的遗憾。然而，在信息填报时她才发现，"陈秀秀"已经在山东理工大学"就读"过，并顺利毕业，只是学信网上的"陈秀秀"，照片栏上是另外一个陌生女孩的头像。原来，在16年前，她被另外一个改名为"陈秀秀"的人顶替上了大学。陈秀秀出身于贫困农家，当年以为自己落榜的她命运发生改变，收拾行囊，踏上了漫长的打工生涯。请谈谈你对"冒名顶替上大学"的看法。

【题眼透视】

这是一个舆论热点和痛点问题。之所以成为热点和痛点问题，不仅是大家对冒名顶替者的痛恨，以及对被冒名顶替者的同情，更重要的是这件事戳中了社会的痛点和堵点问题，包括诚信体系、教育公平、贫富分化、弱势群体保护，等等。

这类事件从一个侧面反映出法治政府、法治社会建设的差距不足和存在的漏洞，需要引起重视，缘法求治，缘法而治。

【抛砖引玉】

我觉得，这一事件在社会上造成了非常恶劣的影响，必须深挖彻查，严肃惩治冒名顶替者和相关机构人员，维护法治的公平正义。这一事件对被顶替者本人的伤害是终身的、难以挽回的，对社会也会造成很大很坏的影响。

一是诚信的撕裂。从公民道德层面看，冒名顶替窃取的不仅是别人的学历，而且是别人的人生和希望；从教育层面看，大学里有冒名顶替者，诚信又从何谈起；从政府层面看，从冒名顶替者的招生、审核、入学，再到毕业、入职，各个职能机构的监管又在哪里，如果冒名顶替大面积发生、长时间存在，政府的诚信和威信受到的影响是不言而喻的。

二是教育的失能。教育的基本功能是选拔培养人才、提升公民素质、促进人的全面发展，是我国的根本大计，也是社会的底线公平。难以想象的是，一个高考只有300多分的冒名顶替者，是如何顺利拿到大学毕业证的。教育维护机会公平、育人公平和竞争公平等主要功能被严重削弱。"读书无用论""寒门再难出贵子"等论调就会甚嚣尘上，影响人们对教育求知的追求和向往。

三是法治的弱化。冒名顶替涉及教育管理机构、户籍部门和院校等多个领域和部门，这些部门中的人上下其手，才能让冒名顶替者"名正言顺"地走进象牙塔。其中违规用权、不按规矩办事甚至是权钱交易的问题可想而知，这方面法律法规和制度机制的漏洞也显而易见。目前，国家还没有惩治冒名顶替者的法律，导致违法成本较低。

四是社会的分化。据媒体报道，山东还发现242名冒名顶替者，而且这可能还是冰山一角。我们不难发现，被顶替者绝大多数都是家境贫寒的农村子弟，而顶替者则多数是"富二代""官二代"，或是占有相当资源的人。这不仅会更加造成仇富、仇官、仇政府、仇教育的负面情绪，如果这一情绪不断蔓延，无论从思想认识上，还是从实际占有的资源上，都会造成社会的分化，影响到整个社会的和谐。

五是人权的践踏。受教育权利是公民最基本的权利，教育公平也是底线公平。冒名顶替者和帮助他们冒名顶替的人，其实就是在践踏他人的权利和尊严，剥夺了他人受教育、得发展的权利，毁掉了被顶替者的一生。这种事件的性质和盗窃、抢劫、诈骗、贪污、强奸等犯罪侵犯他人的自由、生命、财产和人身安全等权利没有什么两样，从某些方面讲甚至是有过之无不及。

值得称赞的是，山东省纪委监委、省教育厅、省公安厅等部门单位组成工作专班，依法依规对两起冒名顶替案迅速作出了调查处理，2020年6月20日通报了调查处理情况。其他冒名顶替案件也正在组织调查处理。我觉得，及时调查处理、还原真相，让违法违纪者受到惩处理所应当，但是这只是纠正问题的"上篇文章"，只是治标，对于事件背后的深层次矛盾问题特别是社会法治问题，还要深挖深究，举一反三，标本兼治。

三、建设法治社会

法治社会是法治国家和法治政府的基础，是推进全面依法治国的重要内容，是建设社会主义法治国家的有机组成部分。建设法治社会的主要任务是积极广泛开展依法治理活动，建设社会主义法治文化，创新和落实普法领导体制和运行机制，创新和落实社会治理的法治方式，不断推动社会治理法治化。

党的十九大报告提出："加强社会治理制度建设，完善党委领导、政府负责、社会协同、公众参与、法治保障的社会治理体制，提高社会治理的社会化、法治化、智能化和专业化水平。"

社会治理的社会化。是指民众和社会组织积极参与社会治理，实现多元共治。推动基层组织和部门、行业主体自治管理，支持各类社会主体自我约束、自我管理、自我监督、自我服务，重在增强基层的服务和管理能力。

社会治理的法治化。主要是通过创新社会组织管理的法律机制，建设完备的公共法律服务体系，健全依法维权和纠纷化解机制，规范引导社会治理健康发展，充分发挥社会组织的专业优势及其在社会治理中的功能，推动政府职能转变，优化政府和社会的关系，充分保障和改善民生，积极化解社会矛盾，提高社会治理的法治化水平。

社会治理的智能化。主要是运用互联网技术和信息化手段，推动社会治理模式从单向管理向双向互动、从线下转向线上线下融合、从单纯的政府管理向更加注重社会协同管理转变，主要体现为行政决策的智能化、行政执法的智能化、社会矛盾化解的智能化。

社会治理的专业化。主要是指让专业的人干专业的事，加强基层法治机构和法治队伍建设，增强基层党员、干部法治观念，提高依法办事能力，提升社会治理的专业化水平，为创新社会治理方式打牢专业化的基础保障。

典型案例剖析：

【题目设置】

2018年以来，北京市坚持党建引领，把"街乡吹哨、部门报到"列为全市"1号改革课题"：当街乡遇到需要跨部门、跨区域解决的难题时，由街乡"吹哨"，发出集结令；相关部门"报到"，让各类城市管理力量在街乡综合下沉、力量聚合，形成权责清晰、条块联动的体制机制，切实做到民有所呼、我有所应。请你谈谈对"街乡吹哨、部门报到"这一做法的看法。

【题眼透视】

这道题目应该关注以下要点。

一是这一做法针对的是基层治理难题，主要是横向部门合力不足、纵向基层力量不强的问题，推动基层治理横向到边、纵向到底，形成到基层一线解决问题的导向。

二是这一做法体现了政府以人民为中心、全力服务人民的服务理念和宗旨。

三是这一做法实质是推动城市基层从传统管理向现代治理转变的一场系统性变革。

四是这一做法坚持党建引领，是发挥党的政治优势，加强基层战斗堡垒的贯彻和体现。

【抛砖引玉】

我觉得"街乡吹哨、部门报到"是一次城市基层治理模式的有益改革和创新,主要体现了建设法治社会、提高基层服务能力的几个鲜明导向。

第一,坚持党建引领的导向。这项改革把党建引领放在首位、作为主轴、贯穿始终,对于加强党对基层治理的领导,把党的政治优势转化为社会治理优势,把基层党组织建设成为领导基层社会治理的坚强战斗堡垒,起到了重要作用,为社会基层治理提供了坚强的组织保证和政治保证。

第二,坚持服务人民的导向。城市治理中,往往存在群众办事跑断腿、有苦无处诉;街道乡镇、职能部门回应群众诉求不及时、不到位;党员干部"眼睛向上看",群众诉求被忽视等问题。"街乡吹哨、部门报到"能够建立基层治理的应急机制、服务群众的响应机制,及时感知、精准解决群众身边的操心事、烦心事、揪心事,打通解决问题的"最后一公里"。

第三,坚持改革创新的导向。这种做法是街道管理体制机制的创新,打破了行政组织的"条块分割",整合各方力量参与治理,能够有效推动职能部门和辖区单位力量在街道聚合,从体制机制上为街道党组织领导基层治理、统筹各方力量创造了条件,必将有力推进城市基层治理体系和治理能力现代化。

第四,坚持共治共管的导向。"街乡吹哨、部门报到"体现了党的群众路线,推动广大民众和社会组织积极参与社会治理,拓宽群众参与治理的渠道,让群众的事情群众办,将城市治理向街巷胡同延伸,调动基层政权组织、社区自治组织等各类组织协同用力,激活党委和政府联系服务群众的"神经末梢",必将有力提升共治共管水平。

第五章 洞悉时事：站在时代前沿眺望

思考题：

1. 习近平总书记指出："党和法的关系是政治和法治的关系的集中反映。法治当中有政治，没有脱离政治的法治。"请谈谈你的理解认识。

2. 国家主席习近平2020年6月20日签署了第四十六号主席令，颁布《中华人民共和国公职人员政务处分法》。请谈谈你的看法。

3. 2020年7月9日上午，江西张玉环杀害两名幼童案在江西省高院开庭再审。原审裁判认定张玉环实施犯罪行为的事实不清、证据不足，江西省高院依法改判张玉环无罪。请谈谈你对这一事件的看法。

4. 你怎样认识理解"转变政府职能，深化简政放权"？

第五节　党的领导和党的建设

2021年是中国共产党建党100周年。100年峥嵘岁月，100年砥砺前行。中国共产党团结带领人民不忘初心，牢记使命，进行伟大斗争、推进伟大事业、实现伟大梦想，不断谱写气吞山河的壮丽史诗。

历史证明，没有共产党就没有新中国，就没有中国特色社会主义；没有共产党，就没有中华民族从站起来到富起来再到强起来的伟大飞跃。党的领导是最高政治领导。在中国，只有中国共产党这一核心领导力量，而没有高于中国共产党的领导的政治力量或其他什么力量。

党的领导核心地位不是自封的，而是由党的性质宗旨、党的使命任务、我国的国体政体、国家发展任务等决定的，是近代以来中国的历史逻辑、政治逻辑和实践逻辑演进的必然结果，是历史和人民的选择，也是实现中华民族伟大复兴的必然要求。正因为有了中国共产党的坚强领导，中国人民才从根本上改变了自己的命运，中国发展才取得举世瞩目的伟大成就，中华民族才迎来了伟大复兴的光明前景。坚持中国共产党的领导，是党和国家的根本所在、命脉所在，是全国各族人民的利益所在、幸福所系，是中国特色社会主义制度的最大优势。

党的十九大对新时代党的建设总要求作出明确规定，即坚持和加强党的全面领导，坚持党要管党、全面从严治党，以加强党的长期执政能力建设、先进性和纯洁性建设为主线，以党的政治建设为统领，以坚定理想信念宗旨为根基，以调动全党积极性、主动性、创造性为着力点，全面推进党的政治建设、思想建设、组织建设、作风建设、纪律建设，把制度建设贯穿其中，深入推进反腐败斗争，不断提高党的建设质量，把党建设成为始终走在时代前列、人民衷心拥护、勇于自我革命、经得起各种风浪考验、朝气蓬勃的马克思主义执政党。

典型案例剖析：

【题目设置】

习近平总书记指出，坚持党的领导、加强党的建设，是我国国有企业的光荣传统，是国有企业的"根"和"魂"，是我国国有企业的独特优势。请谈谈你对"根"和"魂"的认识理解。

【题眼透视】

习近平总书记的重要论断，鲜明指出了党的领导和党的建设在国有企业中的地位作用。"根"和"魂"是指具有基础性、支撑性、方向性和主导性作用。

这道题目应该从中国特色社会主义制度优势下，如何把握党建工作在国有企业中的地位作用，以及如何处理与其他领域建设的关系上，进行解读和阐释。

【抛砖引玉】

坚持党的领导、加强党的建设，是我国国有企业的光荣传统，是国有企业的"根"和"魂"，是国有企业不断做强做大的坚强组织保证。我觉得"根"和"魂"两个字非常形象、非常贴切地说明了

党的领导和党的建设,在我国国有企业建设中的基础性、支撑性、方向性和主导性作用。

从"根"的角度看:

第一,有根才能基础牢固。基础不牢,地动山摇。可以从两个方面理解:一方面,有历史之根。一部国有企业发展壮大的历史,就是一部坚持党的领导、加强党的建设的历史。另一方面,有实践之根。经过不断的探索、改革实践,中国特色国有企业的理论、制度和文化基本框架逐步完善,其政治属性逐步巩固,党的领导、党的建设的根系在国有企业建设中不断巩固和深植。

第二,有根才能汲取营养。中国共产党历经磨难、根深本固,在政治、思想、组织、作风、群众工作等方面,有着很多优良传统,形成了独具优势的政治资源、精神资源和文化资源,国有企业把这些与建立现代企业制度结合起来,必能从中汲取到高质营养,必将形成中国国有企业的核心竞争力和强大比较优势。

第三,有根才能聚合能量。党的领导、党的建设的重要职能和功能就是凝心聚力。在企业建设中,就是把各种力量凝聚起来,把各种关系融合起来,把各种要素联结起来,产生党的建设的"根"和企业发展"枝叶"相融合相促进的"光合作用""呼吸作用",形成强大的凝聚力、向心力和战斗力。

从"魂"的角度看:

第一,有魂才能坚守初心。全心全意为人民服务,是我们党的性质和宗旨。但受市场经济的一些负面因素影响,国有企业中还不同程度存在弱化企业宗旨和社会责任的现象。只有在国有企业中把"魂"铸牢,才能保持国有企业"姓党为民"的性质和本色,才能做到不变质不变色,才能坚守民族复兴、人民幸福的初心和使命,真正立起国有企业的责任和担当。

第二,有魂才能把正方向。任何社会的政治,就其性质而言,都是由该社会的经济关系和经济制度决定的。但既要讲经济还要讲政治,政治对经济又有巨大的反作用,指导影响或制约经济的发展。有了正确的政治领导、正确的政治路线和方针政策,经济建设才能沿着正确的道路前进,才能取得成功。

第三,有魂才能拒腐防变。魂是理想信念,魂是精神支柱,魂是真情实感。魂是我们共产党人的"总开关",一个人没有"魂"就会得软骨病,一个企业没有"魂"就好比一座房子没有了"顶梁柱",就会坍塌。特别是在市场经济条件下,国有企业面临的围猎更多、诱惑更大,必须铸牢信仰信念之"魂",守住共产党人共同的精神家园,才能防范消极腐败的风险。

一、政治建设

旗帜鲜明讲政治是马克思主义政党的根本要求。马克思主义政党具有崇高的政治理想、高尚的政治追求、纯洁的政治品质、严明的政治纪律。如果马克思主义政党政治上的先进性丧失了,党的先进性纯洁性就无从谈起。党的政治建设历来是党的建设的根本问题,是党的全部建设的灵魂,必须以党的政治建设统领各项建设。

讲政治是我们党补钙壮骨强身健体的根本保证,是我们党培养自我革命勇气、增强自我净化能力、提高排毒杀菌政治免疫力的根本途径。实践证明,我们党之所以能够始终保持团结和集中统一,始终保持进取精神

和强大力量,历经磨难而不衰,从胜利走向胜利,同我们始终坚持党的政治领导、夯实政治根基、涵养政治生态、防范政治风险、保持政治本色、提高政治能力是息息相关、密不可分的。

党的十九大报告将长期沿用的"思想政治建设"区分为"政治建设"和"思想建设",凸显了政治建设在党的各项建设中的统领和首要地位。党的政治建设是党的根本性建设,党的政治建设决定党的建设方向和效果。在新时代党的建设总布局中,抓实抓好了党的政治建设,就把握住了政治立场、政治方向、政治原则、政治道路,就能对党的思想、组织、作风、纪律建设起到提纲挈领、纲举目张的作用。反之,忽视、弱化政治建设或政治建设抓不好,党的思想建设、组织建设、作风建设、纪律建设就会迷失方向、失去灵魂。

党的政治建设的首要任务,就是保证全党服从中央,坚持党中央权威和集中统一领导。全党必须增强"四个意识"、坚定"四个自信"、做到"两个维护",自觉在思想上政治上行动上同以习近平同志为核心的党中央保持高度一致。认真学习党章,严格遵守党章,严格执行新形势下党内生活若干准则,增强党内生活的政治性、时代性、原则性、战斗性。完善和落实民主集中制各项制度,坚持民主上的集中和集中指导下的民主相结合,既充分发扬民主,又善于集中统一,使全党统一思想、统一意志、统一行动。注重党内政治文化建设,以马克思主义为指导,以中华优秀传统文化为基础,以革命文化为源头,以先进文化为主体,建立形成体现中国共产党党性、积极健康的党内政治文化。

第五章 洞悉时事：站在时代前沿眺望

典型案例剖析1：

【题目设置】

请谈谈你对"党要管党、全面从严治党"的认识理解。

【题眼透视】

习近平总书记指出，我们党要担负起新时代的历史使命，始终成为时代先锋、民族脊梁，始终成为马克思主义政党，自身必须始终过硬。怎样才算过硬？就是要敢于进行自我革命，从严管党治党，把党建设得更加坚强有力。在新时代，我们党必须以党的自我革命来推动党领导人民的伟大社会革命，在更高水平上实现思想上的统一、政治上的团结、行动上的一致，确保我们党永葆旺盛生命力和强大战斗力，为决胜全面建成小康社会、夺取新时代中国特色社会主义伟大胜利提供根本政治保证。这既是我们党领导人民进行伟大社会革命的客观要求，也是我们党作为马克思主义政党建设和发展的内在要求。

"党要管党、全面从严治党"是我们党勇于自我革命、善于自我革命的本质体现。全面从严，就是要在思想、管理、执纪、治吏、作风、反腐和制度上，全部坚持严字当头、初始即严、真管真严、长管长严、一严到底，把严的要求贯彻到管党治党的各个方面和全过程。

【抛砖引玉】

党要管党、全面从严治党，是我们党立足初心使命、站在时代前沿、正视自身问题，以自我革命推动社会革命的鲜明品格和历史责任担当。勇于自我革命、全面从严可以从以下几个方面理解把握。

一是善于自我觉醒。自我革命的前提是自我觉醒。我们党作为马克思主义政党，始终能够用历史唯物主义和辩证唯物主义的观点看待自我、认识自我，始终站在人民的立场检视自我、剖析自我，充分认识到自身肌体产生的顽瘴积弊，充分认识到长期执政、市场经济、改革开放和外部环境"四大考验"，以及精神懈怠、能力不足、消极腐败、脱离群众"四种风险"，不断强化忧患意识和内省意识。

二是持续自我净化。党的十八大以来，我们党以壮士断腕、刮骨疗毒的刀口向内精神，向顽瘴痼疾开刀，党风政风为之一新，党心民心为之一振。但我们党没有满足，更没有懈怠，始终以"永远在路上"的定力和韧劲祛病强身，加强党内监督、自我监督，持续抓、一直抓、抓到底，始终保持自身肌体的健康。

三是不断自我巩固。在思想理论武装中巩固，帮助广大党员干部坚定理想信念，补足精神之钙；在贯彻组织路线中巩固，以组织体系建设为重点，着力培养忠诚干净担当的高素质干部；在增强执政本领上巩固，建设学习型政党，全面增强"八种本领"，保持共产党人的先进性和纯洁性。

四是实现自我超越。我国发展站到了新的历史起点上，中国特色社会主义进入了新时代，我们党要管党治党、治国理政必须革故鼎新、守正创新，不断超越自我，才能做到始终走在时代前列，才能带领全国人民实现中华民族伟大复兴的中国梦。

第五章 洞悉时事：站在时代前沿眺望

典型案例剖析 2：

【题目设置】

习近平总书记指出，要把抓好党建作为最大的政绩。请谈谈你的认识理解。

【题眼透视】

政绩观，是干部对如何履行职责、追求何种政绩的根本认识和态度，对干部如何从政、如何施政具有十分重要的导向作用，包括对干部的政绩为谁，树立什么样的政绩和怎样树立政绩的认识，是人生观、价值观和世界观在领导干部中的根本体现。

正确的政绩观的核心是全面发展的政绩观、长远发展的政绩观、协调发展的政绩观、求实务实的政绩观、以民为本的政绩观。

党的十八大习近平同志担任党的总书记以后，把加强党的建设、推进全面从严治党纳入"四个全面"战略布局，放在政治保证和组织基础的战略地位来看待和重视，聚精会神抓党的建设，一心一意抓管党治党，使党的面貌为之一新，使党心民心为之一振，为全党同志树立了光辉榜样。

学习领会这一重要论述，关键是把握好两个方面：一方面，认清党的领导和党的建设的地位作用；另一方面，认清什么是正确的政绩观。

【抛砖引玉】

党的领导是中国特色社会主义的最本质特征，是中国特色社会主义制度的最大优势。办好中国的事情，关键在党。我觉得，可以

从以下几个方面认识理解"抓党建就是最大的政绩"这句话。

一是抓好党建就抓住了根本。习近平总书记指出,"如果我们党弱了、散了、垮了,其他政绩又有什么意义呢?"抓党建直接关乎什么是政绩、为谁创造政绩、如何创造政绩等根本性问题。我们党以全心全意为人民服务为宗旨,始终坚持以人民为中心的发展理念,抓党建就是抓宗旨践行,就是抓人民至上,就抓住了政绩观的根本性、核心性问题。

二是抓好党建就把住了方向。我们党是用马克思主义理论武装起来的政党,党的领导、党的建设是历史逻辑、政治逻辑和实践逻辑演进的必然结果。坚持党的领导,是国家的根本所在、命脉所在,是人民的利益所在、幸福所系。只有抓好党建工作,不断增强"四个意识"、坚定"四个自信"、做到"两个维护",贯彻落实好党的路线、方针、政策和各项决策部署,才能确保建设、发展和改革沿着正确的道路和方向前进。

三是抓好党建就立起了优势。我们党具有集中统一的政治优势、实事求是的思想优势、坚强有力的组织优势、联系群众的作风优势、真管真严的纪律优势。通过抓党建,可以把这些优势转化为各个领域的精神优势、价值优势、文化优势和制度优势,就可以取得更高水平、更高效率、更高标准的业绩政绩。

四是抓好党建就凝聚了力量。党政军民学,东南西北中,党是领导一切的。党具有统揽全局、协调各方的制度优势和强大能量,能够充分发挥政治领导力、思想引领力、群众组织力和社会号召力,把方方面面的力量调动起来、凝聚起来,形成众志成城、同舟共济的强大向心力和战斗力。

> 五是抓好党建就增加了底气。实践证明,无论是在革命战争年代,社会主义初创初建时期,还是进入新时代,有了党就有了主心骨,有了党就有了压舱石,有了党就有了定盘星。通过此次抗击新冠肺炎疫情,广大人民群众对我们党、对以习近平同志为核心的党中央的领导更加信任、更加信赖、更加拥护。可以说,抓好了党建就有了拍胸脯的底气,就有了喊号子的底气,就有了带头冲的底气。

二、思想建设

党的思想建设是指党为保持自己的创造力、凝聚力、战斗力和领导力、号召力而在思想理论建设方面进行的一系列工作。思想建党、理论强党是我们党的伟大创造和优良传统,是全党始终保持统一的思想、坚定的意志、协调的行动、强大战斗力的重要法宝。

党的思想路线就是一切从实际出发,理论联系实际,实事求是,在实践中检验真理和发展真理。党的十九大把习近平新时代中国特色社会主义思想确立为党必须长期坚持的指导思想并写入党章,实现了党的指导思想的又一次与时俱进,是全党共同的意志,人民共同的意愿,体现了时代特色,反映了时代要求。

在党的建设中,思想建设是党的基础性建设。只有把党的思想建设搞好了,党才能坚持正确的政治方向,制定正确的纲领和路线,坚持科学的思想方法和工作方法,保持全党的团结统一,实现全面正确的领导。

习近平总书记强调,我们共产党人的根本,就是对马克思主义的信仰,对共产主义和社会主义的信念,对党和人民的忠诚。马克思主义是共产党人的"真经",党性教育是共产党人的"心学",要坚持读原著、学

原文、悟原理，切实以理论上的清醒促进政治上的坚定。

革命理想高于天，坚定理想信念是党的思想建设的首要任务。共产主义远大理想和中国特色社会主义共同理想，是中国共产党人的精神支柱和政治灵魂，也是保持团结统一的基础。加强党的思想建设，必须补足共产党人的精神之"钙"。习近平总书记指出："理想信念是共产党人精神上的'钙'，没有理想信念，理想信念不坚定，精神上就会'缺钙'，就会得'软骨病'。"

加强党的思想建设，认真学习贯彻习近平新时代中国特色社会主义思想，要不断弘扬马克思主义学风，做到真学、真懂、真信、真用，深刻领会习近平新时代中国特色社会主义思想的精神实质和丰富内涵，在各项工作中全面抓好贯彻落实。

新时代坚持和发展中国特色社会主义的十四条基本方略

1. 坚持党对一切工作的领导。必须增强政治意识、大局意识、核心意识、看齐意识，自觉维护党中央权威和集中统一领导，自觉在思想上政治上行动上同党中央保持高度一致，完善坚持党的领导的体制机制，坚持稳中求进工作总基调，统筹推进"五位一体"总体布局，协调推进"四个全面"战略布局，提高党把方向、谋大局、定政策、促改革的能力和定力，确保党始终总揽全局、协调各方。

2. 坚持以人民为中心。必须坚持人民主体地位，坚持立党为公、执政为民，践行全心全意为人民服务的根本宗旨，把党的群众路线贯彻到治国理政全部活动之中，把人民对美好生活的向往作为奋斗目标，依靠人民创造历史伟业。

3. 坚持全面深化改革。必须坚持和完善中国特色社会主义制度，不断推进国家治理体系和治理能力现代化，坚决破除一切不合时宜的思想观念和体制机制弊端，突破利益固化的藩篱，吸收人类文明有益成果，构建系统完备、科学规范、运行有效的制度体系，充分发挥我国社会主义制度的优越性。

4. 坚持新发展理念。发展是解决我国一切问题的基础和关键，发展必须是科学发展，必须坚定不移贯彻创新、协调、绿色、开放、共享的发展理念。

5. 坚持人民当家作主。必须坚持中国特色社会主义政治发展道路，坚持和完善人民代表大会制度、中国共产党领导的多党合作和政治协商制度、民族区域自治制度、基层群众自治制度，巩固和发展最广泛的爱国统一战线，发展社会主义协商民主，健全民主制度，丰富民主形式，拓宽民主渠道，保证人民当家作主落实到国家政治生活和社会生活之中。

6. 坚持全面依法治国。必须把党的领导贯彻落实到依法治国全过程和各方面，坚定不移走中国特色社会主义法治道路，完善以宪法为核心的中国特色社会主义法律体系，建设中国特色社会主义法治体系，建设社会主义法治国家，发展中国特色社会主义法治理论，坚持依法治国、依法执政、依法行政共同推进，坚持法治国家、法治政府、法治社会一体建设，坚持依法治国和以德治国相结合，依法治国和依规治党有机统一，深化司法体制改革，提高全民族法治素养和道德素质。

7. 坚持社会主义核心价值体系。必须坚持马克思主义，牢固树立共产主义远大理想和中国特色社会主义共同理想，培育和践行社会主义核心价值观，不断增强意识形态领域主导权和话语权，推动中华优秀传统文化创造性转化、创新性发展，继承革命文化，发展社会主义先进文化，不忘本来、吸收外来、面向未来，更好构筑中国精神、中国价值、中国力量，为人民提供精神指引。

8. 坚持在发展中保障和改善民生。必须多谋民生之利、多解民生之忧，在发展中补齐民生短板、促进社会公平正义，在幼有所育、学有所教、劳有所得、病有所医、老有所养、住有所居、弱有所扶上不断取得新进展，深入开展脱贫攻坚，保证全体人民在共建共享发展中有更多获得感，不断促进人的全面发展、全体人民共同富裕。

9. 坚持人与自然和谐共生。必须树立和践行绿水青山就是金山银山的理念，坚持节约资源和保护环境的基本国策，像对待生命一样对待生态环境，统筹山水林田湖草系统治理，实行最严格的生态环境保护制度，形成绿色发展方式和生活方式，坚定走生产发展、生活富裕、生态良好的文明发展道路，建设美丽中国，为人民创造良好生产生活环境，为全球生态安全作出贡献。

10. 坚持总体国家安全观。必须坚持国家利益至上，以人民安全为宗旨，以政治安全为根本，统筹外部安全和内部安全、国土安全和国民安全、传统安全和非传统安全、自身安全和共同安全，完善国家安全制度体系，加强国家安全能力建设，坚决维护国家主权、安全、发展利益。

11. 坚持党对人民军队的绝对领导。必须全面贯彻党领导人民军队的一系列根本原则和制度，确立新时代党的强军思想在国防和军队建设中的指导地位，坚持政治建军、改革强军、科技兴军、依法治军，更加注重聚焦实战，更加注重创新驱动，更加注重体系建设，更加注重集约高效，更加注重军民融合，实现党在新时代的强军目标。

12. 坚持"一国两制"和推进祖国统一。必须把维护中央对香港、澳门特别行政区全面管治权和保障特别行政区高度自治权有机结合起来，确保"一国两制"方针不会变、不动摇，确保"一国两制"实践不变形、不走样。必须坚持一个中国原则，坚持"九二共识"，推动两岸关系和平发展，深化两岸经济合作和文化往来，推动两岸同胞共同反对一切分裂国家的活动，共同为实现中华民族伟大复兴而奋斗。

13. 坚持推动构建人类命运共同体。必须统筹国内国际两个大局，始终不渝走和平发展道路，奉行互利共赢的开放战略，坚持正确义利观，树立共同、综合、合作、可持续的新安全观，谋求开放创新、包容互惠的发展前景，促进和而不同、兼收并蓄的文明交流，构筑尊崇自然、绿色发展的生态体系，始终做世界和平的建设者、全球发展的贡献者、国际秩序的维护者。

14. 坚持全面从严治党。必须以党章为根本遵循，把党的政治建设摆在首位，思想建党和制度治党同向发力，统筹推进党的各项建设，抓住"关键少数"，坚持"三严三实"，坚持民主集中制，严肃党内政治生活，严明党的纪律，强化党内监督，发展积极健康的党内政治文化，全面净化党内政治生态，坚决纠正各种不正之风，以零容忍态度惩治腐败，不断增强党自我净化、自我完善、自我革新、自我提高的能力，始终保持党同人民群众的血肉联系。

典型案例剖析：

【题目设置】

请你谈谈如何处理国有企业中党建工作与业务工作"两张皮"的现象。

【题眼透视】

习近平总书记强调，坚持党对国有企业的领导是重大政治原则，必须一以贯之；建立现代企业制度是国有企业改革的方向，也必须一以贯之。中国特色现代国有企业制度，"特"就特在把党的领导融入公司治理各环节，把企业党组织内嵌到公司治理结构之中，明确和落实党组织在公司法人治理结构中的法定地位，做到组织落实、干部到位、职责明确、监督严格。

这道题目涉及党的领导和党的建设在国有企业建设中的地位问题，也涉及当前党建工作存在的问题，还涉及党的领导、党的建设如何融入公司治理之中的问题。

【抛砖引玉】

我觉得，企业党建工作与业务工作出现"两张皮"现象，主要原因有以下几点：一是思想认识不到位，认为党建工作是虚的，不产生效益；二是制度机制不到位，固根本、打基础、建体系、强队伍、立制度、抓落实不够规范；三是方式方法不到位，表现为割裂开来抓、自我循环抓、挂着空挡抓。解决这些问题，应注意把握以下几点。

一是既要统起来，也要分开来。党对国有企业的领导是政治领导、思想领导、组织领导的有机统一。国有企业党组织发挥领导核心和政治核心作用，归结到一点，就是把方向、管大局、保落实。这些是需要统起来的。但同时要细化明确党组织在决策、执行、监督各环节的权责和工作方式，使党组织发挥作用组织化、制度化、具体化。这些是需要分开来的。也就是处理好党组织和其他治理主体的关系，明确权责边界，做到无缝衔接，形成各司其职、各负其责、协调运转、有效制衡的公司治理机制。

二是既要拎起来，也要落下来。也就是既要高大上，也要接地气。既要以党的路线、方针、政策为统领，同时要结合实际，转化为公司的发展理念、规划计划和制度安排等，从基本组织、基本队伍、基本制度严起抓起，在抓经常、打基础上下功夫。把党员日常教育管理工作抓紧抓好，把基层支部打造成为团结群众的核心、教育党员的学校、攻坚克难的堡垒，把思想政治工作贯穿到企业建设的方方面面，确保各项得人心、暖人心、稳人心的工作能够落地落实。

三是既要立起来，也要通起来。就是把组织的四梁八柱立起来，把企业党组织内嵌到公司治理结构之中。但只立起来还不够，还要建立联通机制、融合机制和互补机制，做到组织落实、干部到位、职责明确、监督严格，形成体系完备、运行顺畅的组织体系，真正让组织的细胞活跃起来，让组织的血液流动起来，让组织的肌体运动起来，实现党组织功能作用的有效输出和发挥。

四是既要竖起来，也要飘起来。对抗击新冠肺炎疫情，习近平总书记强调，要让党旗在防控疫情斗争第一线高高飘扬。我理解，就是要发挥好党的思想引领力、政治感召力、群众组织力和社会动员力。既把旗杆竖起来，也让党旗始终走在前列、高高飘扬。企业

> 要把每一个红色基因打造成一个价值品牌，把每个战斗堡垒打造成一座效益丰碑，把每个党员模范打造成一面信用旗帜，切实把党的先进性、凝聚力、战斗力转化为核心竞争力。

三、组织建设

党的力量来自组织，组织建设是我们党形成强大组织优势的根本保证。党的组织路线是为党的政治路线服务的。加强党的组织建设，根本目的是坚持和加强党的全面领导，为推进中国特色社会主义事业提供坚强保证。

新时代党的组织路线是：全面贯彻习近平新时代中国特色社会主义思想，以组织体系建设为重点，着力培养忠诚干净担当的高素质干部，着力集聚爱国奉献的各方面优秀人才，坚持德才兼备、以德为先、任人唯贤，为坚持和加强党的全面领导、坚持和发展中国特色社会主义提供坚强组织保证。

在2018年7月初召开的全国组织工作会议上，习近平总书记曾针对加强党的基层组织建设、建设高素质干部队伍、优秀人才队伍和年轻干部队伍等提出要求，首次提出党的组织路线。2020年6月29日习近平总书记在主持中央政治局第二十一次集体学习时，围绕加强党的组织建设作出明确指示要求，并重点强调要抓好五大方面。

一是抓好坚持和完善党的领导、坚持和发展中国特色社会主义。加强党的组织建设，根本目的是坚持和加强党的全面领导，为推进中国特色社会主义事业提供坚强保证。现在，第一个百年奋斗目标即将胜利实现，我们即将开启全面建设社会主义现代化国家、实现第二个百年奋斗目标的新征程。面对复杂形势和艰巨任务，我们要全面把握世界百年未有之大变局和中华民族伟大复兴战略全局，有力应对重大挑战、抵御重大风险、克服重大阻力、化解重大矛盾，进行具有许多新的历史特点的伟大斗争，实现中华民族伟大复兴，最根本的保证还是党的领导。要教育引导全党自觉在思想上政治上行动上同党中央保持高度一致，保持坚强政治定力和正确前进方向，充分发挥各级党委（党组）、各领域基层党组织的政治功能和组织功能，把广大党员、干部和各方面人才有效组织起来，把广大人民群众广泛凝聚起来，形成为夺取新时代中国特色社会主义新胜利而团结奋斗的强大力量。

二是抓好用党的科学理论武装全党。要加强马克思主义特别是新时代中国特色社会主义思想的理论武装，使各级党组织和广大党员、干部特别是领导干部掌握马克思主义理论武器，提高马克思主义理论水平和运用能力，共同把党的创新理论转化为推进新时代中国特色社会主义伟大事业的实践力量。各级党委及其组织部门要自觉用党的科学理论指导党的组织建设，结合新的实际推进改革创新，使各项工作更好体现时代性、把握规律性、富于创造性，为实现新时代党的历史使命提供坚强组织保证。

三是抓好党的组织体系建设。严密的组织体系，是马克思主义政党的优势所在、力量所在。党的十九届四中全会明确要求，要形成党的中央组织、地方组织、基层组织上下贯通、执行有力的严密体系，实现党的组织和党的工作全覆盖。习近平总书记把中央和国家机关比喻为贯彻落实党中央决策部署的"最初一公里"，明确要求：要认真贯彻执行党组工作条例和党的工作机关条例，把中央和国家机关建设成为讲政治、守纪律、负责任、有效率的模范机关；把地方党委比喻为"中间段"，明确要求：要认真贯彻执行地方党委工作条例，把地方党委建设成为坚决听从党

中央指挥、管理严格、监督有力、班子团结、风气纯正的坚强组织；把基层党组织比喻为"最后一公里"，明确要求：要坚持大抓基层的鲜明导向，抓紧补齐基层党组织领导基层治理的各种短板，把各领域基层党组织建设成为实现党的领导的坚强战斗堡垒，充分发挥广大党员在改革发展稳定中的先锋模范作用。

四是抓好执政骨干队伍和人才队伍建设。新时代党的组织路线提出坚持德才兼备、以德为先、任人唯贤的方针，就是强调选干部、用人才既要重品德，也不能忽视才干。要把提高治理能力作为新时代干部队伍建设的重大任务，通过加强思想淬炼、政治历练、实践锻炼、专业训练，推动广大干部严格按照制度履行职责、行使权力、开展工作。各级党组织要严格把好政治关、廉洁关，严把素质能力关，及时把那些愿干事、真干事、干成事的干部发现出来、任用起来。要加强干部教育培训，使广大干部政治素养、理论水平、专业能力、实践本领跟上时代发展步伐。要深化干部制度改革，完善管思想、管工作、管作风、管纪律的从严管理机制，推动形成能者上、优者奖、庸者下、劣者汰的正确导向。要深化人才发展体制机制改革，破除人才引进、培养、使用、评价、流动、激励等方面的体制机制障碍，实行更加积极、更加开放、更加有效的人才政策，形成具有吸引力和国际竞争力的人才制度体系，努力聚天下英才而用之。

五是抓好党的组织制度建设。党的十八大以来，党中央先后制定和修订了党内政治生活若干准则、党组工作条例、地方党委工作条例、党的工作机关条例、支部工作条例以及农村、国企、机关、高校基层党组织工作条例等一系列组织建设方面的党内法规。党的十九届四中全会把健全维护党的集中统一的组织制度作为坚持和完善党的领导制度体系的重要内容，纳入国家制度和国家治理体系之中。中央相关部门、各级党委（党组)要结合实际,把党内组织法规和党中央提出的要求具体化,建立健全包括组织设置、组织生活、组织运行、组织管理、组织监督等在内的完整组织制度体系,完善党委(党组)落实全面从严治党主体责任的制度,并严格抓好执行,不断提高党的组织建设的制度化、规范化、科学化水平。

典型案例剖析1:

【题目设置】

2020年6月29日,习近平在中央政治局第二十一次集体学习时强调,要深化干部制度改革,完善管思想、管工作、管作风、管纪律的从严管理机制,推动形成能者上、优者奖、庸者下、劣者汰的正确导向。请谈谈你对"优者奖"的认识理解。

【题眼透视】

习近平总书记对健全高素质专业化干部队伍建设的制度体系非常重视,并指出:要建立源头培养、跟踪培养、全程培养的素质培养体系,建立日常考核、分类考核、近距离考核的知事识人体系,建立以德为先、任人唯贤、人事相宜的选拔任用体系,建立管思想、管工作、管作风、管纪律的从严管理体系,建立崇尚实干、带动担当、加油鼓劲的正向激励体系。

贯彻落实新时代党的组织路线,着力培养忠诚、干净、担当的高素质专业化干部队伍是关键,选贤任能、奖优罚劣是其应有之义,是建立知事识人体系、选拔任用体系和正向激励体系的具体举措和抓手,是对选人用人导向相关内容的补充和完善。

【抛砖引玉】

实行"优者奖",是党的组织路线的贯彻和体现,是对选人用人导向相关内容的补充和完善。可以从三个方面认识理解。

一是体现了一以贯之的用人导向。我们党一贯的用人导向是坚持德才兼备、以德为先,坚持五湖四海、任人唯贤;注重基层、注重实干、注重群众公论。无论是能者上、庸者下、劣者汰,还是"优者奖"都体现和贯彻了这些导向。

二是体现了更加聚焦事业的激励导向。能者上、庸者下、劣者汰都是从给位子、给平台、给发展的角度讲的,也就是让有为者有位。增加"优者奖"这一内容,把给事业平台和给"位子"平台结合起来,对于那些愿干事、真干事、干成事的不仅给平台,还要给物质上的褒奖和精神上的荣誉,激励大家把干事创业放在第一位,真正让吃苦的吃香、优秀的优先、实干的实惠。

三是体现了更加注重一线的激励导向。对那些因为编制体制、工作性质和客观条件无法晋升职级,以及不能获得更大发展平台,但仍然在各自平凡的岗位上默默耕耘、拼搏奋斗、无私奉献,做出不平凡业绩和贡献的,实施"优者奖"则能贯通到底、统筹兼顾、增加覆盖面,让各个领域、各个群体、每个角落的优秀者都能获得荣誉、受到激励。

典型案例剖析 2：

【题目设置】

请你谈谈如何运用"互联网+"加强新时期党建工作。

【题眼透视】

"互联网+"就是"互联网+各个传统行业"，但这并不是简单的两者相加，而是利用信息通信技术以及互联网平台，让互联网与传统行业进行深度融合，创造新的发展生态。它代表一种新的社会形态，即充分发挥互联网在社会资源配置中的优化和集成作用，将互联网的创新成果深度融合于经济、社会各领域之中，提升全社会的创新力和生产力，形成更广泛的以互联网为基础设施和实现工具的经济发展新形态。2015年7月4日，国务院印发《国务院关于积极推进"互联网+"行动的指导意见》。

"互联网+"时代，万物互联、万人互联、万事互联、万态互联，"互联网+"已经成为人类社会思想观念、价值体系、行为方式的融汇阵地、传播阵地和斗争阵地，成为普通大众价值观塑造的主要渠道，更成为我们党开展工作的新战场、新平台。

党建工作必须适应"互联网+"新特点，运用"互联网+"新思维，认清"互联网+"新形势，抓住"互联网+"新机遇，积极开辟主战场，用好主阵地，打好主动仗。

【抛砖引玉】

互联网具有开放性、便捷性、交互性、虚拟性等特点，以及信息量大、实时更新、覆盖面广、功能全面、传播速度快、成本低廉等优势。抓好"互联网+党建工作",把组织建在网上、党员连在线上,推动党建工作线上线下相互融合促进。我觉得,应把握好以下几点。

一是接好地气。互联网最大的特点就是接地气,能够广泛接触老百姓的普通生活,使用大众的生活习惯、用语等,与最广大的人民群众打成一片,反映最底层普通民众的愿望、诉求、利益。因此,党建工作既要有高大上,也要适应普通党员实际需求和真实愿望,注重融入互联网的人间烟火,采取网络方式、网络语言、网络渠道开展党建工作,切实接好地气、深入群众、深入人心。

二是改进方法。适应网络特点,开辟党建工作云服务平台、学习教育平台、组织活动平台、监督管理平台等基础模块,用好各类App、新媒体,拓展和强化"+"功能,把组织生活、发展党员、党费管理、换届选举、组织关系管理、学习交流、宣传教育、日常监督等工作,统一放到线上,既有规范化、流程化、数字化的处理方式,也有灵活多样、喜闻乐见的组织方法。

三是发动群众。互联网是群众的大舞台,是各类人才汇聚的大平台。群众既可以成为策划、导演,也可以成为主演、群众演员。因此,互联网上的党建工作,不应成为业务部门、专家学者和领导的独角戏,要真正把"互联网+党建"变成"互联网+群众",充分发动群众、武装群众、依靠群众,充分调动大家的参与热情和能动性、创造性,真正让"互联网+党建"持续火起来、热起来,成为党建工作的旗帜和品牌。

四是精准落地。重视运用大数据,实现各类信息精准投送、实时反馈、跟踪问效;重视运用新技术,建立互联互通、功能完备、实

> 时感知、交互便捷、智能分析、管理科学的"智慧党建"平台；重视运用新模式，网络既有机遇又有挑战，应适应线上管理的特点，综合运用技术管、机制管、舆论管、群众管等多种手段，确保网上运行顺畅、工作落地落实、风险可管可控。

四、作风建设、纪律建设和反腐败斗争

正风肃纪、反腐倡廉是马克思主义政党性质宗旨的具体体现，是我们党的夯基之举、治本之策，反映我们党自我革命的意识和能力。作风建设、纪律建设和反腐败斗争，都是党增强创造力、凝聚力、战斗力的重要内容，是党保持先进性和纯洁性的重要标志，关乎我们党的人心向背和生死存亡。三个方面相互联系、各有侧重，通过推动正风、肃纪、反腐"永远在路上"，形成爱党、忧党、护党、强党的强劲态势和良好局面。

作风建设，主要强调保持党同人民的血肉联系，增强群众观念和群众感情，不断厚植党执政的群众基础。必须认识到作风问题具有隐蔽性、反复性和顽固性，一定要以踏石留印、抓铁有痕的劲头抓下去。注重培树群众观念和群众感情，无论是想问题、搞研究，还是作决策、办事情、抓落实，都必须坚持站稳人民立场。注重返璞归真、固本培元，通过加强思想政治建设，坚定理想信念，践行根本宗旨，强化道德修养，铸牢作风建设的思想堤坝。坚持标本兼治，用改革的思路和创新的方法破解作风顽疾，着力从体制机制上堵塞漏洞。坚持抓常抓细抓长，推动正风肃纪规范化、常态化、长效化，善作善成，久久为功。

纪律建设，重点是强化政治纪律和组织纪律，带动廉洁纪律、群众纪律、工作纪律、生活纪律严起来。政治纪律是党的纪律中最重要、最根

决胜面试

本、最关键的纪律，核心是坚持党的领导，坚持党的基本理论、基本路线、基本方略。遵守政治纪律，全党必须服从党中央领导，坚决维护习近平总书记党中央的核心、全党的核心地位，坚决维护党中央权威和集中统一领导，保证全党令行禁止。严明党的组织纪律，就是要增强全党的组织纪律性，强化相信组织、依靠组织、服从组织意识，自觉接受组织安排和纪律约束，自觉维护党的团结统一。加强纪律建设，要做到有规必依、执纪必严、违纪必究，注重发挥领导干部的表率作用，切实让铁纪生威发力。充分运用好监督执纪"四种形态"，挺纪在前，抓早抓小，防微杜渐。

反腐败斗争，重点是以刮骨疗毒的决心意志，坚决消除腐败这一我们党面临的最大威胁，持续巩固发展反腐败斗争的压倒性胜利，继续全面深入推进反腐败斗争。坚持反腐败无禁区、全覆盖、零容忍，坚持重遏制、强高压、长震慑，坚定不移"打虎""拍蝇""猎狐"，深化构建不敢腐、不能腐、不想腐的体制机制，把权力关进制度的笼子里，用不懈努力换来海晏河清、朗朗乾坤。

典型案例剖析1：

【题目设置】

习近平总书记指出，反对形式主义要着力解决工作不实的问题，树立正确的政绩观，克服浮躁情绪，摒弃私心杂念。请结合实际，谈谈如何克服形式主义。

【题眼透视】

形式主义指的是一种只看事物的表象而不分析其本质的思想方法和工作作风，它违背了内容决定形式、形式为内容服务、内容与形式相统一的科学原理。其实质是主观主义、功利主义；根源是政绩观错位、责任心缺失，用轰轰烈烈的形式代替扎扎实实的落实，用光鲜亮丽的外表掩盖矛盾和问题；具体表现是欺上瞒下，做表面文章，虚多实少，阳奉阴违，当面一套背后一套，喊口号多，不折不扣抓落实少。

形式主义严重背离了解放思想、实事求是、与时俱进、求真务实的思想路线，严重背离了党的群众路线，会在群众中造成不良影响，为群众所痛恨，损害群众的积极性和党的威信，削弱群众对党的信任。主要危害：一是妨碍党的方针政策落实，影响党和国家政令畅通，影响实际工作，导致信息失灵，决策失误。二是败坏社会风气，助长不说真话、弄虚作假之风，助长思想懒惰、巧于应付上级的不良倾向。三是导致官僚主义猖獗。

根治形式主义顽症，要在思想根源上正本固元，在重点难点上猛药除疴，在责任落实上动真碰硬，在源头治理上防患未然。唯有内外兼修、标本兼治、久久为功，才能从根子上铲除形式主义滋生的土壤。

【抛砖引玉】

党风正则人心齐，人心齐则事业兴。党的十八大以来，形式主义问题纠治取得明显成效，但稍有松懈就有可能反弹回潮、卷土重来，我们还面临很多问题和挑战。破除形式主义顽症，我们仍然在路上、永远在路上。我觉得，形式主义的产生，既有主观原因，也有客观原因，从根本上和源头上克服和消除形式主义，应重点抓好以下几个方面。

一是归正价值体系重心。出现形式主义，根本原因是政绩观的

问题，也就是如何摆正"政"、怎么评价"绩"、选什么人为政的问题。首先，应把主责主业归正。在一些形式主义严重的部门和领域，往往会出现"二八"现象，即只有20%的人用20%的精力在做中心工作。而那两个"80%"必然就成了形式主义。其次，应把评价体系归正。评价体系是"指挥棒"，有什么样的评价体系做引导，就有什么样的政绩观和什么样的人跟在后。"指挥棒"失之毫厘，那事业和围绕事业选的人就会谬以千里。再次，应把用人标准归正。主责主业归正了，"指挥棒"指正了，选人用人的标准自然也就归正了。

二是归正组织管理重心。第一，不能把手段当中心。管理是一种手段，而非中心工作。爱搞形式主义的人之所以愿意把手段当成中心，喜欢在上面下功夫，因为外围工作更容易早见效、多留痕、出影响。第二，不能把过程当结果。开会、讲话、检查、发文电、评比等，都是开展工作、完成任务的过程，而很多时候，这些往往成了"结果"。第三，不能把折腾当业绩。也就是不能一个将军一个令，一个领导一套方，一个医生一个方。用"严格"当借口、用"创新"当幌子、用"奉献"当"绳索"，折腾得翻江倒海、天翻地覆，才算"挂了名号""有了政绩"。

三是归正政策功能重心。政策制度具有基础性、支撑性、稳定性和长期性，政策制度制定执行出现偏差，必然造成严重的形式主义。在一些单位制定落实政策会出现一种无解状况：一统就死，一放就乱。我觉得，出现这一情况，一方面是因为政策制度本身不够完善，法治建设水平有待提高；另一方面，是因为异化了政策制度的功能。一些形式主义者往往把思想观念的问题、体制机制的问题、组织管理的问题，统统归咎于政策制度，因为这样既可以推卸责任，又可以掩盖主观上的不作为和形式主义。而在政策无法实现这些功能的时候，只能是陷入反复收紧政策、放开政策的恶性循环，导致政策成为"稻草人""橡皮泥"，成为形式主义的源头。

典型案例剖析2：

【题目设置】

请你谈谈如何认识理解监督执纪"四种形态"。

【题眼透视】

监督执纪"四种形态"是指：经常开展批评和自我批评、约谈函询，让"红红脸、出出汗"成为常态；党纪轻处分和组织调整成为违纪处理的大多数；党纪重处分、重大职务调整成为少数；严重违纪涉嫌违法立案审查的成为极少数。

"四种形态"是一个完整的逻辑体系，由轻到重、层层递进、浑然一体。每种形态针对情形不同，采取不同处置方式。每一种形态各有侧重，其成效都会影响和促进另外三种形态的践行。

运用监督执纪"四种形态"的核心，就是党纪严于国法，把纪律规矩挺在前面，抓早抓小，防微杜渐，惩前毖后，治病救人。

【抛砖引玉】

监督执纪"四种形态"是指"常态""大多数""少数""极少数"，是一个在执纪监督上初始即严的体系、防微杜渐的体系和治病救人的体系。具体可以从四个方面理解。

第一，抓"严"。"四种形态"突出强调把纪律和规矩挺在前面，

决胜面试

体现了初始即严、事事从严、时时从严、一严到底，使每名党员干部始终在严格监督管理之中，时刻感受到警钟长鸣、利剑高悬。

第二，抓"早"。把监督执纪问责的关口前移，止之于始萌，绝之于未形。对一些苗头性、倾向性、隐蔽性问题，做到早发现、早提醒、早纠正，防止小问题拖成大问题，这是对党员干部最大的关心爱护。

第三，抓"小"。小洞不补、大洞吃苦。对小事小节、小错小误决不睁一只眼闭一只眼，决不姑息迁就，发挥监督执纪的"放大镜""显微镜"作用，不让小的病毒和细菌侵蚀到党员干部的肌体，不让"蚁穴"毁了党的"大堤"。

第四，抓"省"。"四种形态"把他律和自省结合起来，就是帮助党员干部刀口向内，坚持自己反省自己，自己检视自己，认识到自己的缺点、错误和不足，及时改正错误、弥补不足，达成治病救人、保护干部、强身健体的目的。

? 思考题：

1. 请你谈谈发展党员的基本程序是什么。

2. 请你谈谈对"党的一切工作到支部"的认识理解。

3. 习近平总书记强调，要让党旗在防控疫情斗争第一线高高飘扬。请谈谈你的认识理解。

4. 最近央视新闻等多家媒体报道了丽江华坪女子高级中学校长张桂梅行善助学的先进事迹。其中有这样一段：2008年，张桂梅创办了丽江华坪县女子高中，专门招收贫困山区贫困家庭的女孩子，让她们免费就读。女子高中初创时没有宿舍，没有食堂、厕所。学校组建不到半年，17名教师有9名辞职离开，6个学生也提出转学，教学工作近乎瘫痪。眼看学校快要办不下去，县里计划将学生分流到其他高中继续就读，承诺依旧免费。心灰意冷的张桂梅整理资料准备交接时，眼前一亮，剩下的8名教师里有6名党员。她把6名党员找来，因为没有钱，他们就画了一面党旗，对着党旗一起重温入党誓词，还没宣誓完，大家全哭了。

请结合张桂梅校长这一先进事迹，谈谈你的感受体会。

第六节　抗击新冠肺炎疫情

新型冠状病毒引起的肺炎是近百年来人类遭遇的影响范围最广的全球性大流行病，对全世界是一次严重危机和严峻考验。这次新冠肺炎疫情，也是新中国成立以来我国遭遇的传播速度最快、感染范围最广、防控难度最大的公共卫生事件。中国人民在党和政府的带领下，众志成城，攻坚克难，经过艰苦卓绝的努力并付出牺牲，疫情防控取得重大战略成果，打赢了抗击疫情的人民战争、总体战、阻击战。

抗击疫情期间，美国的一系列"神操作"让全世界大跌眼镜，特别是一些美国政客将疫情政治化、污名化，无端指责中国、甩锅中国，简直荒谬至极。

关于抗击新冠肺炎疫情，必将载入人类史册，也必将作为全球共同应对重大危机的重大案例和时代课题载入史册。对于这一影响重大的历史性事件，各类考试、面试一定会作为重点突出出来：体制机制、组织领导、对策措施、政策制度、疫苗研发、志愿服务、牺牲奉献、团队合作、公共安全、社会民生、捐款救助、国际合作等，都可能成为题目设置的切入点。

2020年6月，国务院新闻办公室出版了《抗击新冠肺炎疫情的中国行动》白皮书，详细阐述了中国抗击疫情的艰辛历程、防控和救治两个战场的协同作战、抗击疫情凝聚的强大力量，以及如何构建人类卫生健康共同体等，是全面准确了解中国抗击疫情进程、方法、经验和成果，学习和感悟中国力量、中国精神、中国效率的教科书。

典型案例剖析：

【题目设置】

习近平总书记指出："中国人民在疫情防控中展现的中国力量、中国精神、中国效率，展现出的负责任大国形象，得到了国际社会高度赞誉。"请你谈谈对抗击疫情中"中国精神"的理解。

【题眼透视】

我们党在领导中国革命、建设和改革的奋斗历程中，形成了一系列可歌可泣的精神：红船精神、井冈山精神、长征精神、延安精神、西柏坡精神、"两弹一星"精神、雷锋精神、焦裕禄精神、载人航天精神、西迁精神、抗震救灾精神、北京奥运精神，等等。

这些精神转化为信仰的力量、信念的力量和奋斗的力量，激励感召我们一代又一代人不畏艰险、奋勇向前，取得一个又一个胜利。

这次抗击新冠肺炎疫情，14亿中国人坚韧奉献、团结协作，构筑起同心战疫的坚固防线，彰显了中国力量、中国精神、中国效率。

【抛砖引玉】

我觉得，这次抗击疫情所展现出的中国精神，是党领导中国革命、建设和改革奋斗中形成的历史精神，在新时代的新展现、新昭示、新创造，具体体现在以下几个方面。

一是人民至上精神。在重大疫情面前，党中央一开始就鲜明提出把人民生命安全和身体健康放在第一位,在人民生命和经济利益之间果断选择生命至上,保护人民生命和身体安全不惜一切代价。在全国范围调集最优秀的医生、最先进的设备、最急需的资源,全力以赴投入疫病救治,救治费用全部由国家承担。

二是众志成城精神。一方有难,八方支援。在党中央统一领导下,全国上下紧急行动,开展全方位的人力组织战、物资保障战、科技突击战、资源运动战,全力支援湖北省和武汉市抗击疫情,在最短的时间内集中最大力量阻断疫情传播;全国动员、全民参与,联防联控、群防群治,构筑起最严密的防控体系,凝聚起坚不可摧的强大力量。

三是守望相助精神。14亿中国人民,不分男女老少,不论岗位分工,特别是医务工作者、社区工作者、公安民警、基层干部、快递小哥、环卫工人、新闻工作者、志愿者等坚守一线,都自觉投入到抗击疫情的人民战争当中,体现了亲如一家、和衷共济、守望相助的民族精神。

四是勇于斗争精神。面对突如其来的疫情,面对人类的危机,面对重大的磨难,以习近平同志为核心的党中央团结带领全国各族人民,以压倒一切敌人和困难的勇气,以坚定的信心和高超的斗争本领迎难而上、坚韧逆行,彰显了勇于斗争、善于斗争的伟大精神。

五是科技支撑精神。面对人类未知的病毒,坚持以科学为先导,充分运用近年来科技创新成果,组织协调全国优秀科研力量,实施科研应急攻关,并把科研攻关和临床救治、防控实践相结合,以及运用大数据、人工智能等新技术,提高了疫情防控的科学性有效性。

六是牺牲奉献精神。在疫情危及人民生命安全的危急关头,共

第五章 洞悉时事：站在时代前沿眺望

产党员冲在最前，全国有3900多万名党员、干部战斗在抗疫一线，1300多万名党员参加志愿服务，近400名党员、干部为保卫人民生命安全献出了宝贵生命；广大人民群众自觉服从抗疫大局，积极开展自救互救，踊跃捐款捐物，奉献出了自己的力量。

七是国际合作精神。始终秉持人类命运共同体理念，同国际社会开展交流合作，加强高层沟通，分享疫情信息，开展科研合作，力所能及地为国际组织和其他国家提供援助，为全球抗疫贡献了中国智慧、中国力量。

在招聘面试中，不管什么单位、什么岗位，除了以上提到的内容外，求职者还应注重关注一些接地气的热点、焦点问题。比如，疫情期间"一刀切"式的封堵，制售假口罩，一斤白菜涨到七元钱，垃圾车运送食品蔬菜，抢购"双黄连"，歧视武汉人，肺炎治疗痊愈后不让回家，"雷人"标语，强制休息，"三不知"卫健委主任，等等。这些问题更容易成为面试的选题，一般应采取研究现象、分析影响、查找原因、提出对策的思路进行应答。

? 思考题：

1. 习近平总书记指出：全国疫情防控阻击战取得重大战略成果，彰显了中国共产党领导和我国社会主义制度的显著政治优势。请结合抗击疫情实际，谈谈你对"中国社会主义制度的显著政治优势"的认识理解。

2. 习近平总书记 2020 年 6 月 16 日同厄瓜多尔总统雷诺通电话时指出："全球疫情仍在发展，只有各国团结合作，才能最终战而胜之。中方愿继续同各国开展抗疫合作，共同推动构建人类卫生健康共同体。"请谈谈你对"构建人类卫生健康共同体"的认识理解。

第六章

输出内功：练好你的战术战法

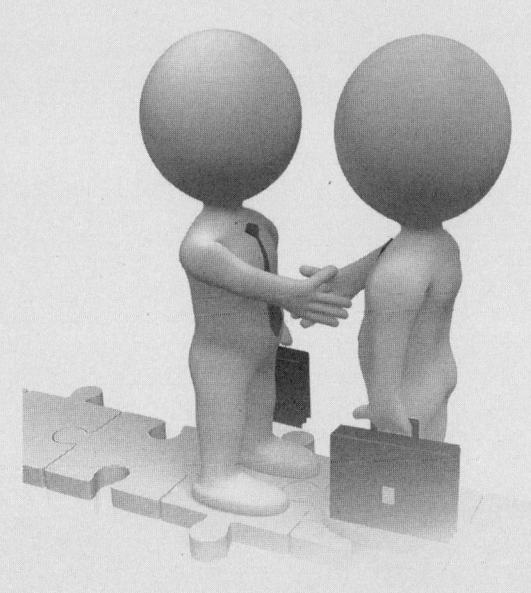

第六章 输出内功：练好你的战术战法

【三言两语】 参加面试，求职者需要在较短的时间内集中展现经历阅历、认知能力、专业水平、性格气质等，也就是以最大功率把深厚内功输出来，形成舍我其谁、降维打击的碾压式气场。但事实上，面试中"茶壶煮饺子——有嘴倒不出"的现象时常存在。台下十年功，台上一分钟。本想一举成名，最后却铩羽而归，难免会有"出师未捷身先死"的悲凉。对于一面定终身的求职者来说，内外兼修不是一日之功，但如有深厚"内功"，"外功"却能临阵磨出快枪。

李连杰主演的电影《倚天屠龙记之魔教教主》中，有这样的片段：张无忌学会了九阳神功和乾坤大挪移后，在武当山与玄冥二老打斗，因与赵敏有约，赵敏不允许张无忌使用九阳神功和乾坤大挪移。而张无忌学会了高层内功心法"九阳神功"，学什么武功都特别快，所以张三丰就现场传授张无忌太极拳，张无忌则边学边练边打。张三丰先要张无忌记住招式，而后再忘掉所有招式。最后，张无忌用太极拳将玄冥二老一一打死。

虽然是神怪武侠电影，有玄幻和虚幻的成分，但也透射出人生哲理。天下万物，大体则有，定势则无。大体则是内功，诀窍是求深求厚，外功则为非定势，诀窍是识变、应变、求变。博观约取，厚积薄发；举重若轻，大巧无功。本书前五章是练习内功和招式，需要长年累月一点一滴的积累，本章和第七章则是学习如何"输出内功"和"忘掉招式"的阶段。主要是看招聘单位和考官如何出招，对方出什么招就化解什么招，以不变应万变。

也就是说，千军万马已经训练好了，作战条件已经具备了，接下来就是排兵布阵、研究战术战法了。当然，面试中的战术战法，绝大多数是由招聘单位主导，求职者只能是"兵来将挡，水来土掩"，给什么条件就打什么仗，有什么条件打什么仗。

从专业的角度看，战术是指导思想，战法是达成战术目标的策略、手段和技能。战术是指导和进行战斗的方法。战术主要包括：战斗基本原则以及战斗部署、协同动作、战斗指挥、战斗行动、战斗保障等。按基本战斗类型分为进攻战术和防御战术，按参加战斗的军种、兵种分为军种战术、兵种战术和合同战术，按战斗规模分为兵团战术、部队战术和分队战术。在革命战争年代，我军总结了很多克敌制胜的战法：大步进退、诱敌深入、集中兵力、各个击破的运动战，敌进我退、敌驻我扰、敌疲我打、敌退我追的游击战，以及地道战、地雷战，等等。

抗日战争期间，毛主席对"一个抗日的革命的军人"提出"不可缺一"的三条基本要求，即坚定正确的政治方向，艰苦奋斗（后改为"朴素"）的工作作风，灵活机动的战略战术。此后，也成为衡量每名军人是否合格的三条标准。

毛主席每次谈到战略战术，要害总是"灵活机动"。他说："指导一切战争，都应当依据敌我情况运用灵活机动的战略战术，而在敌强我弱的战略防御和战略相持阶段对日作战，更要有高度的灵活性、机动性，才能有效地打击敌人，消耗敌人。我们有广大的国土和人民的支持，在客观条件上能够长期与敌人周旋。"灵活机动的战略战术，是过去的制胜之道，也是未来的制胜之道、永远的制胜之道。

狭义上看，面试是一场战斗；广义上看，面试也是一场战役。养兵千日，用兵一时，面试的成功基于日积月累的备战，我们每一次经历、每一分积累都是在为下一场战斗做准备。《孙子兵法》中有一句话："胜兵先胜而后求战，败兵先战而后求胜。"能取得胜利的人，往往都准备充分。只有在对情况完全了解，认为自己能胜的情况下才去作战，而失败者往往是没有什么准备，等到战争开始时才谋划怎样取胜。

《孙子兵法》又云："凡战者，以正合，以奇胜。故善出奇者，无穷如天地，不竭如江海。"这里的"正"是指用兵的常法，反映着战争指导的一般规律；"奇"是指用兵的变法，反映着战争指导的特殊规律，这里的"奇"并非是指投机取巧的法则。

同理，面试的形式多种多样，面试的题目更是变化无穷。求职者既要熟悉一般规律，练好内功，也要根据招聘单位和考官采取的面试方法，熟悉战术战法，提前训练演练，提高应变能力，具体问题具体分析，力求灵活机动地输出自己的内功。

决胜面试

第一节 了解面试方法

面试方法就是招聘单位采取的战术战法。求职者必须熟悉这些战术战法，才能先胜而后战。"你打你的，我打我的"的打法在面试中并不适用，因为作为求职者，打得赢也要打，打不赢也不能走，应是对方怎么出招，就怎么接招。

一、结构化面试

结构化面试，也称"标准化"面试，是根据招聘岗位的胜任特征要求，遵循固定的程序，采用专门的题库、评价要素、评价标准和评价方法，通过固定式、统一式提问的方式，评价求职者是否符合招聘岗位要求，或是评判选拔更为优秀人选的人才测评方法。结构化面试是一种比较规范的面试形式，它是在对岗位进行系统分析的基础上，精心设计与岗位有关的问题和各种可能的答案，并根据求职者的表现，对其作出等级评价的面试。结构化面试前，招聘单位和考官需要进行充分的准备，主要包括进行岗位分析、确定测评要素、设计评分标准和办法、拟定面试题目等。所谓结构化，主要有三个方面的含义。

一是基本程序的结构化。在面试的起始阶段、核心阶段、收尾阶段，考官要做些什么、注意些什么、达到什么目的，事前都会相应作出策划设计。

二是试题内容的结构化。面试中考官要考察求职者哪些方面的能力和素质，围绕这些考察角度主要提哪些问题，在什么时候提出、怎样提，一般都有固定的要素和套路。

三是结果评判的结构化。从哪些角度评判求职者的面试表现、等级如何区分、如何打分等，面试前都会作出相应规定，并设计统一的标准和尺度。

结构化面试可以减少盲目性和随意性，其特点是客观性、可比性强。特别是在岗位竞争相对激烈的情况下，便于统一衡量标准，但对面试设计、组织以及考官职业素养的要求都比较高，而且面试的形式和内容相对固化，缺少一定的灵活性、互动性和变通性。

二、半结构化面试

半结构化面试是介于结构化面试和非结构化面试之间的面试。如果说结构化面试全部是单向必答题的话，半结构化面试则是单向必答题＋双向互动题＋现场随机题，而且不完全受限于固定的流程和评分。

半结构化面试结合了非结构化面试和结构化面试两者的优点，有效避免了单一方法上的不足。总的来看，这种面试的方法既具有针对性，也具有双向沟通性。考官可以获得更为丰富、完整和深入的信息，可以做到内容的结构性和灵活性相结合。

半结构化面试，主要采取两种模式：一种模式，一人出题、众人追问。由主考官提出基础问题，再由其他考官逐步深问、细问。第二种模式是，人人出题、人人追问。每名考官围绕各自领域出一道题目，再由其本人

或其他考官追问。

三、非结构化面试

非结构化面试亦称"随机面试",属于一种氛围比较轻松的"漫谈式"面试。提出问题不需遵循事先安排好的规则和框架,考官可以任意地与求职者讨论各种话题,或是根据不同的求职者提出不同问题。非结构化面试没有固定的面谈程序,面谈者提问的内容和顺序,都取决于考官的关注点、兴趣点,以及求职者的现场回答。求职者可以相对自由发表议论,在"闲聊"中展示自己的能力水平和谈吐气质。

这种面试方法的优点是:给谈话双方以充分的自由,方法简单易行,操作灵活,不拘场合、时间、内容,求职者防御心理比较弱,也感觉相对更加随意和放松,更易敞开心扉,考官了解的内容比较直接,可以有重点地获取更多的信息,互动反馈迅速。

这种面试方法的缺点是:由于结构化和标准化程度较低,缺少一致的评判标准,容易变形走样,求职者之间可比性不强,影响面试的信度和效度。

非结构化面试的信度,是指非结构化面试这种测试手段不受随机误差干扰的程度。非结构化面试是一种技巧性非常强的人才甄选技术。要真正发挥它的作用,使其达到良好的信度,必须充分理解和区分不同的工作岗位在工作性质、职责范围、任职资格条件等方面的差异。考察内容与考察形式都不能做统一规定,面试题目及考察角度应各有侧重,不能一概而论。面试内容也应根据求职者经历、背景等情况的不同,作出相应调整和变化。也就是说,非结构化面试内容既要事先拟定、有的放矢,又要因人而异、灵活掌握;既要让求职者充分展示能力和水平,又不让求职者海阔天空地发挥,应该在恰当的控制下灵活掌握主题内容。

非结构化面试中,考官一般经过专业的培训,最擅长提问,也是提问最多的一种面试。他们善于抽丝剥茧深问,抓住只言片语,由浅入深,顺藤摸瓜,以问促答;他们善听弦外之音追问,察言观色,从求职者的神态、语气和表情变化中,问出背后的话语,摸清真正意图;他们善抓自相矛盾设问,让求职者用更多事例说明情况、消除疑问,从而掌握更多的细节和信息;他们善分不同类别询问,围绕求职者的经历阅历、成果业绩、兴趣爱好等,有所侧重提问;他们善盯苗头问题细问,如果求职者应答中出现一些问题苗头或自相矛盾的地方,他们会打破砂锅璺到底,前后相互比对印证。

求职者除了需要注意不同面试阶段的特点外,还需要注意考官的提问方式。大多数情况下,考官提问的指导思想并非是要难倒求职者,而是通过求职者回答问题来充分挖掘其特长优势,测试不同人员素质能力的差异。因此,不管采用什么提问方式,一般都会有利于求职者充分展示才华,有利于对求职者的真实水平进行横向比较。

由于缺少统一的评价标准,非结构化面试后如何评价就显得至关重要。考前无标准,考后有尺度,是非结构化面试的又一特征。从程序上看,结构化面试是先有尺,再拿尺去量人;而非结构化面试是先量完人,再看达没达到尺的标准。非结构化面试更倾向于招聘中、高层领导干部和一些特殊领域、高技术领域的专业人才。

四、压力面试

压力面试,也称为抗压测试,是指有意制造紧张,以了解求职者将如何面对工作压力。考官通过提出生硬的、不礼貌的问题故意使求职者

感到不舒服,针对某一事项或问题做一连串的发问,穷追猛打,咄咄逼人,直至无法回答。其目的是考察求职者对压力的承受能力、在压力前的应变能力。

如果招聘岗位要求具备高度抗压能力,了解这一情况十分必要。但也有一些专业人士认为,压力面试不仅不替别人着想而且作用不大。因为在压力环境下所获取的信息经常被扭曲、被误解,容易造成求职者过度的心理防卫。有一点很明显,即压力面试对大多数求职者是不适合的。但这种方式比较适用于对高级管理人员和特殊岗位人员的面试。

压力面试,一般有以下几种方法。

1. 激将法。用激将法来挑衅面试者。这是考官最常用的手法,在面试的时候,通常用质疑、尖刻、咄咄逼人的语言,从面试者最薄弱的地方入手,往往是哪壶不开提哪壶,使面试者处于一种尴尬的境地,或是顿感紧张和慌乱。比如,考官通常会问"你经历太单一,而我们需要的是社会经验丰富的人,为何还来参加我们的招聘?""你性格过于内向,这与岗位要求不相符。""我们需要学历高的,你学历太低。""你原单位那么好,你却要跳槽,是不是在原单位混不下去了?"

2. 诱导法。用诱导法来迷惑面试者。这类问题的特点是,考官往往提供一个特定的选择,诱导对方作出错误的回答,因为也许任何一种回答都不能让对方满意。比如:"你认为金钱、名誉和事业哪个重要?"这样提问似乎是一项单项选择,但是实际上三项都比较重要,选择任何一项或放弃任何一项都显得不妥。再比如,考官问你:"现在的考试面试都是走形式的,要想得到好工作,还得靠关系,你说是吧?""你们的老板是不是很难相处啊,要不然,你为什么跳槽?"

3. 测试法。测试法的特点是虚构一种情况,然后让求职者作出回答。比如:"今天参加面试的有10名人选,如何证明你是最优秀的?"这类问题往往是考察求职者随机应变的能力。从正面回答这种问题或者面面俱到地回答这些问题反而不是明智之举，面试者假如机智地绕开问题，从侧面或者从某一个别人通常容易忽略的方面回答，也许能够很好地打动考官的心。还有一些问题醉翁之意不在酒，而在于你回答中透露出来的工作态度、精神境界等。比如："你对琐碎的工作是喜欢还是讨厌，为什么？""你在哪些方面最难与老板达成一致？请回想一下，上一次你们意见不一致时，你是怎么办的。"

此外，一些单位还会采取营造严肃环境、提出刺激性话题、加快程序节奏、故意带入僵局等方式，刻意制造紧张的、压迫的、让求职者喘不过气来的现场氛围，使求职者心烦意乱、恐惧压抑甚至是心理崩溃。如果求职者"中招"，摇摇头后长舒一口气，那就意味着放弃了。

五、无领导小组面试

无领导小组面试，顾名思义，没有考官参加的面试。是一种采用情境模拟的方式，由多名考生围绕一个或多个主题进行讨论发言、表达看法和意见，考官同步统一进行考察的面试办法。考官可以在给定的情境下，对求职者判断分析是非、综合归纳观点、提出建议措施、处理紧急事件，以及与他人合作的情况进行评判。

无领导小组讨论给求职者提供了一个充分展现个人才能与人格特征的舞台，这类面试对优秀求职者更为有利。在既定情境下，通过对问题的分析、论述，给考官留下良好的印象，从而在千军万马的竞争中脱颖而出，迈进成功的大门。

近年来，无领导小组面试得到越来越多的认可，作为一种有效的测评工具，和其他测评工具比较起来，具有以下几个方面优点：能测试出笔试

和单一面试所不能检测出的能力素质，能依据求职者的行为特征对其进行更加全面、合理的评价，能使求职者更加有机会展现自己的特点和优势，能使求职者有平等的发挥机会，并很快地表现出个体上的差异，能对竞争同一岗位的求职者的表现进行同时比较，等等。

无领导小组面试的缺点是，考生的评价易受考官各个方面特别是主观意见的影响，从而导致考官对考生评价结果的不一致，因此对考官的评判水平要求较高；考生存在做戏、表演或者伪装的可能性，或是产生过度的心理防卫，导致发挥失常；求职者的经验和口才可能会影响到其能力的真正表现。

无领导小组面试中，求职者要注意把握好以下方面。

1. **争取主动**。对于每个考生来说，机会只有一次，如果胆小怯场，不敢发言，就等于失去了被考官认可的机会。发言可能不理想，但不发言或是三言两语、被动敷衍，就基本没有机会了。

2. **搞好团结**。努力在小组中奠定良好的人际关系基础，尊重其他人的观点和看法，即使有不同看法，也不能针锋相对，更不能为了表现自己，对其他人的观点进行攻击和指责。没有考官会喜欢一个不重视合作、没有团队意识的人。

3. **相机而动**。试图说服对方的时候不能急于求成，要看好时机，找到与对方的共同观点，引申出自己的观点。同时，注意尽量开门见山、一步说到点子上，收到一鸣惊人的效果。

4. **真诚包容**。发言的时候能够设身处地地站在全局考虑问题，理解其他人的观点。在此基础上，引导他们接受自己的观点。整个过程中态度要诚挚，以更体系的思考、更独到的见解、更深刻的观点、更深入的分析、更充分的证据来说服对方和考官。

5. **讲究战术**。可以先发制人，第一个抛出观点，引领基调，但这是在准备充分、胸有成竹的情况下采取的策略。也可后发制人，在讨论开始后，不急于表述自己的看法，而是仔细倾听别人的发言。从中捕捉某些对于自己有用的信息，为我所用，出奇制胜。

6. 见解独到。展现出自己的独立思考精神，不人云亦云，吃别人"嚼过的甘蔗"。应有自己的观点和主见，即使与别人意见一致时，也可以从不同角度进行阐述，补充别人发言的不足之处，而不是简单地附和。

7. 切忌失礼。听别人讲话的时候应当全神贯注，不可东张西望，或显出不耐烦的样子。不能得理不饶人，轻易不要打断他人讲话。如果别人不同意自己的观点，不要恼羞成怒，应心平气和地与之讨论。如果觉得自己发挥良好，也不要扬扬自得，应保持谦虚谨慎。

无领导小组面试中，考官一般根据以下要素对求职者进行评估打分。

1. 有效发言。能够积极主动争取发言，敢于发表不同意见，以及支持或肯定别人的意见。

2. 思路逻辑。能够抓住问题的关键和本质，提出新的见解和方案，分析问题全面深入，能够准确地把握和综合别人的观点。

3. 组织协调。能够求同存异，引导小组讨论方向，把握小组讨论进程，恰当地搞好衔接转换；能够平息成员间的争议，推动小组形成一致意见。

4. 人际关系。能够耐心倾听，理解他人的情绪和观点，有策略地与他人沟通，态度和方式得体。

5. 情绪控制。面对压力和冲突时，能够沉着冷静，自我控制，积极稳妥应对。

6. 言语表达。能够准确清晰地表达自己的观点和思想，语气语调和节奏把握得当。

决胜面试

六、接力式面试

也可以称为"车轮战式"面试。是指采取结构化、半结构化、无领导面试的方式，对求职者"轮番轰炸"，也指招聘单位的人力资源部门工作人员、业务部门工作人员、业务部门主管、部门经理、副总裁、总裁等人，与求职者轮番过招，面试内容各有侧重。

比如，微软公司就采取此种招聘方式，被称为"面试马拉松"。求职者需要与部门工作人员、部门经理、副总裁、总裁等五六个人交谈，每人大概一小时，交谈的内容各有侧重。除涉及信仰、种族歧视、性别歧视等敏感问题外，提问的范围很广，尤其重视以下四个方面。

1. 应试者的反应速度和应变能力。

2. 应试者的口才。口才是表达思维、交流思想感情、促进相互了解的基本功。

3. 应试者的创新能力。空有经验而没有创新能力、只会墨守成规的工作方式，这不是微软提倡和需要的。

4. 应试者的性格爱好和修养。一般通过与求职者共进午餐或闲谈了解。

微软面试求职者，一般面对面地进行，但有时也通过电话方式进行。当你离去或挂断电话之后，每名考官都会立即给其他考官发出电子邮件，说明他对你的赞赏、批评、疑问以及评估结果。评估结果分为4个等级：强烈赞成聘用，赞成聘用，不能聘用，绝对不能聘用。你在几分钟内走进下一个考官的办公室时，根本不知道他对你先前的表现已经了如指掌。如果两个以上考官认为你"不能聘用"或一个考官认为你"绝对不能聘用"，那你就被淘汰了。

华为公司的面试也是采取"车轮战式"的方法。在 1~2 天的时间内，求职者要被不同的考官面试 4 次，都可立即知道结果。第一轮面试，以技术面试为主，同时会谈及你的笔试；第二轮面试，以综合能力为主，也会涉及技术问题，包括求职者拥有的一些技术能力；第三轮面试，主要是人格特征面试，较少提及技术，重点了解求职者的基本情况，对华为文化的认同度，是否愿意服从公司安排，以及职业规划等；第四轮面试，一般是用人部门的主要负责人面试，面试的问题因人而异，既有一般性问题，也有技术性问题。

华为为了从全球招募顶尖人才，开启了"天才少年"计划项目，给刚毕业的学生开出天价年薪，最高 201 万元，该项目旨在用顶级挑战和顶级薪酬去吸引顶尖人才。华为"天才少年"的招聘标准非常严格，一般需要经历 7 轮左右考试面试：简历筛选、笔试、初面、主管面试、若干部长面试、总裁面试、HR 面试。任何一个环节出现问题或者表现不佳都有可能失败，难度非常大。

七、即兴演讲

即兴演讲，是指考官给出特定的情境，要求求职者围绕某一主题、某一事件、某一观点等立即进行当众表达、随想随说、有感而发，并以此说服、打动和感染受众（考官）。

即兴演讲测试大体分为两种。一种是在测试之前，给求职者一个较大的范围内容和一段准备时间，在测试前再抽题演讲。另一种则是没有设定范围，只是在演讲开始前抽题，做短暂准备后即开始演讲。前者表现出模糊性的特点，后者表现出临场性的特点。招聘面试中，一般采用后一种方式，有的给几分钟准备时间，有的则不给，强调的即是临场

发挥。

即兴演讲与其他面试应答要求有共性之处，也有其特点，主要是更加注重逻辑、情感和语言。具体来说，面试者应注意把握以下几个方面。

一是紧紧抓住主题。要迅速确立主题主线，并积极围绕中心进行论证。因无法在事先进行充分准备，完全依靠即兴抓取材料，因此应尽可能少引用间接材料，多联想身边的人和事，经历过的人和事，以及现场的人和事，以此吸引听众的注意力。

二是充分表达情感。要使听众激动，求职者自己首先要有激情。求职者动了真情，才能喜怒哀乐分明，语言表达绘声绘色，从而感染听众，达到交流情感的目的。但受面试场地和环境的限制，情感的调动受限，情感表达倾向于低沉稳重，娓娓道来、略有起伏比较得当。

三是注重逻辑严密。做到结构合理、观点鲜明，有环环相扣、一气呵成的气势，切忌颠三倒四，离题万里，拖泥带水。

四是保持短小精悍。面试中，不管什么题目，除非考官感兴趣或是要求你回答，不要长篇大论、面面俱到，把主要观点立起来即可。特别是即兴演讲，有些点到即可，不能没话找话。

典型案例剖析 1：

【题目设置】

如果你被录用，你打算在公司干多长时间，你会主动离职吗？

【题眼透视】

这是一道压力测试中的诱导题。如果说"只要公司不让我离开，我一辈子都不会离开××公司"，这样的话自己不信，考官也不会

第六章　输出内功：练好你的战术战法

信；如果说"有其他合适的岗位我才离开"，似乎也不太妥当，让考官对你的忠诚度产生顾虑。其实无论是考官，还是我们自己，都清楚，离不离职不是当下能决定的，而是客观环境变化和个人主观意识改变综合作用的结果。

所以，这类问题一般不要直接回答"一直干下去""服从公司的决定"，以及"会"或是"不会"。应该从问题预设的原点入手，也就是如何体现对岗位的忠诚上作出回答。

【抛砖引玉】

如果能被录取，我一定会珍惜机会、珍惜岗位，全力以赴干好本职工作。能在公司干多长时间，是很多变化的因素决定的，但不管怎么样，我都会做到"在位一分钟，干好六十秒"，全力忠诚担当，积极践行承诺。

一是入其职安其位。俗话说，既来之，则安之。我觉得，不论在什么岗位上工作，都不能这山望着那山高。如果公司能录取我，给我提供一个平台，我一定安心本职，依靠这个平台，利用这个平台，打造这个平台，把个人的发展进步放在公司建设发展的大局之中，与公司同呼吸、心连心、共命运、同发展。

二是在其位谋其政。公司把我招聘进来，放在这么重要的岗位上，既是对我的肯定和信任，也是沉甸甸、实打实的责任。我一定把该担的责任担起来，把该尽的义务拎起来，把干事创业作为自己的价值追求，做到守土有责、守土负责、守土尽责，在履职尽责中增长才干、贡献力量、回报信任。

三是任其事尽其力。实干是忠诚之本，实干是成事之基。如果我被录用，我将一步一个脚印地干好每一项工作，在困难面前不退

缩、不逃避，在苦累面前不推诿、不扯皮，在利益面前不钻营、不计较，真正把自己的全部心思和精力投入到工作当中。

四是得其利感其恩。公司和一个大家庭一样，不仅给了大家学习、成长、进步的机会，也给了大家呵护、保护、保障的安全和温暖。我觉得，感恩不仅是一种利益回报，更是一种情感需要、情感满足和价值体现，每个人都会在感恩中收获温暖、传递友爱，从而增强团队的聚合能量。如果能成为大家庭的一员，我想我和大家一样感恩这个大家庭，经营这个大家庭，回报这个大家庭。

典型案例剖析 2：

【题目设置】

你所在单位组织一次退役军人欢送会暨向军旗告别仪式，由你代表转业干部发言。请模拟发言。

【题眼透视】

这是一道即兴演讲题。这类题目考察的不仅是语言表达能力、积累储备，还考察应急反应能力、逻辑思考能力和情感输出能力。

人的一生喜怒哀乐都会走过，悲欢离合都会经过，酸甜苦辣都会尝过，会在很多不同的单位和岗位工作，而每个岗位留下的都是自己青春的脚步、奋斗的印迹和美好的回忆。

离开老单位走向新岗位，内心最多的还是感恩、留恋和憧憬。求职者在这类题目应答上，应注重表达出真情实感，同时也要注意体现自己的思想深度。

【抛砖引玉】

各位领导、战友们：

铁打的营盘流水的兵。我们××名同志即将脱下军装，走出军营，投身地方建设，此时此刻心潮澎湃、百感交集，最想和大家说的还是"不舍"。

——不舍身上的军装。能够穿上这身军装，是我们一生的荣耀，是我们永远的辉煌。这身军装，展示着青春最美妙的旋律，包裹着奋斗最华彩的乐章，编织着我们最珍贵的人生轨迹。

——不舍战斗的岗位。流过汗的地方最难忘，流过血的地方忆终生。在这个岗位上，我们既体会到了战斗的荣光、成功的喜悦、奉献的价值，也感受到了拼搏的艰辛、坚守的不易。这些，都将是我们一辈子引以为豪、津津乐道的美好回忆和前行动力。

——不舍亲密的战友。我们一起摸爬滚打、并肩作战：你们的教导，让我们成长进步；你们的帮助，让我们暖到心坎；你们的坚守，让我们勇往直前。一朝战友，终身兄弟！感谢你们，战友；祝福你们，兄弟！

各位领导、战友们：

军人的岗位即战位，脱下军装不是放弃战斗，而是奔赴新的战场，走上新的战位。

我们只是换个战位去战斗！

请允许我代表转业的同志，宣读我们的军令状：

第一，不管在什么战位，军人的忠诚永远不变。忠诚二字已融入我们的血脉，植入我们的灵魂，在增强"四个意识"、坚定"四个自信"、做到"两个维护"上，我们一定一如既往地当好先锋、打好头阵！

第二，不管在什么战位，军人的担当永远不变。一定做到平常时候看得出来、关键时刻站得出来、生死关头豁得出来，坚决做到守土有责、守土尽责、守土负责，力争再创新业绩、再作新贡献！

第三，不管在什么战位，军人的勇气永远不变。一定以"首战有我、首战用我、用我必胜"的战斗精神，坚定信心，勇往直前，攻坚克难，坚决攻下新战位上的各种"娄山关""腊子口"。请相信，有过军人称谓的战友，任何困难压不倒，任何险阻挡不住，一定会战斗、战斗、再战斗！一定会胜利、胜利、再胜利！

第四，不管在什么战位，军人的誓言永远不变。若有战，召必回！只要党、军队和人民一声令下，不管有什么任务，我们一定会毫不犹豫地打起背包、前来报到，和战友们一起高声答"到！""到！""到！"。

典型案例剖析3：

【题目设置】

你被新单位录用后上班第一天，你所在部门召开座谈会，主要议题是欢迎你到单位工作、加入团队，安排你第一个进行发言，除了做自我介绍外，你还会讲些什么？请模拟发言。

【题眼透视】

我们每到一个新岗位，基本上都会面对这样的情况。有些时候，单位领导还会给你个措手不及。到一个新单位每个"第一次"都很重要：第一次组织会议，第一次发言，第一次向领导汇报，第一次承办文电，这些"第一次"将会产生"首因效应"（在第七章第一节中

第六章 输出内功：练好你的战术战法

将具体阐述）。如果第一印象不好，以后只有通过很长时间、很多事情才能消除最初的影响。因此，无论到什么单位、什么岗位，每个第一次一定要把握好。

回答这样的问题，主要注意以下几点：一是简洁明了，不要拖泥带水，含含糊糊，长篇大论。二是要接地气，不能高高在上，云里雾里。三是以表态为主，切忌"新官上任三把火""还没上任就开始烧"，大谈特谈职业规划、工作计划、未来愿景等，否则会让人觉得你"情况不明决心大"。

【抛砖引玉】

首先，谢谢各位领导和同事对我的欢迎。能到××单位工作感到很荣幸、很幸运（此处可以从考试面试的体会谈起，简单称赞一下你的新单位，略）。

一是我将抓紧补课。我在部队工作了20多年，地方的大学没上过，社会的职业没干过，在知识储备、专业素养、经历阅历、思维视野等各个方面，可以说都是从零开始，从小学生开始。我一定认真学习，虚心请教，把落下的课程补上，把落后的学分追上。希望各位领导和同事，多多帮助，多多指教。

二是我将随时补考。我想，××单位把我招进来，只能说明我初试合格。下一步，我的新课程学得怎么样，我适应岗位、进入情况怎么样，我的工作干得怎么样、任务完成得怎么样，还要我进行复试补考。我一定积极克服各种困难，勇敢迎接各种挑战，以拼搏奋斗的姿态，争取在复试补考中拿下高分，取得好成绩，赢得各位领导和同事的认可。

三是我将主动补位。作为大家庭的新成员，我一定以主人翁的姿态，尽快融入团队当中，秉持团结协作、众志成城的思想理念，既从中取暖，也不忘加柴，既强化担当精神，干好分内事，不让领导分心，不让同事担忧，同时积极给大家当好助手、当好帮手，做到补位不越位、补台不看台，全力尽好大家庭成员的义务和责任。

四是我将全力补恩。一方面，补好培养之恩。我在军队工作20多年，从一名高中生成长为团职军官，所有的一切都是党和军队给予的。不管脱没脱军装，不管我走到哪里，组织的培养之恩永远不会忘，一定争取作出新贡献新业绩，不辜负党，不辜负组织。另一方面，补好知遇之恩。××单位把我招聘进来，给了我重整行装、重塑自我的机会，我一定倍加珍惜，切实做到以感恩之心坚守初心，用感恩之心回报关心，靠感恩之心立起信心。

八、面试基本题型

在以上七种面试方法中，考官一般采取直接提问、给出材料和漫画等题型，当然也有娱乐、就餐、小活动等辅助和补充题型。直接提问和给出材料是常用题型，辅助和补充题型不太常见，也比较好把握，不再过多赘述。相比这些题型，漫画类题目常常让大家感到头疼。漫画没有文字或有少许文字，寓意却十分丰富，包括人生哲理、价值体系、时事热点、生活现象等各个方面，既有讽刺的，也有颂扬的，还有辩证的、相互对比的；既有主题明确的，也有可以从多个角度理解的。

面试中的漫画题，主要有三类。

1. 社会现象类。包括人的学习、工作、生活、情感等各种活动所产生的现象，以及一些时事热点问题，要求求职者通过漫画所给出的现象提炼观点，并进行论证分析。

2. 组织管理类。这类题目以团队组织管理为主题，涉及规划计划、人际关系、责任担当、作风纪律等多个方面题材，主要是通过对比、隐喻等手段，描述工作中一些矛盾和现象。

3. 哲理辨析类。这类题目主要是通过描述某种物品、某种现象、某种运动等，隐喻人生的道理。此外，也有一些漫画联想度和辐射面比较宽，可以联想到社会现象、时事热点、组织管理和人生哲理等多个方面。

面试中的漫画题目，最为关键的是主题的确定。如果不能很好地理解漫画的含义，合理确定主题，那你的应答肯定就"跑题"了，跑题的作文基本上是零分的。特别是在时间比较短、漫画主题不明确的情况下，必须快速、准确地确定主题，才能为后面思考和罗列观点留足时间。

分析主题时，应注意把握好漫画"三要素"：标题、主体、注解。其中，标题和注解并不是每幅漫画都会出现，但这类文字性信息一旦出现，往往会直指主题，需要重点关注。

1. 标题。标题的作用是明示或暗示漫画的主题思想，求职者通过分析标题，能整体把握思考方向。

2. 主体。也就是漫画情景。漫画题一般运用变形、象征的手法，构成幽默、诙谐的图画，考生要仔细观察主体的夸张部分，如主体夸张的动作、表情等，都是漫画传递给我们的关键信息。当漫画中出现人物时，要注意分析人物的身份特征。当主体存在两个或多个情景时，尤其要注意事物与事物之间的对比；或是同一事物前后之间的对比。

3. 注解。即对漫画情景的文字提示。注解直接点出了漫画要素，把注解文字合理拓展、完善成具体的观点，往往就能体会漫画表达的主旨思想。

漫画题的应答思路，总的可以参考以下逻辑展开。

1. 简要描述。对漫画内容进行简单、客观的说明，描述时可以按照

画面的空间顺序来进行，如"由上到下""由左到右""由外到内"等，也可以采用逻辑顺序，如"总—分—总""总—分"等，也可采取"先重点再一般"的顺序。

2. 确定主题。特别是对于主题不明确的，应根据漫画所传递的关键信息，采取发散性思维的方式，联想到社会、集体和个人的活动和现象。常用句式有"这不由得使我联想到……""我想从××角度谈谈我对漫画的理解""这幅漫画其实是我们……"。

3. 论证观点。接下来可以使用道理阐释和事例论证相结合的方式证明自己的观点，应答时注意适当回扣题目。如"社会中的××就像这幅漫画中的××一样……"。

4. 启迪启示。可以结合自己的工作和学习谈谈启示，也可以将启示运用到政治、经济、社会、文化、生态等领域当中。论证观点和启迪启示可以同步展开。

典型案例剖析：

【题目设置】

请根据给定的漫画提炼出观点，并结合实际进行论证。

【题眼透视】

这是道能够多角度论证的漫画题。具体可以选择的角度有：1. 统筹协调、归口管理；2. 一体设计、集约高效；3. 把控方向、掌握源头；4. 集中领导、分工合作；5. 面面俱到、一线平推；6. 标准不一、资源闲置；7. 专家与"万金油"；8. 共性与个性；9. 主观意志与客观变化；10. 对接与协商；11. 单一与多样；12. 理论与实践；13. 改革与创新；14. 供给与需求；等等。

第六章 输出内功：练好你的战术战法

万能充电线

一幅简单图片，蕴藏大千世界。这个题目有很大的联想空间，可以从社会现象、组织管理和人生哲理等各个方面、多个角度切入。也有些招聘单位给出漫画后，不是让求职者选择观点进行论证，而是让你列出你能想到的观点，从而考察求职者的洞察力、敏锐性、经历阅历和发散性思维能力等。

在确定主题上应以熟悉、准确、快速为原则，同时兼顾到招聘岗位，比如综合管理岗位与技术岗位就应选不同的角度，但决不能犹犹豫豫，什么都想说。

【抛砖引玉】

图中是一个万能充电线，一端有一个统一的插头，另一端有各式各样的插头。这幅图片让我想到党的领导：党政军民学，东南西北中，党是领导一切的。

第一，党的领导凸显根本领导。主线是其他支线的能量源头。没有主线，其他支线无法获得能量、形成力量。党的领导就好比图片中的主线一样，是党和国家的根本所在、命脉所在，人民利益和幸福的源头所在。党的领导，是近代以来中国的历史逻辑、政治逻辑和实践逻辑相统一的必然结果。全党必须自觉维护党中央权威和集中统一领导，自觉在思想上政治上行动上同党中央保持高度一致，在增强"四个意识"、坚定"四个自信"、做到"两个维护"中强化党的领导。

第二，党的领导重在总揽协调。事在四方，要在中央。党具有总揽全局、协调各方的领导核心地位。就像图中的充电线一样，所有"支线"必须受"主线"支配、让"主线"的能量传递下去。各级各方面党的组织和部门以及全体党员必须贯彻党中央的决策部署，实现全党思想上统一、政治上团结、行动上一致，把党的路线方针政策体现和落实到经济、政治、文化、社会、生态文明以及国防和军队建设的各个方面。

第三，党的领导坚持民主集中。就好比图片中的万能线一样，主线代表"集中"，分线代表"民主"。党实行民主集中制原则，既充分发扬民主，又善于集中。一方面，党的重大决策都广泛听取意见建议，充分调动各级的积极性、主动性、创造性，做到科学决策、民主决策、依法决策。另一方面，坚持正确的集中，党中央作出的各项决定，各级必须坚决贯彻执行，决不允许有令不行、有禁不止。

第四，党的领导强调分工负责。强调党领导一切不是党管理一切，强调总揽全局、协调各方也不是包揽包办，越俎代庖。是强调一级抓一级，一级对一级负责，各有各的责任和担当，不能用简单的管理办法包办。就像"主线"无法给各个型号的手机充电一样，重要任务是把好开关、提高输送能量的能力；同时只有每个支线承担好自己的任务，整条线才能履行好它的所有使命。加强党的领导，就是要为人民掌好权、管好权、用好权，就是要不断增强党的政治领导力、思想引领力、群众组织力和社会号召力，不断提高把方向、谋大局、定政策、促改革的能力和定力。

⑦ 思考题：

1. 你所在单位有 100 多名同志即将奔赴抗击新冠肺炎疫情第一线进行支援，出发前要召开一个简短动员会，如果你是单位领导，在出征动员会上，你会讲些什么？请模拟发言。

2. 如果你未被录用，你会怎么办？

3. 请你以"山高人为峰"为主题进行模拟演讲。

4. 请以"追梦人·圆梦人"为主题，结合"青春、理想、奋斗、担当"四个词（顺序可以调换）发表一段讲话。

决胜面试

第二节　调整心理状态

金庸笔下《天龙八部》中的段誉,最初只能在最危险、最慌乱的时刻使出"六脉神剑",因为刚开始学习此项绝学时,他内力不精,需要用危险来激发他的潜能,于是他总能在关键时刻天马行空地来那么一下。后来吃了蜈蚣和毒蟾,吸了鸠摩智的内功修为后,内力倍增,强大内力化腐朽为神奇,可以随心所欲使出"六脉神剑"。

现实中也是同样的道理,生命是需要激活的。天有日月星,人有精气神,人生必须在状态。对每一个人来说,压力太大会崩溃,但没有一定的压力,不保持适度的紧张感,对身体、对生命、对工作都是负能量。往往适度的紧张能让我们精力更加集中,"神理"相合更加顺畅,有助于激发思维的活跃程度。但一旦过了火候,出现过度紧张或是心态没有调整好,特别是求职中,在招聘单位和考官刻意制造紧张气氛的情况下,往往会出现发挥失常甚至短暂失忆的现象。

我们为什么会紧张?无外乎两点:一是因为想博取别人的关注和重视,二是对未知充满恐惧。这并非自信能从根本上解决的,因为未知的东西对于你来说仍是未知的。当今世界是一个竞争激烈、快节奏、高效率的社会,这就不可避免地给人带来许多紧张和压力。精神紧张一般分为弱的、适度的和加强的三种。过度的精神紧张不利于问题的解决。从生理学和心理学的角度看，人若长期、反复地处于超生理强度的紧张状态中，就容易急躁、激动、恼怒，严重者会导致大脑神经功能紊乱，有损于身体健康。因此，要克服紧张的心理，设法把自己从紧张的情绪中解脱出来。

这就要求我们进行压力管理。主要有两种渠道：第一，针对压力源造成的问题本身去处理；第二，处理压力所造成的反应，即情绪、行为及生理等方面的纾解。对于求职者来说，我们的压力源于准备不充分和面试无定式的矛盾，以及对职位充满渴望但又充满未知的迷茫，这需要提前进行准备和调整。

艺高人才胆大，技熟心方平静。调整心理状态，锻炼心理素质，没有捷径可走，唯有反反复复、一点一点地剖析自我、认识自我、敲打自我、完善自我，才能达到处变不惊、举重若轻的境界。面试前，尤其有几种心理必须注重加以纠正和克服。

第一，兵骄必败——克服骄傲心理。这世间最致命的，永远不是"你不知道"，而是"你以为你知道"。承认自己无知，我们才会紧张，才会重视，才会累积，才有收获；错认自己什么都知道，我们就会得意，就会松懈，就会放任。有很多职场老手、高手，面试场上的常客，认为自己大风大浪都不知道被拍了多少回了，还在乎一次小小的面试吗？"如果问到专业题，可以给他们讲一上午都没'尿点'。"正所谓，大意失荆州。不能寄希望于灵光一闪、临场发挥，必须拿出"每次都是第一次、第一次就是最后一次"的状态，到了战场上才能真正做到临事不惧、临危不乱。

第二，兵残必败——克服回避心理。决定我们事业高度的是"最短的那块木板"。在健身房里经常会见到这样的现象：大部分健身爱好者往往哪块肌肉练得越好越喜欢练哪里，结果导致身体失调。这就是一种"优势占据和劣势回避"心理。学习生活和面试准备中也是一样，自己哪个方面越强，就越喜欢在哪里下功夫。但是不要忘了，考官除了挖掘你的优点

外，也会千方百计让你暴露缺点。因此，对自己的短板，必须选择直视正视，把自己的弱点当成痛点，对着它狠狠用力、使劲去戳，戳到痛彻心扉，戳到痛定思痛，戳到改头换面。

第三，兵怯必败——克服恐惧心理。敢打必胜是军人的战斗精神。求职中也要有战斗精神。心里总是装着失败、害怕失败、患得患失、恐慌忐忑，面试中脸红、气促、出汗、心悸，说也不敢大声说，问也不敢当面问，提也不敢现场提，注定不会取得好成绩。恐惧是人在远古时代抵御其他动物袭扰和捕食时就留下的基因。心存恐惧很正常，不敢面对恐惧才会失常。消除恐惧最管用的办法就是"熟悉环境"。当你经过100次面试后，你想紧张起来可能还得深吸口气。这就和第一次打靶和第一百次打靶时的心理是一个道理。那时，不是担心出现恐惧而是求之不得，需要保持恐惧、立起恐惧，否则可能会出问题。

第四，兵急必败——克服焦躁心理。面对未知的前途，面对迷茫的事业，多数人都会心里发慌，莫名焦躁。恨不得一下子把考试面试的问题全都了然于胸。但是一口吃不成个胖子，一定要有个计划，循序渐进地学习准备，从基础原理、基本规律、基本案例开始，一点一点地学习研究，慢慢地融会贯通。

第五，兵怒必败——克服愤怒情绪。《孙子兵法》强调"实而备之，强而避之，怒而挠之，卑而骄之，佚而劳之，亲而离之，攻其无备，出其不意"。怒而挠之，就是敌人暴躁易怒，就设法挑逗激怒他。人在愤怒的情况下，是没有办法控制情绪、集中精力、作出正确判断的。特别是在考官故意挑衅、故意诱导的情况下，一定要控制住情绪，受得了一时的屈辱。

第六，兵疑必败——克服犹豫心理。天予不取，反受其咎；当断不断，必受其乱。犹犹豫豫，斤斤计较，看着这家单位也好那家单位也行，这山望着那山高，总觉得别人的岗位比自己的好，最后可能在犹豫徘徊中丧失了机会。在一垄麦田里一直向前走，永远也得不到最大的那个麦穗。面试实战中也是如此，既想说这个观点，也想说那个观点，最后哪个观点都没说好。

第七，兵卑必败——克服自卑心理。无论对岗位有多么渴望，无论心里多么期待，都应该充满自信，做到不卑不亢。不能妄自菲薄，低声下气，点头哈腰，面露谄媚，企图以鄙薄自己取悦对方，甚至眼神里都充满了哀求。也不能认为自己什么都不行，别人都比自己强，毫无信心，毫无底气。从另一个角度看，也不能为了表现自己显得过度亢奋、过于张扬，或是对岗位和面试不屑一顾，过于轻浮漂浮。

鲁迅先生有句名言："生活太安逸了，工作就会被生活所累。"青蛙在温水里待得太久，就会跳不出来；人如果太闲适，就容易生出事、干坏事。井无压力不出油，人无压力轻飘飘，有压力不一定是坏事，适度的紧张感对于一个单位、一个团队、一个组织、一个人的健康等方方面面都有好处，它能使我们坚守初心，远离职业倦怠，激发工作热情，始终让思维和行动的活跃程度保持在正常水平，甚至可以迸发超常能力和水平。

笔者之所以把"调整心理状态"放在"输出内功"这一章中阐释解读，而不是在下一章"关注细节"中论证，因为心理状态不是细节，往往是决定性、基础性因素。心理素质和身体机能一样，用进废退是基本规律。适度的紧张感不是说来就来的。如果平常不注意保持、不注意强化，要么到时候拿不起来，要么放不下去。也就是该紧张的时候紧张不起来，不该紧张的时候可能会掉链子。因此，要在面试前花一番工夫调整心态、立起姿态、保持状态，才能使自己在面试时找到最佳感觉，实现超常发挥。

无论在没在职，我们都要保持适度的紧张感，在落细、落小、落实上下功夫，以"一日不为，三日不安"的责任感和"时不我待，只争朝夕"的紧迫感，一心一意抓学习、谋工作、干事业。当然，也不能过于紧张，

 决胜面试

要劳逸结合，严肃活泼，正确面对工作、生活、人际关系等多方面的压力，避免造成心理失衡和精神压抑。

典型案例剖析：

【题目设置】

你参加面试紧张吗？为什么？

【题眼透视】

从人类的基因看，只要想引起关注和有未知因素，就会紧张。而面试恰恰就是要引起关注，基本上都是未知因素。所以紧张是可想而知的。紧张情绪和其他喜怒哀乐情绪一样，是人类基因里固有的。

如果求职者是认真来面试的，就一定会紧张，只是会因为人的经历阅历、认知水平、能力素质，以及环境背景等因素，紧张的程度有所不同。

这道题目既是一道心理测试题，也是一道人格映射题，还是一道应急反应题。正确的回答方式是：承认紧张的同时，能够向考官传达自己内心强大、渴望岗位、准备充分等各种信息。

【抛砖引玉】

参加此次面试，我还是有些紧张的。主要有以下原因。

一是有所求，担心得不到认可。在报考之前，我认真对这个岗位进行了学习了解。感到职责任务、岗位平台、人文环境、薪酬待遇和个人兴趣等各个方面，与自己的想法都比较契合。自己也特别期待拿到这个offer。可能期待越高、愿望越强烈，心理起伏和波动

就越大。这是造成我面试紧张的原因之一。

二是有所惑，担心问题答不好。虽然自己在面试前做了大量准备工作，对自我评价、专业知识、组织管理、时事热点、应急处理等各方面的情况都认真进行了梳理，但是随着学习准备的深入，感觉自己差得太多，需要学习的太多，还有很多疑问没有解决。挺担心面试中的一些问题，自己会答不好。

三是有所比，担心他人比己强。据我了解，之前单位招聘的人才，都是很优秀很拔尖的。我早上看到，今天来面试这个岗位的人也有很多，大家都摩拳擦掌、跃跃欲试，有着志在必得的状态，竞争肯定比较激烈，感觉有一定的竞争压力。

总的感觉，还是有些紧张。但是在军队长期的磨炼中，培养了承压、抗压的作风和能力，压力越大斗志就越昂扬，精神就越振奋。相信我今天一定能够把压力转化为激情和动力，在面试中发挥出自己的应有水平。

思考题：

1. 在你平常的学习、工作、生活中，什么时候会特别紧张？你是如何克服这种紧张情绪的？

2. 你在原单位的工作有压力吗？具体表现在哪些方面？为什么？

第三节　坚持勤写多练

德国心理学家艾宾浩斯（H.Ebbinghaus）在 1880 年左右研究发现了记忆的两个原则：一是有些记忆只能在大脑中存在几分钟，有些却可以存在好几天、好几个月；二是重复练习可以使记忆维持得更长久。

艾宾浩斯通过实验发现，人们接触到的信息在经过学习后便成为短期记忆，如果不及时复习，会很快遗忘这些内容，而且先快速、大量地遗忘，然后速度逐渐趋缓。他因此发明了著名的"艾宾浩斯遗忘曲线"。学习活动刚刚结束时，我们可以百分之百记住所有内容。但是 20 分钟之后，记住的内容立刻降到 58.2%，一天之后是 33.7%，一个月之后只剩下 21.1%。具体情况如表 6-1 所示。

表 6-1　艾宾浩斯遗忘曲线

时间间隔	记忆量
学习刚结束	100%
20 分钟之后	58.2%
1 小时之后	44.2%
8 小时之后	35.8%
1 天之后	33.7%
2 天之后	27.8%
6 天之后	25.4%
1 个月之后	21.1%

艾宾浩斯发现，只要有规律地复习，一天之后可以保持98%的记忆，一周之后尚可保留86%。也就是说经过不断的、有规律的重复记忆，记忆遗忘率会越来越低，记忆的速度会越来越快。

人的大脑是一个记忆的宝库，人脑经历过的事物，思考过的问题，体验过的情感和情绪，练习过的动作，都可以成为人们记忆的内容。从"记"到"忆"是有个过程的，这其中包括了识记、保持、再认和回忆。很多人在学习过程中，只注重了学习当时的记忆效果，但要想做好学习的记忆工作，是要下一番功夫的，单纯注重当时的记忆效果，而忽视了后期的保持和再认，同样达不到良好的效果。

按照用进废退原理，大脑和肌肉一样，都是非常"会偷懒"的，可以称之为"原点的智能恢复功能"。人体的肌肉是具有记忆效应的，同一种动作重复多次之后，肌肉就会形成条件反射，从而建立记忆。人体肌肉获得记忆的速度十分缓慢，但一旦获得，其遗忘的速度也十分缓慢。但当肌肉达到某一个围度或力量水平后，假如停止训练，肌肉记忆一段时间后，重新回到当时的水平要比当初达到那个水平容易得多。

现在比较流行健身运动，热衷于肌肉与力量的人几乎都会把日常训练作为一种生活方式，日复一日，年复一年，痴迷于"撸铁"的乐趣之中。与之俱来的肌肉与力量，不仅是汗与血的浇灌，更是自律精神的一种抚慰与寄托。然而即使你对训练总能保持200%的热情，但停训或脱离正常训练在所难免。受伤是最典型的被迫停训，时间可能长达1个月至半年；出差外地、去一个没有"寸铁"的地方等，都可能影响到正常的训练。一旦脱离负重训练或有氧训练，则所获得的肌肉、力量或摄氧能力，都将逐渐衰退。停止训练后，肌纤维的结构将发生改变。

有研究表明，力量消退的速度大约是提高速度的三分之一。也就是说，增长得快，停止训练后消退得也快；但经过长时期逐渐练出来的力量，停训后保持的时间也长。并且，训练所获得的力量在停止训练后虽然会逐渐消退，但一部分力量会保持很久，甚至伴你终生。这就是为什么有些人年轻时热爱锻炼，到了中年或老年时即使没再锻炼，肌肉筋骨还是好于常人的原因。

笔者也比较喜欢健身，通过几年的努力，卧推12RM（1组动作做12次的最大负重，RM是指极限）最大重量可以达到95公斤，但停训1周后可能会掉到90公斤，1个月后可能掉到70公斤，半年后可能还原到原始的50公斤状态，但只要恢复正常训练，1～2个月就能很快达到95公斤状态。

大脑和肌肉一样，在记忆上不可能一劳永逸，但通过不断提高重复率和使用率，就可以大大缩短记忆遗忘的周期。求职者在面试前会进行大量的准备，也会梳理以前的知识储备。如何在面试时确保这些积累形成记忆，并有效地输出出来呢？别无他法，只能提高使用的频率。也就是多写、多看，甚至是多背。

考试，是靠一支笔论输赢；面试，是靠一张嘴定胜负。写和说都是语言表达，只不过一个写在纸上，一个从嘴里说出来。写更具逻辑性、系统性和深刻性，说则是大脑和写的口头输出。求职者一定要多写，并通过写作为口语表达打好基础、练好内功。

第一，锻炼写作的口语化。写作与口语表达反映的即使是同一内容，对语言的要求也不尽相同。前者侧重于书面用语，而后者则侧重于口语化。因为口头表达直接面对听众，口语化的好处在于通俗易懂、生动活泼、亲切自然、声韵和谐、顺口入耳、便于领会、富有亲切感。总体上说，语言的口语化主要应把握好以下几点：首先，用词上通俗化，戒深奥、生涩。注意多用现代词汇，少用古代词汇；多用通行词汇，少用方言词汇；多用形象词汇，少用抽象词汇；多用普通词汇，少用学术词汇；多用动词，少用连词；多用格言、俗语（惯用语、谚语和歇后语等），少用成语。当然"多用"并不是"滥用"，"少用"也不是"不用"，而是要当用则用；通俗并不等于庸俗。其次，保持语句上的鲜活、明快、简略，戒古板、陈旧。要尽可能多用一些常见常用的语言，多一些生活气息，多一些贴近实际和贴近人心的话，少一些"老爷腔"和"书生腔"。此外，要特别注意尽量用短句。

第二，调动写作中积累的知识。写作中的"厚积薄发"与口头表达中的"厚积薄发"的道理是相同的。如何在口头表达中调动写作中积累的知识呢？一是要多读。我在实践中体会到，自己写出的文章如果用心读上几遍，不但有助于修改完善，而且能锻炼口才，加深印象。二是要多记。由于写作积累知识的载体是大脑、电脑、笔记本等，而口头表达由于反应、思考的时间相对较短，最后只能从大脑这一载体中临时调动。因此，就要更加注意博闻强识。当然，也并不是死记硬背，主要应根据口头表达的需要，加深对知识的逻辑理解，使讲话能更加流畅、生动、自然。其中哪些记条条框框，哪些要一字不差，应根据成年人机械记忆力相对较差，但逻辑记忆力相对较强的特点，在脑中组成一个"主次分明、错落有致、互相补充"的"形象思维"体系。

第三，培养写作中摸索的技巧。文章如何提炼主题，如何安排结构，如何选取素材，如何遣词造句，以及如何开头、结尾、搞好层次进入，如何做到言之有理、言之有物、言之有据、言之有趣、言之有度，都是有一定方法和技巧的。在锻炼口头表达能力过程中，同样可以运用这些经验。大体上说，这一点二者是一致的。任何一次高质量的口头表达，如果整理出来，不难看出其中都包含着高超的写作技巧。事实上，大多数口头表达也都是"先写后说"的。即使在没有稿子的情况下临场发挥，如果有了宝贵的写作经验和写作技巧，无论是有意识的还是无意识的加以展现，口头表达中打腹稿、调动语言等思路就会更加清晰顺畅，就会达到一定

高度和水平。因此,在口头表达中要注重培养和运用写作的方法和技巧。无论是事前准备好的,还是临场发挥,都把写作经验、写作规律调动、发挥出来,长期坚持,口头表达能力自然就会提高。

第四,运用写作中锤炼的思维。思维是写作和口头表达的基础,写作和口头表达是思维的外化形式。二者把观察得来的零碎、粗糙的初级产品,转化成文章或是讲话的题材和观点。这需要经过思维的消化、吸收,有一个去粗取精、去伪存真、由此及彼、由表及里的加工制作过程,再把有条理的、系统的、理性化的思路和构想,通过文章或口语表达的形式表现出来。自始至终,逻辑思维活动都起着决定性作用。写作和口头表达都要求有科学的思维方式。写作中,经过长期的学习实践,思维层次不断提高,逻辑思维能力不断增强,这些都为提高口头表达能力奠定了坚实的思维基础。口头表达中主题的提炼、观点的阐述、事例的选用,都可以运用在写作中沉积锤炼的思维能力,增强口头表达的效果。当然,就思维而言,由于写作和口头表达外化的路径和形式有所不同(一种是从思维到纸笔,一种是从思维到"口舌"和"形体"),而且就思考的时间而言,写作相对充分、舒缓,口头表达则相对短暂、紧急。因此,就要在日常写作当中,锻炼应急思维能力,以便口头表达中运用各种逻辑思维更加从容自如。

第五,转移写作外化的载体。写作和口头表达都是思维的外化形式,其中写作最终外化的载体是文章,口头表达外化的载体则是有声语言和形体语言。也就是说口头表达过程中除运用有声语言来表达写作内容外,还应恰当借助面部表情、手势动作、身体姿势等非语言手段,以增强表达效果。转移外化的载体,也就是从纸笔文字到有声语言和形体语言的转移。要注重培养有声语言和形体语言的表达能力。这并不是一日之功,必须持之以恒地加以练习。

总之,求职者在准备面试前一定要多写,力争把相关面试的基础题

第六章 输出内功：练好你的战术战法

目都认真进行梳理，形成文字材料。这既可以促进学习、了解时事、锤炼思维，也能很好地准备面试。写完之后，要注意勤加练习口头表达，把写和说结合起来，边写边改，边改边说，相得益彰。可以采取模仿、对着镜子自己纠正等方式锻炼口齿、语气、表情和肢体表达能力。

不仅要自己练，还要依靠团队的力量。每年军队转业干部都会组成一些互助公益群，把大家组织在一起，由往年的一些转业干部给大家传授经验、释疑解惑。大家根据专业方向不同，组成了很多小组一起学习，相互帮助。特别是采取现场模拟的方式，共同提高面试的实战能力，效果非常明显。所以，求职者在学习、写作、模拟训练的时候，要注重借助"外脑"，让老师、同学、朋友、家人帮助自己提高。

周伯通被黄老邪困在桃花岛10多年，摸索出了"左右手互搏之术"。"左右手互搏之术"要人一心二用，一神守内，一神游外，双手使不同武功招数。临敌之时，将这套功夫使出来，分进合击，就等于以二对一。金庸解释："其实这左右互搏之技，关键诀窍全在'分心二用'四字。凡是聪明智慧的人，心思繁复，一件事没想完，第二件事又涌上心头，这等人要他学那左右互搏的功夫，便是要杀他的头也学不会的。"也就是说，只有那些心无杂念、心地纯净、无私无欲的人，才可以修成。一手画圆圈，一手画方块，分身有术，不如分心有术，一心能够二用。

"左右手互搏之术"表面为"分心二用"，实则强调的是"一心一用"，是我们每个人都应该修炼的。不难发现，那些学界翘楚、商界领袖、政界精英和技界大师，无不是能"一心二用"的人，即使"左手"有再多的事，压力再大，也能随时放下，迅速沉浸到"右手"的事情当中。事实上，"左右手互搏之术"的精髓并非是"一心二用"，而是能够真正做到"一心一用"，也就是做这件事的时候，决不受其他事情的影响干扰。很多时候，我们之所以不能成功，主要是因为分心太多、分身太多、分神太多。

决胜面试

求职者在面试准备和实战中，应学会"左右手互搏之术"。既要东奔西跑投简历、打电话、理情况，照顾家庭，还要抓紧学习、抓紧写作、抓紧进行模拟训练，学会在最短的时间内从一件事转换沉浸到下一件事当中，做到心无杂念、专心致志，才能达成内外兼修、精进神速的效果。

本章的最后，再和广大读者和求职者探讨一下手机的问题。现代人越来越依赖手机，这得益于信息技术特别是大数据技术，以及互联网技术的突飞猛进。对于一个手机用户来说，各种App会不间断地、精准地推送你"最需要"、最感兴趣、最为关注的信息，以满足你的代入心理、猎奇心理和娱乐心理。手机甚至已成为人们器官和肢体的一部分，已经达到了"身心合一"的境界。但很多时候这是一种心理和精神需求的"无形绑架"，让我们难以自拔，也难以在做其他事的时候建立专注。

对我自己和读者，特别是广大求职者的建议是，刷手机要有度。特别是睡前不要玩手机，把手机社交从床边赶走。睡前看书、思考问题或是"过电影"式的回忆，这些线性的专注有助于睡眠，看着看着、想着想着就困了，睡得也会很深。但如果睡前刷各种新媒体，刷朋友圈，非线性的、零散的、碎片的信息和兴趣点，会让我们越兴奋越不想睡。而充足的睡眠是保持记忆、放松身心、形成专注的前提基础。

所以，睡觉前还是把手机从床头赶走吧。

? 思考题：

1. 围绕考试和面试，你都做了哪些准备？

2. 请谈谈你对新岗位的认识理解。

3. 有人说，成功的要素主图包括五个：天赋、机遇、勤奋、选择、资源。请你选出这五个因素中你认为最重要的因素进行阐述。

第七章

关注细节：别在小河沟里翻了船

第七章 关注细节：别在小河沟里翻了船

【三言两语】 细节决定成败。天下大事必作于细，天下难事必成于易。细节往往是一个人形象气质、行事风格、品格修养的微反映。关注细节、重视细节，既是一种态度、一种胸怀，也是一种敏锐意识、一种执行能力。有人说，做大事者不拘小节；也有人说，做大事者一定要注重小节。这两句话并不矛盾，是辩证统一的。形象地说明了宏观与微观、整体与局部、一般与特殊、共性与个性、主要与次要的关系。战略上藐视，战术上重视，是我们成功的关键。

1485年，英王理查三世与亨利伯爵在波斯沃斯展开决战。此役将决定英国王位新的主人。战前，马夫为国王准备马掌钉。铁匠因近日来一直忙于为国王军队的军马掌钉，铁片已用尽。马夫不耐烦地催促道："国王要打头阵，等不及了！"铁匠只好将一根铁条截为四份加工成马掌。当钉完第三个马掌时，铁匠又发现钉子不够了，请求去找钉子。马夫道："上帝，我已经听见军号了，我等不及了。"铁匠说："缺少一根钉，也会不牢固的。""那就将就吧，不然，国王会降罪于我的。"结果，国王战马的第四个马掌就少了颗钉子。战斗开始，国王率军冲锋陷阵。战斗中，意外不幸发生了，他的坐骑因突然掉了一只马掌而"马失前蹄"，国王栽倒在地，惊恐的战马脱缰而去。国王的不幸使士兵士气大衰，纷纷掉头逃窜，溃不成军。伯爵的军队围住了国王。绝望中，国王挥剑长叹："上帝，我的国家就毁在了这匹马上！"战后，民间传出一首歌谣：少了一枚铁钉，掉了一只马掌；掉了一只马掌，失去一匹战马；失去一匹战马，败了一场战役；

决胜面试

败了一场战役,毁了一个王朝。

细节就是细小的事物、环节或情节。细节往往因其"小",而容易被人忽视,掉以轻心;因其"细",也常常使人感到烦琐,不屑一顾。但就是这些小事和细节,往往是事物发展的关键和突破口,是关系成败的双刃剑。

天下大事必作于细,天下难事必成于易。我们推动事业、开展工作,莫不遵循这样的逻辑:复杂看、简单办——复杂起于简单又归于简单;宏观看、具体办——宏观基于具体又升华具体;否定看、肯定办——否定瞄准肯定又超越肯定。往往是,细节因其多,就显得没有必要那么复杂;细节因其细,就显得没有必要上升到宏观;细节因其微,就显得没有必要去否定。但忽视细节的结果是,带来更复杂的事,影响了宏观的事,这件事本身也可能成为被否定的事。

求职面试中,一些小事在求职者看来可能微乎其微、微不足道,但对于招聘单位却十分看重,甚至是"一票否决"。比如,有的单位对着装要求很高,如果你穿着休闲装去,那基本就没有什么希望了。在不了解具体情况的时候,一定要复杂地、全局地、挑剔地看待事情和事物的状态和发展,就是关注细节。因为在我们不了解的细节里,可能藏着很深的玄机。

第一节　三棱镜下的第一印象

三棱镜是由透明材料做成的截面呈三角形的光学仪器，属于色散棱镜的一种，能够使复色光在通过棱镜时发生色散。光从棱镜的一个侧面射入，从另一个侧面射出，出射光线将向底面（第三个侧面）偏折，偏折角的大小与棱镜的折射率、棱镜的顶角和入射角有关。白光是由各种单色光组成的复色光，同一种介质对不同色光的折射率不同，不同色光在同一介质中传播的速度不同。因为同一种介质对各种单色光的折射率不同，所以通过三棱镜时，各单色光的偏折角不同。因此，白色光通过三棱镜会将各单色光分开，形成红、橙、黄、绿、蓝、靛、紫七种色光，即色散（图7-1）。

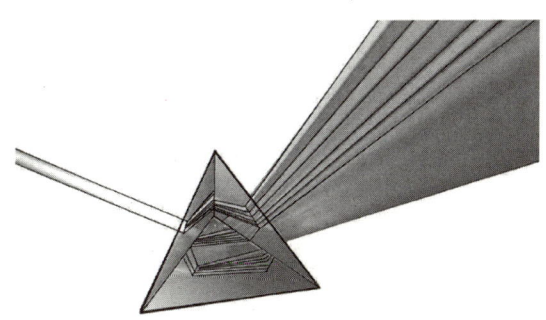

图 7-1　一束光通过三棱镜时发生弯折，这束光分散成彩虹中的各种色光

面试场就是一个三棱镜。任何走进去的求职者，就像一束白光一样，通过不同的介质（考试模式、题目和内容等）、不同的折射率（考官的看法、求职者的表现等），形成色散（多面的、综合的评价）。这也是一个从"无色"到"有色"的过程。求职者在未进考场前是"无色的"白光，进入考场出来后，就被贴上了"五彩斑斓的标签"，形成了"色散"。

服装仪表、行为举止等，作为面试的第一印象，也就是走入三棱镜的第一束光，起着"先入为主"的色散效果和作用。根据心理学的研究，在未与人沟通前的第一印象是由最初的20秒决定的，而最初的20秒的印象是由外在形象决定的。

第一印象，是指知觉主体与陌生人第一次接触或交往后所得的印象。第一印象对人们形成对人或事物的总印象具有较大影响，即先入为主。可能是肯定的，也可能是否定的；可能是清晰的，也可能是模糊的。第一印象常常成为人们决定自己第二次乃至以后交往行为的依据。研究表明，其深度有赖于以下几点：一是陌生人提供的信息，如衣着谈吐、举止风度等；二是接触和交往的时间、场合、心理背景等；三是知觉主体期望值的高低。工作和生活中，人们都很重视第一印象的作用，特别是在相亲和求职招聘中，这种作用被明显放大。

这里还必须提到"四个效应"：首因效应、近因效应、晕轮效应和定式效应。这四种效应都属于人际交往中的心理效应，各有积极和消极的一面。

1. 首因效应。是第一印象所产生的影响和效果，由于它是最初的不全面的认识，因而是有偏差的。了解并掌握首因效应的作用，其实际意义在于：作为被认识的对象，要注意给别人留下良好的印象，这对日后的交往显然有利；作为认识的主体，要尽量避免第一印象产生的不良影响，把第一印象与日后的观察结合起来，客观公正地认识一个人，给出正确的评价。首因效应在人际交往中会助你一臂之力,也会绊你一跤,有些人正因为良好的首因效应而交了很多朋友,有些人也正因为不良的首因效应而"屡战屡败"。作为求职者,"一面定江山":从微观上讲,穿着打扮、行为举止就是整个面试的首因效应;从长远来看,面试就是本次职业生涯的首因效应。

2. 近因效应。是相对于首因效应而言的,主要产生于"熟人"之间,由于最近时间的某一信息,使过去形成的认识或印象发生了质的变化。比如,一个你熟悉的很不起眼的人,做了很了不起的事情,使你对他突然刮目相看;再比如,你的"铁哥们儿""闺蜜"做了一件对不起你的事,从此你们就成了"老死不相往来"的死对头。这都是近因效应的结果。人际交往中,也可以利用近因效应改变以往的"冷战状态",恢复冻结多年的"外交关系",在朋友和同事中制造良好的近因效应以巩固友谊。从求职招聘来看,一些招聘单位会组织很多场笔试、面试、测试,以及试用,在这个过程中,求职者从陌生人慢慢变成了相对的"熟人",如果巩固首因效应的积极因素、避免首因效应的负面因素,近因效应就会起到很重要的作用。

3. 晕轮效应。晕轮效应又称成见效应、光圈效应等,指人们在交往认知中,对方的某个特别突出的特点、品质就会掩盖人们对对方的其他品质和特点的正确了解。这种错觉现象,心理学中称为"晕轮效应"。比如,人们常说的"一白遮百丑"。晕轮效应除了与人们掌握对方的信息太少有关外,主要还是个人主观推断的泛化、扩张和定式的结果。它往往容易形成对人的成见或偏见,产生不良的后果。因此在人才选拔、任用和考评中应谨防这种倾向发生。有人把它比作"情人眼里出西施"或是"眼里揉不得一粒沙子"。这种"肯定一切"或者"否定一切"的实质是以偏概全。这种认识的偏差往往是在掌握认识对象信息很少的情况下作出总体判断的结果。了解和分析晕轮效应，有助于防止认识上的偏见，全面地对待人或事。我们一边告诫自己不要被别人的晕轮效应所影响，同时还要尽可能地利用晕轮效应，增加自己的人际吸引力，也就是充分利用自身优势制造晕轮效应。面试中，我们的服装仪表、行为举止等，很可能会产生晕轮效应。

4.定式效应。是指以前的心理活动会对以后的心理活动形成一种准备状态或心理倾向，从而影响以后的心理活动。在对陌生人形成最初印象时，这种作用特别明显。疑邻偷斧就是定式效应的体现：有一个农夫丢失了一把斧头，怀疑是邻居的儿子偷盗，于是观察他走路的样子、脸上的表情，感到言行举止就像偷斧头的贼。后来农夫找到了丢失的斧头，他再看邻居的儿子，竟觉得言行举止中没有一点偷斧头的模样了。这种效应往往是由定式思维产生的。也就是人们在一定的环境中学习、工作和生活，久而久之就会形成一种固定的思维模式，习惯于从固定的角度观察、思考和认识事物，以固定的方式接受事物。比如，如果一家企业要求工作期间西装革履、正襟危坐，如果你比较邋遢、散漫随意，可能就会让他们的定式把你淘汰。

人靠衣服马靠鞍。一套衣服、一次打扮真的可以改变一个人的形象。虽然我们不提倡以貌取人，笔者也不倾向于把面试搞成"选美"大会，但面试是求职者与考官初次见面、正式见面，"第一印象"的各种效应自然发挥了非常重要的作用。面试的第一印象是什么？就是你走进面试现场的服饰仪表，当然也包括你的长相组合而成的形象。长相不能改变，但却可以通过服饰仪表和行为举止来"包装"。

郭沫若曾说过："衣服是文化的表征，衣服是思想的形象。"人可以通过衣着和服饰修饰自己。求职中，衣着得体、适当"包装"，一定程度上能够体现出求职者对岗位的认可度、渴望度。有了"包装"这个操作，不一定证明你对这个岗位有认可度、渴望度，但是没有这个"包装"，却可能会说明你对这个工作岗位持无所谓态度。所以，一定要"包装"自己。

一个人的服饰，不仅仅表露自己的情感，而且也能显示出个人的性格、兴趣和情商来。一般来说，可以从以下方面作出参考：喜欢穿简单朴素衣服的人，性格比较沉稳，为人较为真诚和热情；喜欢单一色调服装的人，多是比较正直、刚强的，理性思维要优于感性思维；喜欢穿深色衣服的人，性格比较稳重，显得城府较深，不太爱多说话，常有一些意外之举，让人捉摸不定；喜欢穿浅色便服的人，多比较活泼、健谈，且喜欢结交朋友……

求职面试中，衣服和服饰的选择，虽然不像生活中那么多样，但通过"三棱镜"也能折射出很多细节。无论是男性求职者还是女性求职者，总体上应坚持庄重得体、美观简洁、大方干练的着装和仪表原则。

一、服饰

男性。一般以深色西装为主。夏季可以选择衬衫，衬衫以简格化的白色、蓝色为主，皮鞋以黑色为主。需要注意的是，花衬衫、牛仔裤、休闲装等应尽量不选，西装不要搭配运动鞋，皮带不要过于张扬，衣服、领带、衬衫颜色注重搭配协调。

女性。一般穿职业套装或套裙，皮鞋搭配衣服以黑色或浅色为主。需要注意的是，"求美"不是根本原则，同样不要穿运动装、休闲装，不能穿太紧、太露、太透和太华丽的衣服，穿裙子时应当过膝，不要有过多的服饰，鞋跟不要过高。

二、仪容

男性。面部保持清洁,头发要干净整洁清爽。具体头型可以根据个人年龄,参照军队官兵的四种头型:刚健型、奔放型、青年型、稳健型。需要注意的是:一般不要留胡须、留长鬓角,注意清洁鼻毛;提前约一周理发,以便面试时达到最好状态。否则,理发早了起不到效果,理发晚了面试时会显得刻板和突兀。

女性。选择与自己气质和风度相协调的发型,可以适当化淡妆。也可以根据自己的年龄和气质实际,参照女军人的发型:运动型、秀丽型、青春型、端庄型。还可以再加上一个马尾型,也就是我们常说的马尾辫。需要注意的是:不要选择"杀马特"头型,头饰不要过于华丽夸张,不能烈焰红唇、浓妆艳抹,首饰佩戴也不能珠光宝气,以简单朴素为主,或是不戴。

三、礼仪

站姿。到达面试场后,在座位后或座位侧站定,挺胸抬头,眼睛自然平视中间考官,两腿开立不要过大、过于紧绷,过大显得随意,紧绷显得不自然,两手自然垂于身体两侧。男性求职者一般不要在身前插手,女性可根据实际情况,确定是将手放于身体两侧还是交叉放于身前。

问候。向各位考官问好。问候时可微鞠躬。考官示意后,即可坐下。注意问候的时候,除非现场环境允许或者需要,一般不要做"各位考官今天辛苦了""来参加面试很荣幸"等铺垫,单刀直入,"各位考官好";最多加上一句,"我可以坐下了吗?"

第七章 关注细节：别在小河沟里翻了船

坐姿。大体可以分为以下几种。

1. 正襟危坐式。适用于最正规的场合。要求：上身与大腿、大腿与小腿都应当成直角；小腿垂直于地面，双膝双脚并拢。这种坐姿过于拘谨，除非特殊场合，一般不建议使用。

2. 垂腿开膝式。多为男性所使用，较为正规。上身与大腿、大腿与小腿皆成直角，小腿垂直地面。双膝分开，但不超过肩宽。

3. 双腿叠放式。适合穿裙子的女士，有一种大方高雅之感。将双腿一上一下交叠在一起，交叠后的两腿之间没有缝隙。双腿斜放于左右一侧，斜放后的腿部与地面成约45°夹角。

4. 双腿斜放式。适用于穿裙子的女性在较低处就座时使用。双膝先并拢，然后双脚向左或向右斜放，力求使斜放后的腿部与地面成约45°角。

几种坐姿都需要注意的是，尽量不要坐得太满，身体保持正直；前面如果有桌子，两手可以相叠或手指交叉放在桌子上，切记不要伸头、缩脖、耸肩、抱胸或是趴在桌子上。

? 思考题：

1. 你怎么理解"人靠衣服马靠鞍"这句话？
2. 现在很多公司企业都会组织"礼仪培训"，对此你怎么看？
3. 你觉得人的"第一印象"重要吗？为什么？

决胜面试

第二节　显微镜下的行为举止

在本书第一章中，我们已经提到了，很多招聘单位组织面试，为增强评估的专业性和准确性，往往会引入心理学、行为学等领域的专家，进行微心理和微行为评估。除了本章第一节中讲到的服饰、仪容、礼仪外，最关键的就是应答中的行为举止了。

面试中观察求职者的行为举止，就好比讲台上的老师观察下面的学生一样，一切小动作都会尽收眼底，但学生却以为老师看不见。特别是在近距离、有时候是毫无遮挡地暴露在众多考官面前的情况下，你的种种行为举止无疑会被"放慢""放大"。

求职者一些微小的行为举止，很可能被考官贴上心虚、撒谎、怯懦、傲慢等标签。我们可以对面试中容易出现的微行为、微表情作个大致分析，以便了解考官从哪些方面进行考察观察，也有利于针对自己的情况加强训练，弥补短板。

一、微行为

主要表现为手上动作：

1. 两手相互摩擦：表示心里比较着急和焦虑，希望尽快得到答案和结果。

2. 两手十指交叉：处于一种内外平衡状态，也是一种自我封闭状态，这个时候很难敞开心扉。

3. 两手十指相对（指尖搭成塔尖）：表示非常自信，有强烈表达欲和掌控力。

4. 两手重叠：在寻找自己与对方建议的契合点，在等待对方的肯定，或是在判断自己的得失。

5. 两手紧握：表示比较紧张，有拘谨、焦虑的心理，以及消极、否定的态度。

6. 双手平摊：表示坦诚诚实，并鼓励对方也坦诚相待。

7. 搓手：表示内心有所期待，等待美好的愿望。

8. 把扶眼镜（或摆弄钢笔、手表、领带等小物件）：显示自信不足，心神不宁。

9. 捏揉鼻子：表示犹豫疑惑、难以作出判断和决策，或是想要释放压力。

10. 搓挤衣角裤子：表示十分紧张，有些手足无措。

11. 手扶眉骨：是典型的羞愧，在留意自己的语言和行为有何不妥。

12. 摩擦前额：表示遇到了困扰、困难或疑惑。

13. 手挠头：表示窘迫紧张，不知所措。

14. 抚摸下巴：表示判断与思考。

15. 交叉双臂：表示否定和拒绝，暂时不允许进入内心世界。

 决胜面试

二、微表情

1. 眼睛

（1）向上看：表示迟疑、犹豫，拿不定主意。

（2）向下看：表示害羞，内心封闭，不愿交流。

（3）向左上方看：表示在回忆、回顾。

（4）向右上方看：表示在创造、想主意，特定环境下表示在撒谎、想办法隐瞒。

（5）左顾右盼：表示紧张害怕，对自己没有信心。

2. 嘴巴

（1）嘴微张（同时眼睁大）：表示内心惊讶和错愕。

（2）向一边撇嘴唇：表示不屑和不满。

（3）抿嘴唇：表示窘迫紧张、犹豫不定。

眼睛是心灵的窗户。除了语言交流和肢体动作外，眼神的交流在面试中传递信息至关重要。大家可以从图 7-2 ~ 图 7-4 的三种眼神交流中，体会正确的姿态和眼神的重要性。

图 7-2 傲慢和优越　　图 7-3 服从和屈从　　图 7-4 客观和智慧

第七章 关注细节:别在小河沟里翻了船

如果手上或桌子上没有答题的关键词或是要点,在和考官面试交流的过程中应始终正视对方,同时与对方目光接触应该累计达到全部交谈过程的50%~70%,其余30%~50%的时间,目光也不要游离或左顾右盼,这样比较自然、有礼貌。如果谈话时总是低着头不正视对方,就会让人觉得个性胆怯、缺少魄力、意志不坚,或是对回答的问题没有底气。如果频繁地把视线移开,则让人感觉在有意隐瞒什么,也表现出性格上的懦弱,或是对这件事不太在乎。

需要强调的是,以适当的动作加重谈话语气是必要的,除了那些可能让你丢分的微行为、微表情需要克服外,某些不尊重面试、不尊重别人的举动更不应当出现。比如,揉眼睛、伸懒腰、挖耳朵、掏鼻孔、摆弄手指、活动手腕、玩弄纽扣、抖腿、耸肩,等等。

总之,面试中一定要注重言谈举止,尊重自己,尊重他人,落落大方,充满自信,让考官于细微处感受到你的魅力。

? 思考题:

1. 你平时有哪些口头禅和习惯性小动作?为什么?
2. 你平时注意自己的形象吗?为什么?有哪些具体表现?

第三节 反射镜下的临场发挥

临场发挥反射的是平常的积累、久练的内功和冲刺的效果，临危不惧、泰然处之的心理素质多半是锻炼出来的。临场发挥需要的核心能力主要是专注能力、自控能力、应变能力。这些能力的发挥失常，都和一个词有关，那就是"紧张"。在第六章中，对求职者如何调整心理状态已经进行了阐述。这几种能力基本都靠平时锻炼。但专注的能力，却可以临阵磨枪。前面我们已经提到了，适当的压力可以提高专注力。但之所以还有可能出现口不择言、胡言乱语的情况，准备不够、心虚气短是一方面原因，还有就是我们不知道怎么专注、短暂的专注期用来做什么。

我还想用周伯通的"左右手互搏之术"打个比方。周伯通在桃花岛10多年，摸索出了"左右手互搏之术"。"左右手互搏之术"要人心为二用，一神守内，一神游外，双手使出不同武功招数。临敌之时，将这套功夫使出来，分进合击，就等于以二对一。面试时，其实就是自己和自己较量，就是要一心二用：一神守内，不让自己紧张、集中心神；一神游外，时时刻刻注意考官们，他们问什么问题，如何提问。而后，"左手"构设逻辑，"右手"组织语言。二者其实是分先后的，但由于神经的传递速度太快，而且面试给的思考时间又很短，可以认为它们是同步的、不分先后的，这就需要"分心"，也就是更高层级的专注。如果二者分进合击，则威力大增；如果相互影响，则乱作一团。

如何做到这一点，最主要的是把握住打好腹稿的"黄金 30 秒"。不管面试时是否规定思考时间，30 秒都是可以把握的。因为即使不允许停顿，从考官开始公布题目，到你回答题目，都会有 30 秒左右的思考时间。少于 30 秒，起不到多大作用；超过 30 秒，会出现空场，有的面试也不允许。如果明确可以进行规定时间的准备（一般为 1～2 分钟，材料题会给相对较长的阅读和思考时间），那这 30 秒也同样至关重要。在这 30 秒钟时间里，应该完成以下三件事。

一、迅速找出中心论点

在第一时间找出面试题目的目的指向，即考察什么，对题眼作出准确透视和判断，定下中心论点。这是面试的关键环节。特别是对一些认知题、辩证题、人格测试题、应急反应题等，必须在或是笼统模糊、或是相互矛盾、或是是非善恶难辨的题目中，快速确定中心论点，才能为后续思考和回答打好基础。

典型案例剖析：

【题目设置】

有人说教育万能，有人说教育无用。请谈谈你对这两种观点的认识理解。

【题眼透视】

这道题目中的两句话都有所偏颇。主要是对教育功能定位的理解把握还存在误区。从哲学的角度看，这两类观点都存在形而上学的错误，看问题只看一面而不能看到另一面，没有认识到主观与客观、理论与实践、一般与特殊的辩证统一关系。

因此，我们就可以迅速定出中心论点：教育功能定位的误区。而后，如果采用递进方式论证，就可以构建出"为什么""危害有哪些""如何摒弃错误观点"的基本框架；如果采取平行方式进行论证，主要可论证这种观点为什么是错的，实质也是对教育功能的理解认识：一是没有分清主观与客观，二是没有分清理论与实践，三是没有分清一般与特殊。

我们试着采取平行论证的方式应答。

【抛砖引玉】

这两种观点都是非左即右的极端观点，不符合马克思主义辩证统一的原理。存在的误区是，未能厘清关于教育功能的三个关系。

一是主观与客观的关系。一个人的发展，是个人条件、环境背景和主观努力共同作用的结果。教育万能论观点，忽视和否定了个人条件和环境背景的客观因素，认为教育可以改变一切，可以决定一切；教育无用论观点，则忽视或否定了人的主观能动性的作用，认为客观条件是影响人发展的唯一因素。正确的观点是客观决定主观，主观依赖于客观。既能认识到教育受客观影响的局限性，教育不是万能的；也能认识到教育受主观影响的创造性和发展性，教育也不是无用的。

二是理论与实践的关系。理论和实践是相辅相成、缺一不可的，不能任意割裂两者的辩证关系，孤立地强调一个方面。既要读万卷书，还要行万里路。理论所反映的是事物的本质和规律，是事物的共性，要靠教育培养；而客观事物是千差万别的，有着生动的、丰富

第七章 关注细节：别在小河沟里翻了船

的个性，是共性和个性的统一，要靠实践把握。因此，必须运用理论，对具体情况进行具体分析，把理论和活生生的具体事物有机地结合起来，做到理论和实践的具体统一，而两种论点明显把教育和实践割裂开了。

三是一般与特殊的关系。总体上看，学历越高，则提升技能、晋升发展、获得高薪酬的机会就相对越多。教育无用论观点，多是抱着两种论调：一是天才论；二是资源论。天才论认为，不管你怎么教育，没有天赋不行；资源论认为，不管你怎么教育，都比不上官二代、富二代、星二代。他们的理由可能是"马云最初连大学也考不上""再学习也赶不上王思聪"。这种观点把特殊现象当成了一般规律，只见树木不见森林，只见表象不见本质，看不清问题的全貌和内在本质。

在2020年6月4日的外交部例行记者会上，日本共同社记者提问称：6月2日公布的一项香港民调显示，有超过37%受访者对前景感到悲观，有意愿离开香港，移民到其他国家和地区，比3月份调查骤增13%。中国外交部发言人赵立坚回应说："不知道你的提问想表达什么。中国来去自由。"

如果细心观察这段视频就会发现，在日本记者提问时，赵立坚一直在查找备询资料。其间，他还策略性地喝了一口水，以便争取时间。他在想什么？笔者认为他在想记者问题的题眼在哪里、"坑"在哪里。最后只一句"中国来去自由"，语惊四座，叹为观止。"自由"这个中心点选得不能不让人佩服。虽然我们不是外交官，但作为求职者，外交官回答提问时，特别是对那些古怪刁钻、"醉翁之意不在酒"的问题，是如何选择角度和中心论点的，很值得学习借鉴。

二、迅速确定逻辑框架

也就是立起论证的四梁八柱，理顺从哪几个角度、什么维度应答。这个时候必须运用发散思维，对中心论点进行分解。我们在第二章第三节理顺基本思路中，提到了七句话二十八个字的思考方法，即聚焦中心、上下结合、里应外合、瞻前顾后、左顾右盼、此动彼应、亦正亦反。这是迅速确定逻辑框架的"基本公式"，按照第一步确定中心论点，再依据这个公式思考分解的步骤，就能快速立起论证的框架。

这里需要了解面试应答的架构原则和特点。英语国家回答问题的逻辑习惯是"P.D.C 结构"原则，就是先给出一个重点（point），再拿出细节（detail），最后作出结论（conclusion），即先论证再给论点。所以，我们很少看到外国书籍和领导人讲话中出现一、二、三、四等层次观点。而中国人的议论方法或是汉语的语言习惯，则讲究的是论点、论据、论证，即一般先亮出观点，再进行论证。

无论是写文章还是面试回答问题，解答一个主题，需要一个中心论点和多个分论点。这里就需要了解一下"三段论"。"三段论"本是一种逻辑推理判断方法：一个包含大项和中项的命题（大前提）、一个包含小项和中项的命题（小前提）以及一个包含小项和大项的命题（结论）三部分。三段论实际上是以一个一般性的原则（大前提）以及一个附属于一般性的原则的特殊化陈述（小前提），由此引申出一个符合一般性原则的特殊化陈述（结论）的过程。三段论是人们进行数学证明、科学研究等活动时，能够得到正确结论的科学思维方法之一，是演绎推理中的一种正确思维方式。

这是确定逻辑框架的一个重要方法。在一些面试题中，都是给出大前提或小前提，让求职者提出结论并分析论证，通过求职者论证分析的闭合程度，也就是能不能"自圆其说"，考察其能力水平。

"三段论"还有另外一种异化的现象和理解。就是写文章和讲话中"无三不成文"，一级标题三段，二级标题也是三段，三级标题还是三段，一篇文章一共九段，各个观点工整对仗，各个层次段落字数大体相当。这种框架遭到很多"吐槽"，大家也越来越厌恶这种文风。但笔者觉得，"三段论"本身并没错。为什么大家不喜欢，是因为很多文章和讲话假大空，无病呻吟，东拼西凑，生拼硬凑，过渡裂痕明显，不凑"三三得九"就显得认识不深刻、自己没水平，认为不这样受众就记不住。

实际来看，按照汉语的议论表述习惯和人们的认知习惯，三段论是有好处的：一是可以清晰地表达观点。一篇逻辑严密、思路清楚、吸引读者的文章，即使没有直接层次观点，它的层次也一定是很清晰、很容易发现的。二是能够较完整地支撑中心论点。从立体几何的角度看，一个正方体有六个面，人一般只能看到三个面，另外三个面需要转动才能看得到。按照哲学观点，体系地、全面地认识一个事物也是如此，无非是时间、空间，以及时间和空间联系的第三维空间。因此，一般3～6个角度，已经基本能立体地还原事物的全貌和本质：3个角度以下则不足以支撑；超过6个角度，则不符合人的感性认知和理性认知的规律和习惯，就会觉得混乱和难以理解。三是面试中，能够使得考官有更加直观清晰的感受和判断。

根据笔者个人从事文字材料工作的经验和体会，不仅是几十页的长文，哪怕是只有半页纸的短文，最初我都会按照一篇"论文"来写。先清晰地列出层次标题或框架，文章写完之后，再根据需要的篇幅和风格进行删减，决定要不要层次标题，以及怎么过渡。这样才能保证文章逻辑严密、框架清楚、思路清晰。

 决胜面试

基于以上考虑，本书绝大多数的典型案例剖析中，都采用了"三段论"和"多段论"直接列出层次观点的论证方式，这样更有助于逻辑思考、逻辑记忆，以及实战时的逻辑表达。

典型案例剖析：

【题目设置】

工匠打铁时，其中一个步骤是将烧红的铁立即放入冷水中，心理学把这定义为"淬火效应"。请你谈谈对"淬火效应"的认识理解。

【题眼透视】

淬火效应，原意是指金属工件加热到一定温度后，浸入冷却剂（油、水等）中，经过冷却处理，工件的性能更好、更稳定。铁经百炼方能成钢，钢经千锤方能成器。在淬炼的过程中，通过冷热交替来打磨韧性，从而打造出好的成品。

淬火效应，蕴含着正确面对挫折、经受长期磨炼，以及注重热事、急事"冷处理"等含义。面试者应迅速确定其中一种含义为中心论点。而后围绕此点，运用发散思维构设框架腹稿。

比如，选择面对挫折为中心论点。就可以构设"是什么、为什么、怎么办"的递进框架，也可以构设"坚定信仰需要淬火、提升能力需要淬火、锤炼作风需要淬火"，以及如何"正确面对人生挫折、踏实走好人生曲折、用力抓住人生转折"等平行框架。

我们试着用最后的逻辑框架进行作答。

【抛砖引玉】

我觉得"淬火效应"，主要是蕴含着如何面对挫折的人生哲理。人生的道路难免坎坎坷坷、起起落落、冷冷热热，如何迎接面对，是我们

每个人的必修课。

一是勇于直面人生挫折。玉不琢不成器,剑不磨不锋利,人不练不争气。挫折能使我们更加清醒地认识自己,更加明白客观环境,更加明晰前进之路。所以,挫折不是跨不过的坎,而是能走过的桥,是我们的必经之路、进身之阶、成功之梯,是我们的宝贵财富。认清了这些,我们就会主动"加钢淬火",积极乐观地直面困难和挑战。

二是踏实走好人生曲折。人生是一场马拉松,无论是笔直大道,还是曲曲折折、兜兜转转,都需要用汗水一步一步丈量,用毅力一点一点支撑,才能最终到达目的地。每一块好钢,必须经过反反复复的冷热交替、一次又一次的撞击敲打。人生也是如此,顺境时不骄傲,逆境时不气馁,上山时俯下身体,下山时后仰身体,慢慢攀爬,不断超越,才能保持人生的韧性和强度,才能不断延展和拓宽人生的道路。

三是用力抓住人生转折。危机中蕴藏着转机,走投无路的时候往往就是创造路的时候。人生最困难之时,是最容易放弃之时,也是离成功不远之时、人生转折之时。所以,在困难的时候,我们一定不能轻言放弃。前一次的淬火,是为了下一次承受更加猛烈的敲打。抓住每一次淬火的时机,反思自己、完善自己、超越自己,我们就能不断强大,就能百炼成钢。

三、迅速列出关键词组

有了中心论点和逻辑框架,就大体理清了应答的思路。但由于应答过程中存在的紧张心理,整个框架还不够清晰直观,有可能说着说着就想不起后面说什么了。特别是对一些年纪较大的人,机械记忆能力减退,逻辑记忆和

决胜面试

联想记忆能力较强，如何做到"不忘词"显得更为重要。有一个好的办法就是列出关键词组。大多数面试会给求职者提供纸和笔，就可以把关键词写下来。即使不提供纸和笔，记住几个相互关联的关键词，也相对容易得多。有了关键词，就相当于有了提词器，就可以不再关注框架问题，而是把有限的思考精力和专注意识用在表达的"有血有肉"上了。

典型案例剖析：

【题目设置】

拿破仑说，不想当将军的士兵不是好士兵；孙中山说，年轻人要立志做大事，不要立志做大官。你怎么看待这两种说法？

【题眼透视】

这又是一道看似观点相互矛盾的题目。这种题目有一个通用的应答办法，就是运用哲学思考方法，一般以"辩证地看、联系地看、发展地看、能动地看"这一思路套用，基本上都能有效解答。

这一题目的中心论点可以迅速确定为"立志"，无论"当将军"还是"干大事"，都是要有理想、要立志。

有了中心论点，就可以边梳理逻辑框架边列出关键词。

第一个关键词：立志——要树立远大志向。

第二个关键词：事业——要坚持事业为重。

第三个关键词：关系——要处理好做官和做事的关系。

把这3个关键词6个字写在纸上，我们就可以回答了。

【抛砖引玉】

我觉得，可以从三个方面理解这两句话。

一是要树立远大志向。两句话都蕴含了志向抱负对人生的重大意义。"想当将军"作为一个崇高理想，会激励每一个士兵产生战斗热情和克服困难的勇气。"干大事"作为一个目标指向，会激励青年人发愤图强，全力以赴学好本领、干好手中事情。也就是说人一定要有远大志向，用志向鼓舞自己，砥砺前行，否则人生就会没有目标，失去奋斗激情和干事创业的动力。

二是要坚持事业为重。"不想当将军的士兵不是好士兵"只是拿破仑原话的上一句，下一句是"但是当不好士兵的士兵绝对当不好将军"。拿破仑的意思是鼓励士兵要有抱负有理想，但同时也要立足于干好自己的本职工作，不能空有抱负而不去脚踏实地地做事。孙中山说，年轻人要立志做大事，也是要鼓励大家以事业为目标，从小到大，一步一步实现理想。

三是要处理好做官和做事的关系。干大事不为当大官，当大官必须干大事。志向为做大事，体现的是为国家、为人民的人生观价值观；志向为做大官，体现的是一心为己、自私自利的人生观价值观。作为青年一代，是肩负国家希望的一代，要树立正确的人生观价值观，把自己的理想抱负放在时代前进的大背景下，为党的事业努力奋斗，为中国特色社会主义事业努力奋斗。

需要说明的是，经常搞文字材料的人有一个"通病"，就是喜欢观点和语句的工整对仗。但是面试时应特别注意，列关键词不是列观点，不需要工整对仗，也没有时间工整对仗，只要逻辑清楚、观点准确就足够了。如果再琢磨是不是工整对仗，别说30秒，就是3分钟可能也不够。本书为增强可读性，能对仗的都尽量对仗，是因为在起草书稿过程中有足够

的思考时间，而面试的时间是以秒来计算的。

利用"黄金30秒"，可谓千钧一发，在这期间会有一种空气凝固、心跳和秒针一起震颤的感觉。这期间千万不能着急。有人说30秒转瞬即逝，不急行吗？！这就需要练好上面提到的"左右手互搏之术"，也就是专注的功夫了。人的各种情绪都是由大脑控制的，是有生物学和心理学规律的，即当你的心里有一种情绪占主导时，产生其他情绪的生物物质就无法再调动。比如，当一个人因分泌内啡肽和多巴胺形成快乐情绪时，制造愤怒、紧张和焦虑情绪的肾上腺素，就很难调动起来。反之亦然。如果我们专注于面试题目，那么伴随紧张的肾上腺素就会慢慢减少分泌。这也是很多人往往在事前非常紧张，而一旦事情开始、逐渐进入角色后反而不太紧张的缘故。

哲学家说，没有比害怕本身更令人害怕的了。

我们要做的就是最大限度地缩短从紧张到不紧张这段时间，关键就是靠"专注"。30秒时间太短了，短到我们没有时间去调整紧张情绪。如果有诀窍的话，那就是四个字：专注题目。至于考官的好恶看法、面试的成败与否，在那一刻都无关紧要了，也必须暂时抛在一边。

当然，这也不是想一想、说一说就能做到的，求职者需要对"30秒黄金时间"多加练习，才能把握好这一时间概念，才能瞬间进入专注状态，在规定的时间内完成目标任务。比较好的办法是：准备好练习题，拿出计时器，每30秒练习一道不同的题目，反复练习，熟能生巧，就能掌握其中的门道和规律。最主要的还是要认真练、反复练、专注地练。

❓ 思考题：

1. 请你谈谈对"理论和实践关系"的认识理解。

2. 俗话说，三个臭皮匠，顶个诸葛亮；可俗话又说，一个和尚挑水吃，两个和尚抬水吃，三个和尚没水吃。你怎么看待这两种说法？

3. 俗话说，百善孝为先；可俗话又说，忠孝难两全。你怎么看待这两种说法？

4. 俗话说，车到山前必有路；可俗话又说，不撞南墙不回头。你怎么看待这两种说法？

5. 新颁布的《中华人民共和国民法典》第一千零七十七条规定，自婚姻登记机关收到离婚登记申请之日起三十日内，任何一方不愿意离婚的，可以向婚姻登记机关撤回离婚登记申请。这三十天也被称为"离婚冷静期"。对此，你怎么看？

 决胜面试

第四节 瞄准镜下的招聘岗位

在前面的章节中,我们反复提到求职者是供给方,招聘单位是需求方。在买方主导市场的情况下,求职者一定要提高精准供给的能力,需求方想要什么就提供什么,达成所供即所需、以供引需、精准营销的效果。但我们尚未上岗,无法走近需求方,这时怎么办?就需要我们用一副"瞄准镜",面试前、面试中和面试后始终注意观察准备,不断调整方位,跟进识变应变,才能有的放矢、弹无虚发。

一、面试前精准聚焦

部分求职者在这方面往往不太在意,甚至会忽略这一步。但因准备不充分或是准备针对性不强,导致不了解岗位,在面试中翻车的也为数不少。有备方能无患,准备越充分底气就越足。从某种意义上说,一个重要岗位对于一个人来说,就是一次人生的重大转折,怎么准备都是应该的,付出也肯定会有回报。从实际情况看,除了前面章节中提到的制作简历、模拟训练等准备工作外,要重点做好以下三个方面工作。

1. 围绕岗位写一份材料

对一个单位一个部门是不是了解,是一些招聘单位考察的重点内容,

可以从中了解求职者的求职动机、重视程度和理解认知等。但我们仅从网站上看一看、新闻上摘一摘，或是打电话问一问，是远远不够的，也不太容易打动考官。最好的办法，就是围绕招聘单位的历史沿革、地位作用、组织结构、价值体系、主要特点、理念模式等，梳理一个 1000～2000 字的备询资料，如果能归纳出自己的套路和观点，那最好不过。这样既能拓展眼界视野，加深记忆和理解，也有助于针对性做好面试准备，防止走弯路，确保在面试中能以不变应万变。

2. 围绕岗位想一些建议

这也是招聘单位会提出的一些题目。这些题目可以联系相关专业领域的热点问题设置，也可以就招聘岗位的职责任务设计。比如，你面试的是人力资源岗位，考官可能会问你："你觉得这次招聘工作还有哪些需要改进的吗？"再比如，你面试的是一个财务管理岗位，考官可能会问你："你对信息化条件下改进财务管理工作有哪些思考和建议？"还比如，你面试的是一个扶贫岗位，考官可能会问你："你对精准脱贫有什么好的意见建议？"

3. 围绕岗位搞一次摸底

耳听为虚，眼见为实。不仅要多查资料，多打听询问，如果有条件还要亲自去公司走一走、看一看。这样既是对自己选择的一个实地考察，从地理位置、交通、生活等各个方面，提前看看适不适合自己，也可以提前进入面试场景，避免第一次进考场带来的陌生感，甚至是因位置不熟悉耽误面试。这和中考、高考前熟悉考场是一个道理。

需要注意的是，求职者最好能了解到招聘单位和岗位以往的面试流程和题目。因为不管怎么变，一般一个单位的面试模式和流程不会变，一些共性的题目也不会变，评价打分标准也不会变。如果求职者能了解到这些，准备工作就能极大提高效率。

决胜面试

二、面试中适时校准

打靶的瞄准不是一次就能到位的，必须根据距离、风速、温度、湿度，靶子的位置变化，以及射手的姿势和心理调整等，适时进行校准。面试中也应如此，特别是对一些面试内容较多、较为复杂的岗位，一定要根据面试进程和变化，相机而动，适时对自己的心态、打法和招式作出调整。

1. 时时想着匹配岗位

无论回答什么样的问题，都要围绕自己的经历阅历、能力水平、理解认识等与岗位要求的匹配展开，否则你说得再好，不是考官想听的，不是岗位需要的，那也会徒劳无功。就好比你打靶打了个10环，却发现打在了别人的靶位上。

需要说明的是，在本书各个章节的一些典型案例中，为增强适用性和参考性，多是采取一些感性和理性认知上的回答，而由于保密或是不具代表性和借鉴性的原因，论据中没有穿插进或是相对较少穿插进自己的一些经历，希望读者和将参加考试面试的求职者不被误导。

2. 有效利用过渡转换

在一些单位的面试中，可能会有笔试、面试、就餐、娱乐、走访等多个流程，以及在一些"接力式"面试中，会有较长的时间间隔，有的是一两天，有的可能是一两周。求职者应利用每个过渡转换期，及时总结上一场面试的经验，认真反思不足和教训，抓紧了解相关信息，为下一场战斗做好充分准备。

三、面试后及时看靶

参加面试不是求职者的最终目的,我们的最终目的是拿到offer。即使这次不能拿到,也应该打一仗进一步,能拿到下一个offer。所以,我们一定要看一看打过的靶纸。如果打得好,准在哪里?如果打得差,原因在哪里,是枪的原因、"射弹散布"的原因,还是自己的原因?

1. 及时与招聘单位沟通

面试结束后,每名面试者答得怎么样,心中会有一个大致感受,但也应及时与招聘单位沟通。即使用人单位直接宣布面试成绩,明确你不占优势,如果你入职的愿望比较强烈,还是要找机会沟通。机会都是创造出来的。这也体现出对这个岗位的重视。在这个时候,应该克服那种"麻烦人""人家会不会反感""问了也不会说"等被动和懒惰心理,在恰当的时机,以恰当的方式进行沟通。以往的面试中有过这种例子,两个人面试情况大体相当、难分伯仲,结果及时沟通情况的人最后入职。这也很好理解:同等条件下主动者优先。

沟通工作可以从三个方面着手:一是交流情感。表达自己对招聘单位提供面试机会的感谢之情,以及收获体会和入职的愿望。二是了解面试情况。不一定直接问分数和排名,可以问问自己表现得怎么样,还有哪些需要改进的地方。三是了解下步招聘工作,重点是问问下步招聘还有哪些工作需要你做,具体有哪些要求。通过这几方面的沟通,即使得不到正面或充分的回答,也能基本判断出自己入职的概率。

2. 梳理自己的差距不足

我从军20多年,因为岗位调整和职务升迁,有过十几次被面试的经历。虽然每次都不是很轻松,但无论理论水平、认知能力、实践经验,还是口语表达、临战心理等，都得到很大考验和锻炼。每次都留下了深刻印象，有些至今对个人职业生涯还有着较大影响。

面试是什么？面试是一面镜子，而且是一面三棱镜。在本章第一节中已经提到了，我们好比是一束白色光，照进了三棱镜，也就是进了考场，会折射出七色光。也就是最容易折射出真实的自己，折射出自己难以认清和发现的细节和变化，会有很多收获。在求职若渴的心态下、在人生转折的背景下，特别是军转干部安置这么大规模的集中考试面试，这种机会和体验不是能经常有的。所以，在转业安置中，不管是什么单位，我都会认真准备，都会争取机会参加考试面试，为的就是让自己多一分经历，多一分历练，拓宽一些视野，多一次被"折射"的机会。

总之，如果扎实备战，积极应战，认真总结，不管面试成功与否，我们都会有很大收获，都会为将来入职、走上新的战位累积认知能力、实践经验和战斗精神。

? 思考题

1. 请谈谈你对"细节决定成败"的认识理解。
2. 请谈谈你对××工作（一般为招聘岗位的专业领域）的意见建议。
3. 面试结束后，你都会做些什么？
4. 如果你被聘用，你打算如何开展工作？

后 记

敬礼！我挚爱的军装！

经过几个月没日没夜的"闭关修炼"，在一次又一次抓耳挠腮、灵感乍现、奋笔疾书的反复中，书稿终于得以成型。望着窗外远处的颐和园万寿山和玉泉山红塔，从椅子上慢慢撑起，抻直略感酸楚和发硬的身体，精心擦拭好皮鞋，穿上熨好的军装，系上领带，戴上军帽，扎好腰带，像刚刚入伍军训一样，挺胸、抬头、收腹，双腿并拢，两脚分开约60°，立起挺拔的军姿，郑重地抬起右手：敬礼！我挚爱的军装！

你，是我挚爱的军装。
用热血织成的布料，
用青春浸染的色调，
用责任点缀的衣角，
用奉献诠释的新潮。

你，是我挚爱的军装。
一根布丝，牵动一个生命；
一根布丝，联结一寸国土；
一根布丝，代表一分忠诚；
一根布丝，象征一点荣光。

 决胜面试

你,是我挚爱的军装。

多少次——

你震颤着弹片撕裂的呼啸;

多少次——

你偾张着鲜血漫过的低吼;

多少次——

你共鸣着勇士冲锋的怒号。

你,是我挚爱的军装。

带来多少和平的希望,

化身多少正义的向往,

引来多少倾慕的目光,

定格永不落伍的时尚。

你,是我挚爱的军装。

曾经,你揶揄我端起钢枪的羞涩模样,

大笑着拧绞出我身上的一股股汗汤;

我们共同演奏直线与方块的交响,

一起迎面铁甲战车的尘土飞扬,

在摸爬滚打中大声呼喊着勇猛与刚强;

你也曾经,安静地睡在办公室的椅背上,

陪我度过凌晨奋斗的寂寞与漫长。

你,是我挚爱的军装。

后　记　敬礼！我挚爱的军装！

脱下你让我感到深沉的忧伤，

默默地摘下漂亮的徽章，

从此我再没有了心仪的衣裳；

慢慢整理好你笔挺的模样，

回想起我们共沐风雨的时光，

只有把你紧紧贴在胸膛。

敬礼！

我挚爱的军装！

  书是有情感的，在纸墨的含香中飘逸着作者的一片痴情；书是有温度的，在字句的汇合中激荡着作者的满腔热血；书是有灵魂的，在词语的舞动中升华着作者的执着信念。

  我是带着对军装的挚爱和眷恋完成书稿起草的。其间，每思考研究一个问题，就会对过往多一份留恋和感怀，对当下多一份抚惜和顿悟，对未来多一份憧憬和坚守。

  人对事物的认知和感触，最终都要回归于朴素的情感。曾几何时，我焦躁于如何研机析理、洞明学问，希冀让读者找到茅塞顿开、醍醐灌顶之感。一路从军转干部安置面试的实践中走来，感到面试不再是"冷冰冰"的理论和工具，而是从中体会到了些许"人间烟火"、些许"人情世故"、些许"人生冷暖"，抑或是些许"人生考验"和些许"人生际遇"。这可能就是"看山还是山"了吧。

  面试，既是应答考官的提问，也是解答自己内心的疑问，更是回答人生的考问。从长远来看，我们面对的，依然是如何把握和经管我们的人生。让书的情感滋养我们的人生，让书的温度暖化我们的人生，让书的灵魂

引导我们的人生,希望广大读者能从本书中有所收获。

  本书在起草和出版过程中,得到了许多领导、专家、战友、同事、同学和朋友的大力支持。杨笑祥、张建国、陆玉、屈绍刚、闫贵军、江静、白宗全、蔡向东、许应龙等领导专家悉心指导、殷切鼓励,王锋、孙翔、徐军、吕风杰、王虎、邵新宇、程祥禄、辛达海、陈彦伟、丁跃华、安挺、余建明、孙晋欣、毛建宁、解金刚、马宏博、段胤辰、王亮、石吉涛、徐志勇、于长波、余国辉、袁驵、王新、曹纪刚、阮炜、李华、赵国军、张东润等战友热心相助,提出了许多宝贵意见建议,才使得此书顺利付梓,在此表示衷心的感谢。

张平
2020 年冬

主要参考书目

★《习近平谈治国理政》第一卷，外文出版社2018年1月版。

★《习近平谈治国理政》第二卷，外文出版社2017年11月版。

★《习近平谈治国理政》第三卷，外文出版社2020年6月版。

★ 中共中央宣传部：《习近平新时代中国特色社会主义思想学习纲要》，学习出版社、人民出版社2019年6月版。

★ 中共中央宣传部：《习近平中国特色社会主义十三讲》，学习出版社2018年5月版。

★ 编写组：《党的十九大报告学习辅导百问》，党建读物出版社、学习出版社2017年10月版。

★ 编写组：《〈中共中央关于坚持和完善中国特色社会主义制度、推进国家治理体系和治理能力现代化若干重大问题的决定〉辅导读本》，人民出版社2019年11月版。

★ 国务院新闻办公室：《抗击新冠肺炎疫情的中国行动》，人民出版社2020年6月版。

★ 李靖：《面试官面试技巧》，天津人民出版社2018年5月版。

★ 鲁克德：《500强企业面试题与面试流程》，江西人民出版社2017年1月版。

★ 张桦：《面试应对技巧和制胜策略》，中国华侨出版社2013年10月版。

★ 戚研：《HR实用招聘手册》，古吴轩出版社2019年6月版。

★ 李永新、刘辉籍：《公开遴选公务员考试：面试一本通》，人民日报出版社2019年12月版。

★ 李永新：《公开遴选公务员考试：面试真题详解800例》，人民日报出版社2019年12月版。

★ 李永新：《结构化面试教程》，人民日报出版社2019年10月版。

★ 李永新：《时事热点深度解读》，人民日报出版社2019年10月版。

★ 李永新：《军队文职人员招聘考试：面试全攻略》，人民日报出版社2019年10月版。

★ 孙易新：《思维导图应用宝典》，北京时代华文书局2015年8月版。

★ 徐四海：《毛泽东诗词全编笺译》，东方出版社2017年5月版。

★ 海伦·帕尔默（著）、徐扬（译）：《九型人格》，华夏出版社2017年3月版。

★ 张卉妍、连山：《微行为心理学》，吉林出版集团股份有限公司2018年11月版。

★ 徐谦：《微表情心理学》，辽海出版社2018年3月版。

★ 全国干部培训教材编审指导委员会：《新时代 新思想 新征程》，人民出版社、党建读物出版社2019年2月版。

★ 全国干部培训教材编审指导委员会：《建设现代化经济体系》，人民出版社、党建读物出版社2019年2月版。

★ 全国干部培训教材编审指导委员会：《推动社会主义文化繁荣兴盛》，人民出版社、党建读物出版社2019年2月版。

★ 全国干部培训教材编审指导委员会：《改善民生和创新社会治理》，

人民出版社、党建读物出版社2019年2月版。

★ 全国干部培训教材编审指导委员会：《推进生态文明 建设美丽中国》，人民出版社、党建读物出版社2019年2月版。

★ 全国干部培训教材编审指导委员会：《决胜全面建成小康社会》，人民出版社、党建读物出版社2019年2月版。

★ 全国干部培训教材编审指导委员会：《将改革进行到底》，人民出版社、党建读物出版社2019年2月版。

★ 全国干部培训教材编审指导委员会：《建设社会主义法治国家》，人民出版社、党建读物出版社2019年2月版。

★ 全国干部培训教材编审指导委员会：《全面加强党的领导和党的建设》，人民出版社、党建读物出版社2019年2月版。

★ 中共中央宣传部理论局：《全面从严治党面对面》，学习出版社、人民出版社2017年3月版。

★ 当代中国研究所：《新中国70年》，当代中国出版社2019年12月版。

★ 乔良：《超限战》，中国社会出版社2005年9月版。

★ 内森·沃尔夫（著）、沈捷（译）：《病毒来袭》，浙江人民出版社2014年4月版。

★ 托克维尔（著）、周明圣（译）：《论美国的民主》，中华书局2014年7月版。

★ 唐秋勇：《HR的未来简史》，电子工业出版社2018年3月版。

★ 马海刚等：《HR+三支柱：人力资源管理转型升级与实践创新》，中国人民大学出版社2017年6月版。

★ 尤瓦尔·赫拉利（著）、林俊宏（译）：《今日简史》，中国出版集团2018年10月版。

★ 张秀中：《国有企业的根和魂》，人民出版社2019年9月版。

★ 强舸：《新时代国有企业党建理论与实践创新》，广东人民出版社2019年12月版。

★ 曹林：《时评写作十三讲》，复旦大学出版社2019年7月版。

★ 项立刚：《5G时代》，中国人民大学出版社2019年5月版。

★ 野口悠纪雄（著）、韩鸽（译）：《区块链革命：分布式自律型社会出现》，东方出版社2018年1月版。

★ 张平：《机关应用材料写作39章》，中国文联出版社2007年3月版。

★ 唐浩明：《曾国藩》，浙江文艺出版社2019年8月版。